Amiina Almufti

Basaasaddii Carbeed ee MOSSAD ugu caansanayd

Kamaal A. Cali

Amiina Almufti
Basaasaddii Carbeed ee MOSSAD ugu caansanayd

Kamaal A. Cali

Shirkadda Daabicista ee ASAL Printing Press

Hargeysa, Somaliland

ISBN-13: 978-1983466854

ISBN-10:1983466859

Tirada bogagga: 298, cabbirka buugga 5.5 x 8.5 inch

Daabacadda Koowaad: 2018

FG:

Sawirka ku yaalla jaldiga buuggu waxa uu ka kooban yahay laba sawir oo la is dhexgeliyey, sawirka hore oo ah muuqaalka dhisme. Waa gurigii ay Amiina Almufti markii ugu horreysay ka degtay magaalada Fiyeena ee dalka Usteri, waxaa buugga u soo qaaday Khadar Cabdi Cabdillaahi oo jooga Usteri.

Sawirka labaad ee ah hadhka gabadha waxaa iska leh sawirqaade Spancer Platt/getty, waxaa aanan ka soo qaatay maqaal ay leedahay qoraaga Abigail Jones oo majaladda Newsweek lagu faafiyey 21[kii] Sabtember 2016.

©*Dhammaan xuquuqaha buuggani waxa ay u dhowrsanyihiin qoraaga.*

Dib looma daabici karo, lama sawirran karo, lama minguurin karo, sifo kalana looguma takrifali karo qayb buugga ka mid ah ama dhammaantii, haddii aan oggolaanshiyo qoraal ah laga haysanin Qoraaga oo *laga la xidhiidhi karaa*

E-mail: marjaankam@gmail.com || marjaankam@yahoo.com

Taleefan: +252 63 4247777 || +252 65 4423102

Maxaa laga yidhi buuggan?

Waxa uu buuggani si waafi ah inoo tusayaa dhinac ka mid ah loollanka u dhexeeya Falastiiniyiinta iyo Israa'iil. Waa dagaalka sirdoonka iyo amniga oo aanay dad badani kaba warqabin jiritaankiisa iyo in Falastiiniyiintu ay marar badan sirdoonka ka gaadhaan guulo lama filaan ah.

Waxa kale oo uu xogo cilmi ah oo fiican siinayaa, ruux kasta oo xiiseeya cilminafsiga, gaar ahaan in uu marag u helo, saamaynta ay duruufaha nafsiga ahi ku yeeshaan dabeecadaha iyo anshaxa qofka.

Waxa uu buuggani tusaale fiican u yahay faa'iidada cilmiga ah iyo fahamka taariikheed ee laga dheehan karo turjumaadda kutubta, waxtarka leh ee ku qoran afafka ummadaha dunida innagula nool.

Cali Maxamed Warancadde, wasiirkii hore ee arrimaha gudaha, isla markaana hore u soo qabtay xilal wasiirnimo oo kale.

***

Dagaal ba'an ayaa ka dhexeeya basaasiinta Yuhuudda iyo Falastiiniyiinta, iyo guud ahaan dalalka Carbeed ee ku xeeran. Labada dhinacbana waxa ay adeegsadaan tab iyo xeelad kasta oo sirdoon iyo wax kasta oo basaasid loo adeegsan karo oo ay awoodaan. Si ay qolaba, qolada kale uga gacan sarreyso amni ahaan, dhagaraheedana isaga ilaaliso. Waxa se ay khatartu ugu badan tahay marka basaasiinta la isu adeegsanayaa ay yihiin bani'aadam.

Runtii Amiina Almufti, waxa ay ahayd basaasad aad u halis badan oo si hagar la'aan ah ugu adeegtay MOSSAD, una fududaysay in ay ogaato siro badan oo khatar ah.

Amiina in kasta oo ay aargoosasho shakhsi ah ku gashay hawshan, haddana kama ay maqnayn dhaqan xumadii ay MOSSAD lafteedu bartay. Waana caado lagu yaqaanno MOSSAD in qofka ay dabinka basaasnimada gelinayso, ay marka hore u samayso barmadow oo ay ugu hanjabto (Blackmailing).

Waxa aan odhan karaa buuggani waxa uu xambaarsan yahay qiso basaasnimo oo aad u xiise badan. casharrada aynu ka baranaynana uu ugu horreyo; in cadowgaaga oo muwaadiniintaada adeegsadaa uu si sahal ah sirtaada u helayo, kaagana rayn karo.

Cabdilaahi Ismaaciil Cali (Cabdillaahi Cirro) wasiirkii hore ee arrimaha gudaha Somaliland.

Hibayn

Waxa aan buuggan u hibaynayaa akhristayaasha Wargeyska Geeska Afrika ee ka soo baxa magaalada Hargeysa, oo tan iyo markii ay sheekadan oo taxane ahayd ka akhriyeen wargeyska, si toos ah iyo si dadbanba joogto iga dalbanayey in aan buug ka dhigo. Waxa aan ku faraxsanahay in taladoodii iyo xiisaha ay u qabeen sheekadani ay igu dhiirrigelisay soo saarista buuggan.

Amiina Almufti

Mahadnaq

Dad badan oo ka qaybqaatay buuggan dhammaystirkiisa ayaa mudan in aan uga mahadnaqo gacantii hagar la'aanta ahayd iyo dhiirrigelintii ay ku lahaayeen, waxa aan leeyahay mahadnaqiina ereyo aan halkan ku koobay igagama filna ee abaalkiina Alle khayr ha igaga gudo. Waxa ka mid ah, akhristayaal tiro badan oo sheekadan oo taxane ah kala socday wargeyska Geeska Afrika, kuwaas oo muddo dhowr sano ah joogto igu soo gudbinayey talooyin iyo dhiirrigelin ay doonayaan in aan sheekadan oo buug ah soo saaro.

Waxa aan u mahadnaqayaa, saaxiibkay Xuseen Xasan Xuseen (Xuseen-Mahdi) oo gacan dhiirrigelin, farsamo iyo tilmaamba leh ku lahaa geeddisocodka daabicista buugga, isla markaana fududeeyey soo bixistiisa iyo Maxamuud Maxamed Cawaale oo lahaa nashqadda iyo qurxinta jaldiga buugga. Waxa aannan illaawi karin in aan u mahadnaqo akhyaarta gacanta mugga leh ka geystay akhris-sixidda qaabyo-qoraalkii buugga oo ay ka mid ahaayeen, Qoraa Nada Cumar Yuusuf oo ah aasaasaha iyo maamulaha xarunta qoyskaab iyo Cabdiqaadir Aadan Carab oo ah tifatiraha guud ee wargeyska HIMILO oo ka soo baxa magaalada Hargeysa iyo shabakadda wararka ee dhammays. Sheekh Cabdirisaaq Cabdiraxmaan Cabdiilaahi Xasan Rakuub oo buuggan akhris-sixiddiisa, talo ka bixintiisa iyo dhiirrigelintiisaba waqti badan iyo maskax geliyey ayaa aan isagana si kal iyo laab ah ugu mahadnaqayaa.

Ugu dambayn waxa aan si mug leh ugu mahadnaqayaa Qoraa Khadar Cabdi Cabdillaahi oo akhris-sixidda uu erey ereyga u dul istaagay ka sokow, talo muuqata ku lahaa habqoraalka buugga. Waxaa xusid mudan in Khadar oo ku nool dalka Usteri uu tegey, sawirrana ka soo qaaday goobo buuggan ku xusan oo ku yaalla magaalada Fiyeena; sida gurigii ay Amiina markii ugu horreysay ka deggenayd magaalada Fiyeena.

Afeef

Sheekadani waa tarjumaad aan toos ahayn oo aan ka soo dheegtay qisada 'Amiina Almufti' ee uu qoray Alle ha u naxariisto e' qoraagii hal-abuurka ahaa ee reer Masar, Salaax Mursi, oo uu magaciisa qalinku ahaa Fariid Alfalluuji. Waxa uu geeriyooday sanadkii 1996 kii.

Maadaama oo Sheekada 'Amiina Almufti' ay daabaceen wargeysyo Carbeed oo kala duwani, baraha internet kana si aad u ballaadhan loogu baahiyey. Isla markaana ay jirto in sheekada lafteeda ay curiyeen ama dib u qoreen qoraayo kala duwan, sida oo kalana qoraalka aan tixraacay uu ahaa qoraal (Aan buug ahayn), waxaa suurtageli karta in buuggani uu meelaha qaar uga duwanaado qaabka sheekadu ugu qorantahay buugga asalka ah ee aan ka duulayo, oo ah buugga 'Fariid Alfalluuji'.

Waxaa kale oo iyaduna xusid mudan, in aan isla sheekadan ka soo dheegtay qoraayo kale oo wax ka qoray, si aan buuggan ugu kordhiyo xogo aan u arkay dhammaystir ama dheeraad in ay u noqon karaan sheekada, waxaa ka mid ah qaabka ay sheekadu ugu soo baxday baro internet ka ah oo lagu kalsoonaan karo iyo wargeysyo Carbeed, waxa kale oo ka mid ah filimka 'Fataatun mina Sharq' oo isla qisadan ka warramaya. Filimkan oo soo baxay sanadkii 2015 ka, waxaa hal-abuuray filim-soo-saaraha reer Masar ee Axmed Cali Axmed. Sababahaas awgeed waxaa laga yaabaa in qofka akhriyey buugga 'Fariid Alfalluuji ee asalka ah ama hal sheeko oo ka mid ah sheekooyinka laga sameeyey 'Amiina Almufti', in uu dareemo dheeraad ama dhinnaanshiyo. Waana sababta aannu buuggani u yeelan jaldi la muuqaal ah jaldiga buugga

'Fariid Alfalluuji' si aannu u soo bixin macne ah in uu qofku ka fisho in xogta ku jirtaa ay boqolkiiba boqol la mid noqoto tii buuggaas.

Waa arrin iska caadi ah in sheekooyinka sirdoonka ah, lagu dhex arko dhacdooyin marmarka qaarkood ka hor imanaya dhaqanka dhowrsoon iyo xitaa akhlaaqda suuban. Waana ay ka sii xagjirtaa marka wakaaladda sirdoon ay gabadh u adeegsanayso fulinta hawlgalkeeda. Sidaa awgeed la yaab ma' noqonayso in qofka qisadan akhriyayaa uu meelaha qaar kala kulmo ereyo iyo falal laga yaabo in uu ka yara gawsqabsado. Si kastaba ha ahaato ee waxa aan ku dadaalay in falalka iyo ereyada dhaqanka Soomaaligu uu diidayo aan jaro, ama ugu yaraan u dhigo sida ugu macquulsan ee ugu dhow in uu u dulqaato. Waxa se digniin iga ah in sideedaba aanu buuggan akhriskiisu ku fiicnayn qof da'diisu 16 sano jir ka yar tahay.

Ugu dambayntii waxaa aan ka cudurdaaranayaa in qoraalka saldhigga u ah buuggan, oo ah sheekada uu qoray 'Fariid Alfalluuji' aannan oggolaanshiyaha afsoomaali u rogidda ka haysanin qoraaga, oo Alle ha u naxariisto ee muddo ka hor geeriyooday, isku dayo aan qoyskiisa ku raadiyeyna aanay weli ii suurtogelin. Waxa se' xusid mudan in buugga 'Fariid Alfalluuji' uu ku jiro 'Lahaanshiyaha dadweynaha' oo ah waxa afka qalaad lagu yidhaahdo 'Public Domain' oo macnaheedu yahay in aannu cidda leh, meel u gaar ah ugu kaydsanayn. Si kasta oo ay tahay waxa aan ka xumahay in buuggani uu soo baxo isaga oo aanu oggolaanshiyihiisu dhammaystirmin, waana sababta aan ugu talagalay in aannu noqon buug dhaqaale iyo ganacsi, ee uu noqdo buug ka faa'iidaysi keliya ku kooban.

Hordhac

Marmar ayaa uu sirdoonka Israa'iil ku guulaystaa in uu helo basaasiin Carbeed oo uga dhex shaqeeya dalalka iyo dadyowga Carabta ah, gaar ahaan Falastiiniyiinta oo ay xog joogto ah uga bahanyihiin iyo dalalka ku xeeran ee Masar, Suuriya iyo Urdun. Buuggani waxa uu ka warramayaa Amiina Almufti, oo ahayd gabadh Carbeed oo kaalmaha hore kaga jirta liiska dadkaas Carbeed ee laga dhigay basaasiinta Yuhuudda u adeega. Waa noloshii qoyskeeda iyo koritaankeedii carruurnimo, xidhiidhkii jacayl ee cadaawadda koowaad ugu beeray Carabta, jidkii hallowga ee Amiina ku hoggaamiyey basaasnimada, guurkii Yuhuudiga iyo sida ay dhimashadiisii dariiqa ugu jeexday basaasnimadeeda.

Amiina waxa ay guursatay wiil Yuhuudi ah, diinta Yuhuudda ayaa ay qaadatay, magaceedana waxa ay u beddeshay Aani Mooshe. Waxa ay gashay basaasnimo ka dhan ah Falastiiniyiinta oo ay u arkaysay in ay tahay aargoosi ay kaga aargoosanayso wiil Falastiini ahaa oo jacayl carruurnimo kaga baxay, iyo dalka Suuriya oo soo riday diyaarad dagaal oo uu waday saygeedii Yuhuudiga ahaa. Colaaddan isbarkan ayaa keentay in ay dagaal arxan darro ah la gasho Falastiiniyiinta.

Waxa uu buuggu soo bandhigayaa xirfadda iyo tayada sirdoonka Falastiiniyiinta, fashilintii basaasnimada iyo xeeladdii yaabka badnayd ee loo maray ciqaabtii iyo baadhistii lagu ogaaday basaasnimadeeda.

Amina Almufti waxa ay ka mid tahay basaasiinta ugu caansan ee ay MOSSAD ka shaqaalaysay Carabta; Magac fiican iyo soo dhoweyna kala kulantay Yuhuudda oo u bogay daacadnimada ay ugu shaqaysay iyo culayska xogaha ay u soo xaraysay, oo badbaadisay nafo badan oo Yuhuud ah.

Sababna u noqday in laga hortago hawlgallo ay qaarkood hubaal ahayd in ay dhaawac gaadhsiin lahaayeen ammaanka Israa'iil. Waxa aanay ku mutaysatay maamuus gaadhsiyey in magaceeda lagu daro taallada 'halyeeyada MOSSAD' lagu qoro.

Waa dhacdooyin run ah oo qaarkood u dhadhamayaan qaab aanay hore maskaxdu u sawirran karin sida ay u dhici karaan arrimo noocaas ahi. Sida uu qoraaga buugga 'Amiina Almufti' Fariid Alfalluuji ku tilmaamay waa gabadh qurux aanay dhaayaha raggu ka jeedsan karin loo dhammeeyey, oo ku darsatay cuddooni joog iyo jidhba leh. Waxaa u sii dheeraa, maskax badnaan iyo faham aad u heersarreeya. Tilmaamahaas oo ay yar tahay cid ay isu raacdo ayaa iyada u suurtogeliyey in ay dhexgasho ururrada hubaysan ee Falastiiniyiinta, ee xarumahoodu ahaayeen dalka Lubnaan, gaar ahaan Beyruut iyo Koonfurta dalka Lubnaan. Waxa ay gaadhay xafiiska hoggaamiyihii Falastiiniyiinta Yaasir Carafaat oo ay ka heshay soo dhoweyn albaabadiisu u wada furanyihiin iyo in uu siiyo dhukumanti rasmi ah oo ay ku dhexmari karto, kuna dhexgeli karto Falastiiniyiinta iyo hay'adaha kala duwan ee ururrada Falastiiniyiinta, iyada oo sheeganaysa dhakhtar tabarruc ugu yimid wax u qabashada walaalaha dhibban.

Sheekadani waxa ay si fiican inoo baraysaa qayb ka mid ah loollanka adag ee u dhexeeya Falastiiniyiinta iyo Israa'iil, oo laga yaabo in dad badani aanay xog sidan u sii dhaadhacsan ka haynin. Marka laga reebo in ay ogyihiin dad rayid ah oo dhulkoodii la qaatay, kuwaas oo doonaya in ay dhagaxtuur ku soo ceshadaan xaqooda. Waxa kale oo laga baranayaa duruus la xidhiidha cilminafsiga iyo shakhsiyadda cajiibka ah ee dadku, sida ay u noocyo badan tahay. Tusaale ahaan qoraa Fariid Alfalluuji waxa uu shakhsiyadda Amiina inoo barayaa in ay tahay, mid yaab badan oo isburinaysa, taas oo inoo caddaynaysa in nafta aadamuhu ay weligeedba tahay wax in la wada fahmaa ay adagtahay. Waana sababta uu ugu hungoobo qofka aan faham ka haysan shakhsiyadda dadka iyo sida ay u adagtahay barashada noocyadeeda ama in aadamuhu aannu inta badan lahayn qofnimo run ah oo loogu soo hagaago, balse ay tahay in wax kasta laga fisho.

Buuggani xiise uma samaynayo keliya dadka xiiseeyaa sheekooyinka sirdoonka, balse waxa uu sida oo kale macno u samaynayaa dadka jecel sheekooyinka jacaylka iyo arrimaha bulshada ah. Waxa ay ka qaadan karaan casharro iyo waayoaragnimo cilminafsi ah oo aadamaha la xidhiidha.

Qisadan waxaa si dhammaytiran u qoray Fariid Alfalluuji buuggiisa 'Amiina Almufti' waana buugga laga soo dheegtay ama ay ku sargo'antay sheekada buuggan ku qoran, laakiin kuma koobna oo maadaama ay dad badani wax ka qoreen sheekadan waxa aynu ku dadaalnay in aynu buugga Fariid la akhrinno qoraallo kale oo aynu ka helno faahfaahino dheeraad ah iyo dhammaystirka meelaha laga yaabo in xog dheeraad ah ay ku daraan.

Tusaale ahaan meelaha aynu qoraallada ka soo qaadannay waxaa ka mid ah filimka taxanaha ah ee 'Inan reer bari ah' (Fataatun mina Sharq) oo uu hal-abuur Axmed Cali Axmed oo u dhashay dalka Masar. Filimkan waxaa laga sameeyey sheekada Amiina Almufti. Waxaa isaguna sheekadan si fiican wax uga qoray qoraaga caanka ah ee reer Masar Salaax imam oo qisadan isagu u bixiyey, 'Aqoonyahannaddii khiyaamadu balwadda u noqotay'.

Kamaal A. Cali
13[kii] Noofambar, 2017
Hargeysa, Somaliland

1

Amiina Daa'uud Almufti

(Aani Mooshe)

Waxa ay ku dhalatay mid ka mid ah xaafadaha dadka ladani degaan ee magaalada Cammaan, caasimadda dalka Urdun, sanadkii 1939 kii. Waxa aannu waalidkeed ugu wanqalay magaca Amiina.

Amiina Daa'uud Muxammed Almufti qoyskoodu waa Muslim isirkiisu ka soo jeeda qawmiyadda Sharkiska[1].

---

[1] Sharkisku waa qawmiyadii inta la ogyahay ugu horreysay ee ku dhaqnayd gobalka Woqooyiga Qawqaas. Waxa se' kala firdhiyey dagaalladii dhul ballaadhsiga ee Imaraadooriyaddii Ruushku (1721 illaa 1917) ku qabsatay guud ahaan gobalkaas. Dagaalladaas iyo xiisado colaadeed oo socday in ka badan 100 sano ayaa keenay in dad aad u badan oo qawmiyaddan ka mid ahi ay u haajireen dhulkii ay ka talinaysay dawladdii Cusmaaniyiinta ama deegaannadii nabdoonaa ee Ruushka.
Sharkiska oo badankoodu Muslimiin Sunniya ah, ku dhex milmay qawmiyadihii ku hareeraysnaa iyo kuwii ay dhulkooda u haajireen.
Markii ay Khilaafadii Cusmaaniyiintu burburtay dalalka ka dhashay ee ay Sharkisku aad u deggen yihiin, waxaa ka mid ah Urdun, Turkiga, Ciraaq, Iiraan, Lubnaan, Suuriya, Falastiin, Sucuudiga iwm. Iyada oo qolo kastaa dalka ay ku dhaqan tahay ku dhex milantay luuqad ahaan iyo jinsiyad ahaan, haddana waxaa jira dhaqan guud oo weli ka sii dhexeeya.

Awoowyaashood ayaa sanado badan ka hor u haajiray dhulka Urdun oo inta ay la qabsadeen nolosha iyo deegaanka, kuna dhex milmeen bulshada dalka ay meel sare ka gaadheen siyaasadda iyo dhaqaalahaba.

Aabbaheed waxa uu ahaa maalqabeen ka ganacsada dahabka, adeerkeed waxa uu ahaa janaraal ka tirsan ciidamada boqortooyada Urdun, hooyadeedna waxa ay ahayd marwo waxbaratay oo afar af si fiican ugu hadasha, xidhiidho aad u adagna la leh marwooyinka bulshada dabaqadda sare ee dalka Urdun.

Waxa ay ahayd guridambaysta qoyska oo ka koobnaa Lix carruur ah oo ay ku jirto. Laba hablood oo ka waaweyni xaasley ayaa ay ahaayeen, saddexda kalana wiilal ayaa ay ahaayeen. Waxa ay ku garaadsatay koolkoolin ay labadeeda waalid la hareero taagan yihiin iyo kalgacal ku abuuray qab iyo in ay isu aragto ruux dhiggeeda ka sarraysa. Codsigeedu waxa uu ahaa amar, qasriga qoyskoodana waxa ay ka ahayd muraayad la daawado oo qosolkeeda iyo codkeedaba labada waalid ku raaxaystaan.

Waxbarashadii dugsiga sare ee Amiina waxa ay ula kowsatay gabadhnimo buuxda, barwaaqo ku kor dhabankeedu labeen leeyahay ah oo quruxda Rabbi u dhaliyey uu ugu daray garaad iyo fariidnimo ruux erey ay is dhaafsadaan qirayo. Laakiin dabeecad aan iyada oo kale laga fileen ayaa u dheerayd. Inkasta oo aanay gurigooda dhanna u dhaafin, haddana waxa ay la kacaantay nacayb xad dhaaf ah iyo ka santaag badan oo ay u hayso dhaqanka qoyskeeda ee dhowrsoon. Waxa ay si joogto ah u yasi jirtay dhaqanka Carabta oo ay u arkaysay in uu xidhxidhan yahay. Riyada keliya ee ay leedahay iyo hadalhaynteeda ugu badani waxa ay ahayd, jacayl iyo dhaqan furfuran.

Amiina waxa ay haasaawe isku barteen wiil asalkiisu Falastiini yahay oo reer Urdun ah. Jacayl aan xuduud lahayn ayaa ay wiilkan u qaadday, laakiin waa ay ku hungawday, markii xilli uu qalbigeeda god weyn ku yeeshay uu si kedis ah uga gaabsaday. Waayihii adkaa ee nafteeda ka soo gaadhay caashaqaas gudhay, waxaa ku sii xumeeyey duruufaha ay ku jirtay ee ka dhashay is gedgeddiga abuurka ah ee kalaguurka koritaanka carruurnimada iyo gashaantinnimada iyo sida oo kale marxaladda kalaguurka ah ee u dhexeysay dhaqankii dhowrsoonaa ee lagu soo koriyey iyo nolosha furfuran ee ay ku riyooto. Wiilkani kama uu tegin uun Amiina ee waxa uu uga daldoorsaday inan da'deeda ah balse deggenaanshiyo iyo quruxba dheer. Maalin maalmaha ka mid ah ayaa iyada oo warmoog ah ay heshay warqad ka nixisay, ama aynu odhan karno waxa ay noqotay warqaddii nolosheeda iyo mustaqbalkeedaba beddeshay. Waa Basaam oo u sheegaya in uu kaga baxay haasaawihii iyo jacaylkii, weliba kama uu tegin uun ee aflagaado iyo ereyo weerar ah ayaa uu ugu soo qoray warqadda, "Waxa aad tahay danaysato, kibir badan, si fudud isaga cadhoota oo dabeecad bahal ah leh" Waa suurtagal in ay ahayd qofkaas uu sheegay Basaam, laakiin naxariis darro ayaa ay ahayd in uu isugu daro ka tegis iyo hadalladaas qallafsan. Waxa uu farta ku fiiqay meelaha ay barbaarinteedu ka qaldan tahay iyo sida qaldan ee ay nolosha u fahansantay. Amiina maadaama oo ay wiilkan Basaam jacayl aad u xoog badan u qabtay, gaabsiga kaga yimi iyo hadallada uu u quudhayba waxa ay ku rideen dhakafaar iyo u qaadanwaa gilgilay qalbigeedii yaraa. Waxaa markiiba ku abuurmay dareen faraya in ay aargoosato.

Walbahaarkii caashaq ee ku abuurmay iyo murugada ay ka qaadday jacaylka ku wacad furay, awgeed waxa ay gashay xaalad ay nafteeda iyo noloshaba loollan kula jirto, khasaarihii ugu horreeyey ee ka dhashayna waxa uu galaaftay waxbarashadii oo ahaa waxa ugu fiican ee qoyskeedu kula dadaalay.

Imtixaankii dhammaysashada dugsiga sare ayaa ay ku soo baxday dhibco aan gaadhsiinayn waxbarashadii jaamacadeed ee ay doonaysay. Maadaama oo laga warqabay jaamacadda ay rabtay, ardayda dugsiga iyo dadka ka agdhow oo dhamina ay la socdeen doonisteedii waxbarashada, Amiina waxaa ku adkaaday in ay ku sii dhex noolaato bulshadan og in jaamacadda ay dhigataa ay tahay mid aanay iyadu dooran ee dhibcaha hooseeya ee imtixaanka ay heshay ay geeyeen.

Wejigabaxaas ay kala kulantay natiijadii imtixaanka iyo imtixaankii jacaylka ee uga horreeyey awgii waxa ay Amiina ku tashatay in ay waxbarashada jaamacadda u doonato dalalka Yurub. Xilliyadaas dadka sidaa qoyska Amiina aadka u ladan ee dalka Urdun waxaa caado u ahayd in ubadkooda ay waxbarasho ugu diraan dalalka Yurub.

Sanadkii 1957 kii ayaa ay Amiina ku biirtay jaamacadda

Fiyeena, waxa aanay degtay guriga tirsigiisu yahay 56 oo ku yaalla Shaaraca St. Johann Strauss, (johnstraße 56) laakiin markii ay dhowr toddobaad deggenayd gurigan ayaa ay u guurtay dhismaha hoyga ardayda ee jaamacadda ay dhiganaysay, qayb loogu talagalay ardayda shisheeyaha ah.

Durbadiiba noloshii cusbayd Amiina waxa ay gelisay farxad iyo raynrayn hor leh, jawi yididiilo leh oo ay naftu ugu sheekaysay in ay ugu yaraan ka soo durugtay dhaqankii tolkeed ee ay u arkaysay in uu xidhxidhan yahay.

Hase ahaato e' noloshaas ay ku farxaysay waxa ay dhalanrogtay shakhsiyaddeedii iyo hab-dhaqankii lagu soo ababiyey. Waxaa qolka la deggenaa ardayad aad u furfuran oo sii dhammaysanaysay kuliyadda caafimaadka ee jaamacadda. Waxa uu magaceedu ahaa Juuli Baatriik oo u dhalatay dalka Koonfur Afrika, waxa ay waayo-aragnimo dheer u lahayd nolosha reer Yurub, goobaha laydhsiga iyo dalxiiska loo tago ee magaalada Fiyeena, iyo xorriyadda aan dhammaadka lahayn ee ay dareemi karto inan ka timid dunida Barigu.

Juuli waxa ay Amiina bartay sigaar nuugista. Waxa ay uga digtay in ay wiilasha wax xidhiidh iyo saaxiibtinimo ah la yeelato, maadaama oo ay imanayso khatarta ah in ay uurqaaddo, taasina ay mustaqbalkeeda waxbarasho mugdi gelinayso. Laakiin talada taas beddelkeeda ay siisay ayaa ahayd, in baahideeda jinsiga ah ay ku demin karto dhaqan aan hore niyadda Amiina ugu jirin oo ah xidhiidhka dadka isku jinsiga ah. Juuli Batriik waxa ay Amiina ku qancisay in macaamilkaasi uu yahay ka ugu habboon ee ay nafteeda ku qaboojin karto iyada oo aan khatar dambe iyo cawaaqib ka dhasha ka baqayn, taas oo ay ku qanacday, lana bilowday dhaqan xumadaas. Muddo markii ay waddayna waa ay qabatintay balwaddaas. Waxa ay gaadhay heer aanay kaba maqnaan karin xidhiidhka jinsiga ah ee dheddigga la midka ah ay wax moodayso.

Khajilaaddii ay dhaqankii Carbeed kala timid iyo anshaxii islaam ee lagu soo barbaariyey ku raad lahaa ee ay iyadu u arkaysay in uu yahay dabar nolosheeda raaxada u diidan, labadaba dhinac ayaa ay isaga tuurtay.

Sanadkii koowaad ee waxbarashada markii ay Amiina dhammaysatay waxaa la gaadhay dhammaadkii xidhiidhkii foosha xumaa ee ay Juuli Baatriik wadaagayeen. Maadaama oo ay waxbarashadeedii dhammaysatay waxa ay ku noqonaysaa magaaladii ay ka timid ee Johaanisbeeg, caasimadda dalka Koonfur Afrika.

Muddo gaaban gudaheedba Amiina waxa ay u xaraaradootay balwaddii sida maandooriyaha nolosha ugu qurxin jirtay, waxa ay nafta u sheegtay in aanay noolaan karin gabadh kale la'aanteed. Waxa ay u dhowaatay gabadh kale oo lagu magacaabo Jiinfiif Wootruud, maadaama oo ay u arkaysay in ay gabadhan isla fahmi karaan dhaqannadii xumaa, waxa ay dadaal u gashay in ay maamulka hoyga ardayda ee jaamacadda ku qanciso in loo oggolaado in ay qol wada degaan Jiinfiif. Sidii ay filaysay ayaanay u dhacday oo bartii ayaa ay dhaqan xumadii ka sii ambaqaadday.

Sanadihii waxbarashada ee jaamacadda Fiyeena ayaa xawaare maalmo yar u ekeysiiyey ku dhaafay iyada oo weli ku mashquulsan noloshii hallowga ahayd iyo xorriyaddii aan xuduudda dhaqanka iyo diinta midna aqoonsanayn. Laakiin nasiib-wanaaggeedu waxa uu ahaa in ay weli sii wadday waxbarashadii illaa ay shahaadada koowaad ee jaamacadda oo cilminafsiga caafimaadka 'Medical Pyschology' ka qaatay jaamacadda.

Maadaama oo ay waxbarashadii dhammaatay, qoyskooduna tirsanayey maalmaha ay ka maqan tahay guridambaystii ay jeclaayeen, waxa ay noqotay in Amiina ay dib ugu noqoto dalkeedii. Bishii siddeedaad ee 1961 kii ayaa iyada oo ku qasban ay ku soo noqotay magaalada Cammaan ee caasimadda Urdun. Laakiin waxa ay la guryo noqotay dareen iyo dhaqan aad uga duwan kii ay marka hore kala tagtay Cammaan. Qalo badan, wehel la'aan iyo dhaqankii iyo dadkii ay u timid oo ay ka saantaagtay maadaama oo ay u arkayso dib u socod ayaa sabab u noqday in gurigeedii ay qariib ku noqoto. Cidladii iyo walbahaarkii badnaa oo ay u raacday balwaddii ay qarsan jirtay ee joogsatay waxa ay Amiina xusuusteeda dib ugu celiyeen dharaarihii jacaylku u cusbaa ee ay wiil Basaam la yidhaahdo kula qaadatay magaalada Cammaan. Hore ayaa loo sheegay xusuusta jacaylka koowaad ay waarto.

Amiina waxa ay go'aan ku gaadhay in ay wiilkaas raadiso oo ugu yaraan mustaqbalkiisu waxa uu ku dambeeyey ogaato. Magaalada Cammaan ayaa ay dhan kasta u martay si ay indhaheeda ugu soo aragto ama warkiisa cid uun uga hesho. Waxaana aakhirkii ka hor yimid run qadhaadh oo sheegaysa in Basaam uu guursaday gabadhii uu waayo-waayo uga dal doorsaday. Waxa ay ahayd gabadh aad u qurux badan oo ka dhalatay qoys faqiir ah, waxa aanay hadda ku noolaayeen nolol ay ku qanacsan yihiin iyo xasilooni qoys oo aad u heersarraysa.

Amiina oo ay isugu darsantay dhibaatada ka soo gaadhay balwadihii ay Yurub ku soo baratay oo ay ka weyday Urdun, xorriyaddii furnayd ee ay qabatintay, oo imika xakame yeelatay iyo ninkii ay weligeedba jeclayd oo rejadii ay ku qabtay in ay mar labaad ladqabaysaa soo gudhay, ayaa go'aan ku gaadhay in xalka keliya ee ay dhibaatada kaga bixi kartaa uu yahay in ay mar kale u safarto dalkii ay ka timid ee Usteri.

Inkasta oo ay waalidkeed u sheegtay in ay doonayso dhammaystirashada waxbarashada sare ee PhD, haddana runtu waxa ay ahayd in ay qaadatay go'aan adag oo ah in aanay abid dib ugu soo noqon Urdun iyo dalalka Carabta oo dhan. Waxa ay Fiyeena ku soo noqotay iyada oo 23 kii gu' bilo yari u dheeryihiin. Waxa ay Yurub kula noqotay niyadjab, calool xumo iyo nacayb ay u qaadday dhaqankii iyo hiddihii waalidkeed ku barbaariyey. Maanka iyo niyadda oo keliya kama ay dhaawacnayn markan ay ku soo noqotay Usteri, balse waxaa u dheeraa in ay jidh ahaan u gubatay, oo dusheeda laga arkayo in ay weyday barwaaqadii ay u bartay.

Amiina waxa ay boodhka ka tuntay balwadaheedii, inta

ay dhan iska dhigtay dhaqankii dhawroonaa ayaa ay ku talaxtagtay ka faa'iidaysiga xorriyadda aan dabarka lahayn ee Yurub. Nolosha cusub ee ay gashay iyo damaceeda ah in ay marto jid kasta oo ay maraan hablaha faceeda ah ee Usteri, ayaa sababtay in biilkii ardaynimo ee aabbaheed u soo dirayey uu ku filnaan waayo. Waxa aanay ku kalliftay in ay raadsato shaqooyin ay ka hesho dakhli u kaba kala kaca dakhligeeda hore ee aabbaheed ka soo galayey iyo kharashka ka badbadinta ah ee ay nolosheeda cusubi u baahan tahay, sidaa awgeed waxa ay shaqo ka bilowday beer carruurta lagu ciyaarsiiyo oo ku taallay magaalada Fiyeena.

Shaqadan cusub waxa ay isku barteen Saarah Biraad oo ah gabadh isir ahaan Yuhuudiyad ah balse jinsiyaddeedu tahay dalka Usteri. Amiina iyo Saarah oo ay goobtan ka wada shaqaynayeen waxaa dhexmaray saaxiibtinimo dheer oo shaqo-wadaaggii ay ku darsadeen in ay hoy wada degaan iyo in ay halkii ka sii waddo dhaqan xumadii ay ka dhaxashay ardayaddii reer Koonfur Afrika ee ay jaamacadda wada dhiganayeen. Saaxiibtinimadii adkayd iyo jaalkii aan mar keliya kala fogaanayn ee ay noqdeen ayaa Amiina ku hoggaamiyey in ay ku biirto dhaqdhaqaaqii lagu magacaab jiray Hibbi (Hippie) oo xilliyadaas aad uga hawlgeli jiray qaaradda Yurub.

Amiina waxa ay iska dhego marisay dalab uga yimid aabbaheed oo ahaa in ay guursato wiil maalqabeen ah oo uu adeer u ahaa. Maalin maalmaha ka mid ah oo ay saaxiibaddeed Saarah u raacday booqasho ay ugu tegeysay qoyskooda oo deggen degmo yar oo lagu magacaabo

Westendorf oo ku taalla dalka Usteri. Qalbiga Amiina waxa si kedis ah u galay dareen awood badan oo aanay bilowgiisii garan sababtiisa, hase ahaato ee aan ku cusbayn oo ay hadda ka hor isku aragtay. Mooshe, wiilka ay wada dasheen Saarah, oo da' ahaan ka weyni waa nin aan albaabada qalbiga laga oodan karin. Waa musixir, aragtidiisa, hadalkiisa iyo ragannimadiisaba deymada koowaad ayaa ay ka dheehatay, deymadiisii koowaadna qalbigeeda ayaa ay qayb qabsatay. Hore ayaa ay u haysay warka wiilkan saaxiibaddeed la dhashay, in uu yahay duuliye millateri oo darajada Kabtan kaga soo qalinjebiyey jaamacadda, in uu Saarah toddoba sano ka weyn yahay, nin suugaanta jecel, gaar ahaan suugaantii hore oo ay ka mid yihiin hal-abuurradii waaweynaa ee suugaanta Usteri, sida Wolfgang Mozart[2].

Kabtanka Saarah la dhashay, haween waxa uu ku jeclaa timaha madow iyo indhaha waaweyn ee wiilku barta madow yahay, waa quruxda reer Bariga[3]. Socod laydhsi iyo tamashle ah oo inta ay Amiina ku sugnayd guriga saaxiiba uu maalin nasiibku isku gaar yeelay iyada iyo wiilkan ayaa noqday bar-bilowga isbeddel ku dhacay gebi ahaanba nolosheeda. Bilowgii go'aankeedu waxa uu ahaa in ay nafteeda ka adkaato oo aanay lulin laydha ay horraanteeda dareentay ee xiisaha gaarka ah u gelisay wiilkan. Laakiin kuma ay guulaysan iska caabbintaas oo durbadiiba waxaa jidkeeda ka duway farihiisa u soo dhuuntay timaheeda iyo

---

[2] Wolfgan Mozart oo noolaa intii u dhexeysay 1756 illaa 1791 waxa uu ahaa hal-abuur, gabayaa, muusik curiye u dhashay dalka Usteri oo kaalin hore kaga jiray xilligii la baxay Kaalisga.
[3] Timaha madow iyo Indha waaweyn ee madow wiilkoodu yahay waa calaamad abuur ah oo lagu yaqaanno dumarka Carabta iyo guud ahaan dunida Bariga.

dareenkii maskaxdeeda beddelay ee ka dhashay gacantiisa gaadhay gacanteeda oo marka horeba kurbashada caashaq bilowgii la dubaaxinaysay.

Xiskeeda waxaa baraarug ugu horreeyey markii wiilkan araggiisu maanqaaday, uu dhunkasho dhabanka u saaray, oo inta ay jidhidhico aanay u adkaysan karin ka jidhka is gelisay, sida ruux yara suuray mar keliya boodday, iyada oo hoos nafteeda ugu leh, "Ileen ragga iyo dumarka waa la isu abuuray).[4] Maalintaas Amiina waxa ay soo miiraabtay goor ay is aragtay iyada oo ku jiifta laabta wiilkan saaxiibaddeed la dhashay, oo inta ay dareenka caashaq qarsan kari weyday, si daacadnimo iyo liidasho badani ka muuqato ugu qiratay jacaylka ay u qabto. Halkaas ayaa ay ka bilowdeen tallaabooyinkii u horreeyey ee xaaraanta ku hagay Amiina iyo duuliyihii Yuhuudiga ah. ... Iyada oo Muslimad ah, oo miyirkeedu la maqanyahay dareenka ku abuuray ee si sibiq ah ugu riday macsida, markii miyir ugu horreysayna ay dhaqso ugu baxsatay magaalada Fiyeena.

Inkasta oo ay ku dadaashay in guriga ay ka deggenayd magaalada Fiyeena ee ku yaallay jidka Strauss Street, ay isku illowsiiso werwerka caashaq ee kulankan xaaraanta ahaa kaga tegey, haddana taasi waxba uma ay tarin ee meel kasta oo ay tagtay xusuusteeda waa ay ka tirtiri kari weyday ninkii ugu horreeyey ee meelkaga dhacay dhowrsoonaanteedii gabadhnimo, laabteedana ku huriyo dareenka dhiddignimo. In xusuusta wiilkani ay Amiina ka bogsan weydo waxaa barkumataal ka dhigayey

---

[4] Sida aynu hore u soo aragnay Amiina markan ka hor dhaqan xumada waxa ay ka baratay xidhiidhka isku jinsiga ah ee dumarka.

baacsashada ay weyday meel ay ka gasho. taleefan joogto ah oo uu maalin kasta u soo dirayey si uu ugu sheego dareenka caashaq ee qudhiisa ku beermay ayaa noqday xusuus joogto ah oo laabteeda ku sii huriya dhimbiisha caashaqa. Mooshe oo Fiyeena kaga daba yimi waxa uu ku guulaystay in uu sii abqaalo geedkii caashaqa ee uu ku beeray qalbiga Amiina. Kulamadoodii oo joogto noqdayna waxa ay dileen dhibicdii ka hadhsanayd damiirkeeda, waxa aanay caado uga dhigeen dhaqan xumadii. Eeddu wiilkan ma wada saarna oo waxaa hubaal ah in iyaduba ay hore uga hallowday dhaqankii lagu soo barbaariyey, waxa se uu ku abuuray indho adkaan iyo in ay ku andacooto in ay xaq u leedahay in ay jacaylkeeda qalbiga iyo jidhkaba u furto, kuna raaxaysato xorriyadda ka jirta dalkan aan laga danayn dhowrsoonaanta iyo gashaantinimadii dadkeedu luulka u yaqaanneen.

Shan sano ayaa Amiina ku dhaafay foof-daran-habow iyo dhaqan xumo. Waxaa dhaqankeeda laga dheehanayey in ay is illowsiisay sababta ay dalkeedii uga timid ee Fiyeena keentay. Si kastaba ha ahaat ee maadaama oo aanay weli maskaxdeedu u bislaan in ay si buuxda uga hortimaaddo qoyskeeda waxa uu werwer badani ka qabsaday waxa ay qoyska ku qancin doonto marka la weydiiyo cilmiga ay baratay iyo shahaadadeeda. Waana sababta kalliftay in wiilka Yuhuudiga ah oo magaciisu Mooshe ahaa uu ka caawiyo in ay hesho shahaadada sare ee PhD oo been abuur ah.

Shahaadadan waxaa lagu sheegayey in Amiina ay dhammaysatay cilmiga daweynta xanuunnada jidheed iyo kuwa nafsiga ah ee ka dhasha xaaladaha nafsiga ah. Cilmigan oo afkaqalaad lagu yidhaahdo 'Pathopsychology'[5] caafimaadka nafsiga ah.

***

Sanadkii 1966 kii ayaa ay Amiina mar kale dib ugu soo noqotay dalka Urdun. Qoyskeeda iyo guud ahaan ehelka ayaa si aad u diirran ugu soo dhoweeyey dalkeeda hooyo iyaga oo ku faraxsan, kuna faanaya dhammaysashada waxbarashada iyo soo guryonoqoshada inantooda. Farxaddan waxaa wehelinayey damaashaad qarsoon oo qoysku ku muujinayeen sida ay ugu faraxsan yihiin in inantoodu ay sidii dhaqankeedu ahaa u guursan doonto. Looma kaadinba ee waxaa markiiba laga codsaday in ay oggolaato guurka ina' adeerkeed. Laakiin waxa ay dalbatay in waqti la siiyo, si ay fursad ugu hesho rumaynta riyadeeda ahayd in ay magaalada Cummaan ka furato cisbitaal u gaar ah.

Hawlihii diiwaangelinta cisbitaalka iyo rukhsad u heliddiisu uma ay dhammaystirmin sidii ay filaysay. Bilowgii si fiican ayaa ay hawshu ugu socotay, ka hor intii aanu khilaaf kedis ahi ka dhex qarxay Amiina iyo xoghayaha joogtada ah ee wasaaradda caafimaadka dalka Urdun, oo ahaa masuulka ay shaqadiisa ka mid tahay rukhsadsiinta cisbitaallada.

---

[5] Pathopsychology qaamuuska Oxford waxa uu ku macnaynayaa cilmiga caafimaadka ee barashada daweynta khalkhalka maskaxda ee ka dhasha xaaladaha nafsiga ah.

Amiina cabashadeeda masuulkan ka dhanka ah waxa ay gaadhsiisay wasiirka caafimaadka oo si aad u heersarraysa u soo dhoweeyey, una muujiyey in uu muhiimad weyn siinayo cabashadeeda. Wasiirku waxa uu soo saaray amar uu ku dalbanayo in dhaqso loo baadho sababta keeni karta in xoghayaha joogtada ah ee wasaaraddiisu caqabad ku noqdo hawlaha ay wadday muwaaddinad doonaysa in ay dalkeeda uga faa'iidayso cilmiga ay soo baratay, oo weliba baahi loo qabo.

Nasiibxumadeeda koowaad waxa ay bilaabatay markii guddi sharci oo la horgeeyo shahaadooyinka caafimaadku ay shaki ka muujisay sax ahaanshaha shahaadada PhD da ah ee ay sidato. Guddidan oo ay shaqadoodu tahay in ay hubiyaan shahaado kasta oo uu sito qofka doonaya in uu ku shaqeeyo caafimaadka, ayaa ka codsaday in ay dib ugu noqoto Fiyeena oo ay jaamacadda ka soo caddayso runnimada shahaadada. Amiina waxa ay ogtahay runta ah in aanay shahaadadani run ahayn, sidaa awgeed iyada oo ka cabsi qabta in ceebteedu bannaanka u soo baxdo, iyada iyo qoyskeedana fadeexadi ku dhacdo, waxa ay dhaqso u aqbashay dalabkii guddiga, iyada oo cabsi badani hadhaysay ayaanay dib ugu safartay dalka Usteri. Waxa ay dhaqso ula xidhiidhay Mooshe oo isaguna boholyow caashaq la golongolsanaa intii ay ka maqnayd.

Amiina Markan ay la xidhiidhaysay Mooshe waxa ay ahayd sanadkii 1967, bil amaara waxa ay ku beegnayd xilligii Carabta lagu jebiyey dagaalkii iyaga iyo Yuhuudda oo ay cadhada dadka Carbeed u qabaan Yuhuuddu halkii ugu sarraysay maraysay. Laakiin iyada taasi waxba kama ay beddelin si aan gabbasho iyo khajilaad midna ku keenin ayaa ay u raadisay jacaylkeedii. Cadho iyo nacayb ay Carabta u qabto ayaa ay dhaansanayd oo ma'ay arki karayn cid isirkaas ku abtirsata.

Maalin maalmaha ka mid ah oo uu barafkii bisha laba iyo tobnaad da'ayo ayaa Mooshe oo la socday uu si kedis ah u joojiyey intii aanay ka tallaabin biriish qori ka samaysan oo bari-samaad dhexmari jiray magaalada Fiyeena. Inta uu ka soo horjeestay ayaa uu si dareen leh ugu yidhi, "Amiina .. Ma' i guursanaysaa...?" Kama ay fikirin ee inta ay habsiisay, ayaa iyada oo laabta laabta ugu haysa waxa ay dhaqso ugu jawaabtay, "Aaaax, Moosheegii aan jeclaayoow... Imikaba qoys baynu nahay, qaali" Si xushmad leh, laakiin go'aamini ku ladhan tahay ayaa uu ugu jawaabay, "Guur rasmi ah oo macbadka ka dhaca ayaa aan rabaa"[6]Sidaas ayaa ay ku oggolaatay guurka Mooshe oo weliba u dhaca hab waafaqsan diinta Yuhuudda. Waxa uu guurku ka dhacay macbadka Shimodt oo ay Yuhuuddu ku lahayd magaalada Fiyeena. Amiina guurkeeda awgii waxa ay magaceedii Carbeed u beddeshay Aani oo ah magac Yuhuuddu la baxdo. Waxa ay noqonaysaa, Aani Mooshe Biraad oo ah magaceeda cusub oo la raaciyey abtirsiintii Yuhuudiga ay guursatay.

---

[6] Mooshe Macbadka uu ka hadlayaa waa rugta cibaado ee Yuhuudda, shareecada qaldan ee ay haystaan ayaa dhigaysa in macbadku yahay goobta keliya ee bixinaysa rukhsadda guurka waafaqsan diinta Yuhuudda.

Hayaankii hungada

Guri cusub oo aad u qurux badan ayaa ay magaalada Fiyeena ka degeen qoyskii cusbaa ee Aani iyo Mooshe. Waxa uu ahaa guri ku yaalla mid ka mid ah cidhifyada magaalada oo cagaarka dhulka bannaan ee aadka u ballaadhan iyo dhirta kaynta u eeg, ee ku xeeran ay aragtidooda naftu ku raaxaysanayso, marka aanay sida Amiina sas ka qabin cidhibta ay yeelan karaan ficilladeeda foosha xumi.

Kurtinkii ay aragto iyo jabaqdii baxdaaba waxa ay u ahaayeen cadow ku soo maqan, waxa ay aamintay in sirdoonka Carabtu haddii uu warkeeda ogaado uu khaarajin doono. Taas ayaa ku noqotay sas ay xitaa dharaarta cad ku riyooto. Waxa ay gaadhay heer ay ka baqato in ay baxdo iyada oo aan gaadhi wadan, ama kelideed ah oo aan Mooshe kaxaysan. Hurdada oo ay habeenkii ka booddo cabsida ay ku seexatay darteed iyo marmarka qaarkood oo uu Mooshe hurdada ka toosiyo marka uu u adkaysan waayo oohinta ay hurdada dhexdeeda iyada oo aan is ogeyn cabsi la ooyeyso. Marar badanna iyada oo soo jeedda ayaabay sawirratay hummaagga ruux Carbeed oo inta uu gudaha u soo galay qolkeeda hurdada baastoolad madaxa ka saaray.

Xagaagii sanadkii 1972 kii, ayaa Amiina oo haatan muddo ku soo jirtay duruufahan qallafsan, waxa ay maalin maalmaha ka mid ah si kedis ah wargeys ay akhriyeysay uga aragtay codsi ay dawladda Israa'iil ku dalbanayso in dadka Yuhuudda ah ee dalalka Yurub deggeni ay Israa'iil u soo guuraan, oo weliba si tabarruc ah uga mid noqdaan ciidamada difaaca dawladda Yuhuudda.

Waxa uu ogeysiisku sheegayey in dhallinyarada Yuhuudda Yurub ka midka ah ee dalabkan aqbala la siin doono mushahar aad u sarreeya iyo weliba xuquuq kale oo tiro badan. Farxad ayaa ay is kala garan weyday, weji xumadii ay cabsida haysaa ku beertay iyo culayskii nafsiga ahaa ee saarnaa ayaa mar keliya ka duulay. Waxa ay aamintay in ay heshay xalkii ugu habboonaa ee ay ku soo afjari kari lahayd xaaladdeeda foosha xun ee cabsidii farxad oo dhan ka qaadday. Ogeysiiskaas ay akhriday Amiina waxa uu mar keliya beddelay xaaladdaas ay ku jirtay, raynrayn hor leh ayaa ku abuurantay. Waxaa gashay rejo ah in nolol cusub oo farxad leh ay iyada iyo Mooshe ka bilaabi karaan Israa'iil. Iyada oo aan weli saygeeda Mooshe ku qancin ayaanay siiba bilowday in ay ku riyooto iyada oo Israa'iil u guurtay oo nolol aad u sarraysa iyo farxad ku raaxaysanaysa. Maalintaas ayaa ay bilowday in ay saygeeda ku qanciso in ay u guuraan Israa'iil. 'In uu heli doono baasaboor Israa'iili ah, guri ay isaga iy iyadu ku wada noolaadaan iyo cabsida dishootay oo inta ay ka guurtay aan waaqeed dib ugu soo noqon ayaa ay sawirranaysay.

Mooshe oo markaas rejo fiican ka qabay in uu shaqo ka bilaabo mid ka mid ah shirkadaha duulimaadyada madaniga ah, ayaa markii hore si aad ah uga hor yimid talada Amiina ee ah in Israa'iil loo guuro. Waxa uu u sheegay in aannu weli si buuxda u dhammaan dagaalkii Carabta iyo Yuhuuddu, isla markaana aanay dhammaan weligeedna dhammaanayn cabsida laga qabo in marka dambe colaado dhulkan ka dhaco. 'Inta uu jiro dhul la haysto iyo shucuubta Carbeed oo dhulkooda doonaysa, dagaalkaasi waa uu soconayaa.

Baryo aanay habeen iyo maalin kala joojinayn, oo hadba inta ay u soo tamar qaadato ay dhan kale kaga imanayso Mooshe si ay ugu qanciso aragtideeda, ayaa ku dhammaatay in Mooshe uu beddelo go'aankiisii diidmada ahaa. Safaaradda Israa'iil ee Fiyeena ku taallay ayaa uu Mooshe tegey si uu ugu xareeyo waraaqihiisa caddaynta shaqo, isaga oo doonaya in uu ka faa'iidaysto baaqa Israa'iil ka soo baxay ee ahaa in dhulka dib loogu soo noqdo.

Bishii kow iyo tobnaad 1972 kii ayaa ay Amiina iyo odaygeeda Mooshe duulimaad diyaaradda Al-Caal ee Israa'iil ah waxa ay ugu soo safreen Israa'iil. Soo dhoweyn aad u diirran ayaa uu lammaanahani kala kulmay Israa'iil, weliba si gaar ah ayaa loo soo dhoweeyey Aani Mooshe oo dabcan in ay Carabiyad tahay uu Mooshe hore u sii caddeeyey. Soo dhoweynta ay lammaahani kala kulmeen gegida diyaaradaha ee Lod7 waxa ay yaab iyo u qaadan waa ku noqotay Mooshe. Marbaabu ku sigtay in uu u qaato in xaaskiisu ay tahay qof aad muhiim uga ahayd dalkeedii ama ugu yaraan shakhsiyaddeeda la yaqaanna. Mooshe waxa uu farxad la muusooday markii ay isaga iyo xaaskiisa indhahoodu isku dhaceen, oo uu ka dheehday farxad aan la soo koobi karin in ay qabto.

---

[7] Garoonka diyaaradaha ee Lod waxa uu ku yaalla magaalada Talaabiib ee Israa'iil, laakiin hadda magaciisa waxaa loo beddelay Gigida caalamiga ah ee Gurion.

Mooshe iyo xaaskiisa Amiina waxa ay degeen guri cusub oo ay dawladdu u sii diyaarisay. Waxa uu ahaa guri ka samaysnaa loox u eeg looxa ay ka samaysanyihiin guryaha yaryar ee miyiga Ingiriiska ka dhisani, waxa aanu ku yaallay magaalada Rishon Le Zion. Dhowr maalmood markii ay nasatay, ayaa Amiina looga yeedhay xarunta mid ka mid ah hay'adaha ammaanka ee Israa'iil, waxa aana la weydiiyey boqollaal su'aalood oo la xidhiidha dhalashadeedii, halkii ay ku soo kortay oo dabcan Urdun ahayd, xaaladda qoyskeeda iyo asxaabteeda oo dhan. Waxa laga waraystay sida ay isku barteen Mooshe iyo guurkooda. Su'aalahan oo dhan waxa ay uga jawaabtay si kalsooni leh oo aanay hakasho ku dhex jirin. Waxa kale oo la weydiiyey aragtideeda la xidhiidha jiritaanka Israa'iil iyo shucuurteeda ku aaddan dalkeedii hore ee Urdun, waxa kale oo laga waraystay Falastiiniyiinta Urdun ku dhaqan iyo su'aalo la mid ah. Waxa ay baadhayaasha Yuhuudda ah u sheegtay in ay neceb tahay ururka xoraynta Falastiin, iyo guud ahaan ururrada kale ee Falastiiniyiinta. Waxa ay ku andacootay in qaladka ugu weyn ee boqor Xuseen kii Urdun galay uu ahaa, 'In uu wada dili waayey Falastiiniyiintii Urdun ku noolayd. Iyada oo sida oo kalana ku celcelinaysay in ururrada gobonnimo doonka ah ee Falastiiniyiintu ay aad u neceb yihiin qawmiyadda Sharkisiyiinta.

Xoogagga hubaysnaa ee uu boqor Xuseen ka saarayey Urdun ayaa iyaguna gadooday oo gubay guryihii iyo dhismayaashii qawmiyadda Sharkis ee reer Urdun. Waxa ay burburiyeen dhismayaashii iyo hantidii Sharkiska. Sababaha ugu muhiimsan ee ay Falastiiniyiintu u laynayeen Sharkisku waxa ay ahayd Amiina adeerkeed oo ahaa janaraal ka tirsan ciidamada dalka Urdun ayaa ka dambeeyey ama hormuud ka ahaa xasuuqii foosha xumaa ee bishii (Sabtembar) 1971 kii ciidamada Urdun dhulkooda kaga saarayeen Falastiiniyiinta, dad aad u tiro badanna si bani'aadamnimada ka baxsan loo la macaamilay.[8] Baadhistani markii ay u dhammaatay, Amiina waxaa la siiyey sharciga Israa'iil oo u aqoonsaday in markaas la siiyey laga bilaabo ay tahay muwaaddinad u dhalatay Israa'iil, waxa aanay saraakiishani u ballanqaadeen in sida ugu dhaqsaha badan ee suurtagal ah, shaqo fiican loo siin doono.

---

[8] Hippie waxa uu ahaa dhaqdhaqaaq kooxo dhallinyaro da'doodu u dhexeyso 15 illaa 25 ahi ka bilaabeen Maryakanka, badhtamihii Lixdamaadkii qarnigii labaatanaad, laakiin markii dambe ku faafay Yurub iyo dunida reer galbeedka oo dhan, dad badan oo da'da dhexe iyo waayeel ahina ay ku soo biireen.
Dhaqdhaqaaqan oo dibadbaxyo waaweyn abaabuli jiray waxa uu ku baaqayey in dunidu noqoto meel xorriyad ah oo nabad, jacayl iyo sinnaan uun laga tixgeliyo, diimaha iyo dhaqannada kala duwanna aanay kala xidhin. Baaqooduna waxa uu ahaa duni aan xuduud muuqata iyo mid dadban kala lahayn iyo in ay iyagu abuuraan dhaqan cusub oo dunidu ku midowdo.
Kooxaha Hippie waxa ay la bixi jireen timaha waayo waxa ay aaminsanaayeen in timo jaristu ay tahay arrin diimaha la xidhiidha, waxa ay ku labbisan jireen dhar waaweyn oo midabbadu ku badan yihiin, si ay ula mid noqoto midabbada deegaanka, dhulka cagaaranna kabo la'aan ayaa ay ku dul socon jireen.
Ceebaha kooxdan waxaa ka mid ahaa in ay caan ku ahaayeen daroogada, muusigga iyo xidhiidhka jinsiga ah oo aan xad lahayn.

2
Baadigoobkii dhalanteedka

Waxa sidii caadiga ahayd u socda qorshihii uu Mooshe ku imanayey Israa'iil oo ahaa in uu ku biiro ciidanka cirka ee Israa'iil. Mooshe waxa uu gaadhay darajada Kornayl duuliye millateri ah oo ka tirsan ciidamada cirka ee Israa'iil.

Dabayaaqadii sanadkii 1973 kii Mooshe diyaarad uu waday oo nooceedu ahaa Skyhawk ayaa hawlgallo sahamin ah loogu diray hawada dalka Suuriya, laakiin duulimaadkiisii koowaadba, ciidamada cirka ee dalka Suuriya ayaa ku guulaystay in ay soo ridaan diyaaraddaas. Mooshe shilkan ayaa raq iyo ruux meel uu ku dambeeyey lagu waayey, dalka Suuriyana uu ka gaabsaday in uu sheego waxa uu ka ogyahay nolol iyo geeri.

Warka ay ciidamada Suuriya ka baahiyeen dhacdadani waxa uu ku koobnaa 'In diyaaraddaas ay qarxiyeen iyada oo gudaha ugu jirta hawada dalkooda'. Amiina waxa ay rumaysan kari weyday warkii diyaaraddan, waxa ay gashay xaalad nafsi ah iyo khalkhal u ekeysiiyey qof aan maskax ahaan caafimaad qabin. Maalmo uu waaga murugo iyo oohin ugu beryo uu gabbalku ugu dhaco ayaa u kowsaday.

Markii ay xaaladdeedu ka soo reyn weyday waxaa la geeyey xarun lagu daweeyo xaaladaha nafsiga ah iyo xanuunnada maskaxda oo ku yaalla magaalada Rishon Le Zion ayaa caafimaad ahaan loo dhigay. Waxa ku dhacay cudur nafsi ah oo ka xidhay hadalkii, ama aynu nidhaahno shoog si ku meelgaadh ah u aamusiiyey. Waxa ay jiiftay qol u gaar ah oo xaruntan caafimaad ka tirsan, halkaas oo dhakhaatiirtu ay si gaar ah xaaladdeeda ugu dabiibayeen. Markii uu muddo bil iyo badh ah xaalkeedu sidan ahaa, ayaa ay Amiina heshay waxtarkii dawooyinka. Waxaa dib ugu furmay hadalkii iyo xusuustii la xidhiidhay waxa dhacay.

Markiiba waxa ay bilowday muran cusub oo ay ku andacoonayso in ay ka shakisan tahay runnimada warka Suuriya ee sheegaya in diyaaraddaas oo duuliyihii saaran yahay ay qarxiyeen, iyaga oo aan ka warramayn geeri iyo nolol halka uu ku dambeeyey duuliyuhu. Waxa ay ku doodday in ninkeedii Mooshe uu ahaa duuliye aad u xirfad badan, tababarro heerkoodu sarreeyo oo dhinaca duulimaadyada millateriga ahna uu qaatay, sidaa awgeed aan la diidi karin suurtagalnimada in uu ka booday diyaaraddani intii aanay burburin. Waxa ay sheegtay in ay qabto dareen ah in uu weli nool yahay, kuna gabbanayo dhul beereedyada iyo miyiga u dhexeeya Suuriya iyo Israa'iil ama ku yaalla gudaha Suuriya. Waxa ay fikraddan u sheegtay masuuliyiintii Yuhuudda ee ay arrintani khusaysay iyada oo ku dooddaysa in Mooshe uu yahay geesi intii karaan aadame ah is badbaadin og.

Markii ay ka soo raysay waxa dib loogu celiyey gurigeeda oo ay ku haysay gabadh kalkaaliso caafimaad ah oo ay dawladdu ku mushaharsiinaysay daryeelka Amiina.

Habeen iyo maalinba waxa ay ku hammiyi jirtay ninkeeda maqan, waxaana la arki jiray iyada oo isla maqan inta ay isaga ka fikirayso ku hadlaysa ereyo cod sare ah oo qof kasta oo u dhowi maqli karo. Waxa tobannaan jeer sii labalaabantay cadhadii ay horeba ugu qabtay Carabta, oo ay u arkaysay in ay mar walba yihiin kuwa madoobeeya bidhaan kasta oo ka soo ifta mustaqbalkeeda. Waxaa soo foodsaartay quus kale oo ku abuurantay, markii ay is aragtay in mar labaad ay ku dhacday god madaw iyo in ay beenowday riyadeedii ahayd in ay mar uun Carab ka fogaan doonto. Urdun iyo Usteri ayaa ay uga timi Carab, iyada oo filaysa in ay haatan Israa'iil ka bilaabi doonto nolol xasiloon. Laakiin nabarkan aanay ka bogsan karin ee werwerka weyn ku hayey waxa uu ahaa runta ay ogtahay ee ah in Mooshe oo la waayaa ay ka dhigantay mustaqbalkeedii oo gabbal u dumay, ma ay waayin oo keliya, saygeedii ay jeclayd, balse waxaa dumay nolosheedii oo dhan. Waxaa wehel u noqday ciil baday in ay marar badan ku hammido aargoosi, aanay haddana maskaxdeedu sawirran karayn sida ay u fulin karto iyo halka ay ka bilaabi karto midna.

Waa ciirsi la'aan, cidda ku xeerani ay tahay dad aanay

dhaqankooda, caadooyinkooda iyo afkooda midna aqoonin. Inkasta oo ay ahayd in ay nafteeda ku canaanato sababta halkaas dhigtay, eersatana Yuhuudiga ay guursatay iyo haddana go'aankeedii ku qasbay in ay u guuraan Israa'iil, sidaasma' ay yeeli jirin ee si badheedh ah ayaa ay eedda waxa ku dhacay oo dhan ugu leexinaysay Carabta.

Muddo markii laga war la'aa Mooshe waxa ay Amiina ka codsatay masuuliyiinta Yuhuudda ee arrintani khusaysay in ay u oggolaadaan safar ay ku tagto Beyruut iyo Dimishiq, caasimadaha dalalka Lubnaan iyo Suuriya sida ay u kala horreeyaan, si ay u raadgoobto saygeeda bal in ay geeri iyo nolol mid uun kaga warhesho.

***

Amiina iyada oo sidata baasaboorkeedii cusbaa ee Israa'iiliga ahaa ayaa ay dib ugu noqotay magaaladii Fiyeena ee dalka Usteri, waxa uu ahaa safar ay u ogolaadeen masuuliyiinta sirdoonka iyo ammaanka ee Yuhuuddu. Fiyeena waxa ay ugu tagtay qoyskii Mooshe oo aad uga murugaysan geerida inankooda. Dhowr maalmood ayaana ay ku negaatay si ay qoyska ula wadaagto tacsida. Maalmo murugo iyo tacsiyeed oo aad u xanuun badan ayaa ay qoyska la qaadatay, ka hor intii aanay dib ula soo bixin baasaboorkeedii asalka ahaa ee Urdun, si uu ugu fududeeyo in ay u dhoofto dalalka Lubnaan iyo Suuriya.

Waa markii ugu horreysay ee ay aragto magaalada Beyruut. Waxa ay safarkan isku sii barteen gabadh magaceedu ahaa Khadiija Sahraan oo qudheeduna ku sii jeedday Lubnaan. Khadiija waxa ay ahayd Lubnaaniyad isirkeedu uu Urdun ka soo jeedo. Waxa ay ahayd baayacmushtar meherad ganacsi oo aad u weyn ku leh magaalada Beyruut. Khadiija waxa ay Amiina magaalada Beyruut uga heshay guri yar oo ku yaalla xaafadda Caynu Rummaanah ee magaalada Beyrtuut.

Xaafaddan dadka deggen waxaa u badnaa Falastiiniyiin, sidaa awgeed waxa ay ahayd goob laga heli karo xogo badan oo la xidhiidha halganka Carabta ee Israa'iil ka dhanka ahaa. Gurigaas ayaa ay kiraysatay waxa aanay bilowday dadaalkeedii ay ku raadinaysay warar la xidhiidha saygeeda.

Weliba Beyruut oo keliya war raadinteeda kuma ay koobin ee waxa ay si joogto ah ugu safri jirtay magaalada Dimishiq ee caasimadda Suuriya, si ay halkaasna uga raadiso warka duuliyihii Yuhuudiga ahaa ee ay wada joogeen.

Magaalada Beyruut oo uu joogitaankeedu u badnaa, marka ay firaaqada tahay waxa ay tegi jirtay meheradda ganacsiga dharka ee saaxiibaddeed Khadiijka ku lahayd magaalada. Waxa aanay ka iibsatay dhar aad u badan oo qiimahoodu aad u sarreeyo. Muddo ay Amiina joogtay magaalada Beyruut, waxa ay martay dariiq kasta oo ay filan karaysay in ay ku helayso xog ku saabsan ninkeedii, sida oo kale waxa ay dadaal badan u gashay in ay war ka hesho dadka ku dhaqan magaalada Dimishiq oo ay dhowr jeer safarro qarsoodi ah ku tagtay. Nasiibdarro se' dedaalladadeedu waxa ay dhammaantood ku soo dhammaadeen faramadhnaan. Waxa aanay aakhirkii gaadhay in ay ku qanacday in Mooshe uu dhintay, iyada oo quustaas taagan ayaana ay dib ugu soo socdaashay magaalada Fiyeena ee caasimadda dalka Usteri.

Murugo hor leh iyo wehel la'aan ayaa u bilowday Waxa ay weyday cid ay xitaa garowshiye uga hesho uurkutaallada ay ku abuurtay geerida u soo hoyatay, marka laga reebo sawirrada Mooshe iyo wixii ay hadba u aragto in uu raadkiisii yahay oo ay laabta gashan jirtay. Bil ku dhowaad markii ay joogtay Fiyeena, waxa bilowday wejigii labaad ee nolosheeda.

Dawanka taleefanka qolkeeda yaallay ayaa goor habeen badh ah hurdada ka salaliyey Amiina. Haddii ay haabasho dhegta kula haleeshay sameecaddii taleefankana, waxaa kaga soo baxay codka nin u sheegtay in uu ka mid yahay masuuliyiinta ammaanka ee Israa'iil.

Bilowgii may garan codkiisa, laakiin markii uu xasuusiyey magaciisa iyo tilmaamihiisa, waxa ay garatay in uu ka mid ahaa raggii ay kulmeen, gaar ahaan kuwii muddada ku waaninayey in aanay u safrin Lubnaan iyo dhulka Carabta. Waxa uu si guud uga waraystay xaaladdeeda iyo xaaladda qoyska Mooshe ka dhashay, intii aannu nabadgelyeyna waxa uu u sheegay in ay u iman doonaan saddex masuul oo ay Israa'iil u soo dirtay. Maalintii xigtayna waxa Amiina goor barqo ah guriga ugu yimi saddex nin oo ay markiiba garatay in ay yihiin saraakiishii taleefanka looga soo sheegay. Dhaxalka ay gaarka u heshay iyo lacag magdhow ah oo ay dawladda

Yuhuuddu ka siisay ninkeedii Mooshe waxa ay isku noqotay lacag ka badan Nus malyuun doollarka Maraykanka ah. Waxa ay sidoo kale ka heshay dawladda Israa'iil guri aad u qurux badan oo ku yaalla magaalada Rishon Lezion oo ah magaalada afaraad ee ugu weyn Israa'iil. Waxa kale oo ay saraakiishani u sheegeen in dawladda Israa'iil ay sugidda amnigeeda qaadayso, sidaa awgeed loo samayn doono ilaalo fiican, oo amnigeeda sugta. Raggan la kulmay Amiina waxa ay si badheedh ah ugu sheegeen marka ay hawshaas u qabtaan, waxa ay tahay abaalcelinta laga rabaa. "Waxa aannu kaa rabnaa in aad nagala shaqayso danta dalkaaga Israa'iil oo dabcan adigana dantaada qofeed ah" Ayaa si kooban loogu sheegay. Iyada oo weliba si dadban loogu muujiyey in soo jeedintani ay tahay codsi awoodda amarka oo kale leh oo ay qasab tahay in la fuliyaa, "Waxa aannu kaa doonaynaa in arrinkan (Basaasnimada) aad si bilaa waabasho ah u aqbasho" ayaa ay saraakiishan MOSSAD ku yidhaahdeen. 'Marka lagu eego indhaha sirdoonka, Amiina waa macdan qaali ah oo aan lacag lagu qiimayn karin.

Waa gabadh Carbeed oo dalkeedii iyo dadkeediiba weyday, colaad xoogganna u qabta. Waxa ay hadda ku jirtaa xaalad nafsi ah oo aad u liidata, waxaana ku xeeran cabsi badan, ma haysato hoy ay og tahay in ay ku badbaadi karto oo aan ahayn Israa'iil. Intaas oo dhammi waa sababo ay u aamini karaan in aanay diidayn in ay la shaqayso iyo in ay si hagar la'aan ah uga soo bixi doonto hawsha loo diro.

Sirdoonka Israa'iil oo lagu yaqaanno xirfad aad u

sarraysaa diyaar uma' ay ahayn in uu dayaco fursad kasta oo u sahlaysa in ay Amiina Almufti noqoto basaasad u adeegta. Saddexdii nin si ay nafsiyan u dilaan uguna sii kordhiyaan nacaybka ay u qabtay Carabta waxa ay xasuusiyeen xaaladdeeda nololeed ee ay hadda ku jirto iyo cabsida mustaqbalka ku xeeran. Waxa ay geliyeen shucuur ah in maanta cidda ugu neceb dunidu ay tahay Carab oo sirdoonkooda oo dhammi ku hawlan yihiin sidii ay u dili lahaayeen ama u qafaalan lahaayeen si qarsoodi loogu celiyo Urdun. Cidda keliya ee maanta ammaanka iyo nolosha la doonaysaana ay tahay Yuhuudda.

Waxa ay aad ugu celceliyeen in iyada iyo Carab aanay waxba ka dhaxayn. Marka koowaad maaha isku asal oo dabcan iyadu asal ahaan Carab ma' aha oo waxa ay ka soo jeeddaa qawmiyadda Sharakis, marka labaadna waxa ay u sheegeen in Carabi ay tahay cidda dishay ninkeedii ay jeclayd oo maanta uga baahan in ay u aarto. Waxa ay u aragtaa xogtani in ay tahay biyo kama dhibcaan.

Haddii waxaas oo dhan laga tagana, arrinta runta ah ee ay ogtahay waa in ay maanta u baahan tahay cid ay magan u noqoto, cidda keliya ee ay u aragto in kaalintaa buuxin kartaana waa Israa'iil. Aragtida uu qabay sirdoonka Yuhuuddu, ee ahayd in ay ka faa'iideysan karaan Amiina oo sidatay jinsiyadaha Urdun, Usteri iyo Israa'iil, waxa ay ahayd aragti sax ah. Haseyeesho e' shakiga ay saraakiisha MOSSAD ka qabeen in ay ku adkaan doonto in ay ku qanciyaan basaasinimadu, waxa uu ahaa shaki aan sii ridnayn.

Amiina uma ay baahnaynba in qorshaha sidaas u dheer loo galo basaas ka dhigisteeda iyo in ay u shaqayso MOSSAD oo ay ka hortimaaddo dalkeeda iyo danihiisa oo dhan. Waayo waxa ay ku jirtaa xaaladda uu qofku ugu nugulyahay in laga faa'iidaysto; waxa u dheeraa in ay hore u iibisay diinteedii iyo dalkeedii, markaas maba haysato wax intaa ka qaalisan oo ay ku gorgortanto ama iib geyso, markanna waxaa u sii dheeraa taagdarro, quus iyo dayac ay dareemaysay.

Tan iyo bilowgii nolosheeda Yurub Amiina ma' ay dhowrsan sharaf iyo karaamo, iyada ayaa doonisteeda iyo xiise ay u qabto tuurtay dhaqankeedii oo huwatay mid aanay ab iyo isir midna u lahayn. Waxa ay xagga dambe ka tuurtay, diinteedii, waddaniyaddeedii iyo dhowrsoonaantii dhaqankeedu faray, arrimahan oo dhammi waxa ay saddexdii sarkaal ee loo soo diray u fududeeyeen in ay ka faa'iideystaan wehel la'aanta haysata, waxa ay cuudka uga garaaceen xadhkaha nacaybka Carabta guud ahaan iyo Falastiiniyiinta si gaar ah.

Sida ay hay'adaha sirdoonku u yaqaannaan, 'Basaasaddu ma taqaanno mabda'a naxariista'. Dhabbahaas ayaa uu ahaa kii ku hoggaamiyey dabinkii sirdoonka, waxa aanay taladeedii iyo hoggaankeedii gacanta u saartay saddexdii sarkaal ee sirdoonka MOSSAD ka socday.

Isla saddexdan sarkaal ayaa u bilaabay tababar aad u heer sarreeya oo la xidhiidha sirdoonka. Muddo bil iyo afar maalmood ah ayaa ay gurigeeda dhexdiisa ku barayeen xeeladaha wax loo basaaso iyo weliba hababka kala gedisan ee sawirqaadista; Jebinta furayaasha sirta iyo qaabka warka loo gudbiyo. Waxa kale oo la baray noocyada hubka iyo sida ugu habboon ee ay ammaankeeda shakhsiga ah u sugi karto.

Waxaa la baray sida filimada loo diyaariyo, sida looga baxsado cid kugu daba jirta (Raadgadashada), sida loo adeegsado baastooladda. Intaas laguma deynin ee ruugcaddaa Israa'iili ah oo ku xeeldheer cilminafsiga ayaa Israa'iil looga keenay in uu siiyo tababarro dheeraad ah. Waxa uu siiyey tababar xoojinaya xasuusteeda, maskaxdeedana u diyaarinaya in ay si waafi ah u xasuusato waxyaabo ay si kedis ah u aragtay ama si sibiq ah u dhaafay. Inta la daawadsiiyo filim ayaa marka uu dhammaado laga dalban jiray in ay ka jawaabto su'aalo ku saabsan dhacdooyinka iyo muuqaallada ku soo maray filimka; Immisa koob ayaa dul saarnaa miiska cuntada? Sheeg midabka daahyadii daaqadda ku xidhnaa? Imisa ayaa ay ahayd tirada kaabadaha sallaanku? Waxa lagu tababaray in ay maskaxdeeda marmarka qaarkood ku qasbi karto inay soo celiso xasuusta wax ay mar hore illawday. Bilowgii hore ee tababarkaba waxa ay muujisay maskax badni iyo faham dheeraad ah oo aad u soo jiitay xeeldheerayaashii ku mashquulsanaa tababarkeeda.

Aani Mooshe ama Amiina Almufti ka' aad doonto ugu yeedh oo waxa laga dareemayey colaadda iyo sida ay uga go'an tahay in ay aarsato, wax kasta oo xitaa aan suurto gal ahaynna ay samayso si ay ugu aarto ninkeedii Yuhuudiga ahaa ee Mooshe oo loo malaynayo in uu ku dhintay diyaarad uu waday oo ay soo rideen ciidamada cirka ee dalka Suuriya.

Amiina waxa ay sheegtay in si ay u muujiso una caddayso jacaylka ay u qabtay Mooshe, ay jeclaan doonto colaad kasta oo isirka Carbeed ku liddi ah, si hagar la'aan ahna uga shaqayn doonto xoojinta colaadda ay Yuhuuddu u qabto Carabta. Waxa ay sheegi jirtay in ay habeenkii ku riyooto Mooshe oo buuraleyda Joolaan[9] ku dhex silcaya, dhar jeex jeexan xidhan, gadhkii ku baxay indhuna dar xumo awgeed meel dheer ka soo jeesteen oo uu ku dhawaaqayo, "I badbaadi Aaniyeey (Amiina), i badbaadi xabiibi" Waxa ay ku andacootay in ay ku riyoon jirtay marmarka qaarkood Mooshe oo inta uu hilibkiisii googo'ay jiirku waslad, waslad u cunaayo. Riyooyinkaasi waxa ay ka mid ahaayeen sababaha laabteeda ku sii huriyey xiisaha ay u qabto in ay raadiso Mooshe iyo in ay ka aargoosato kuwa loo tirinayo in ay dileen oo ah isla kuwii ay ku eedaynaysay in ay sabab u ahaayeen in mustaqbalkeedii inannimo burburo. Waa Carab oo Falastiinigii ay jeclayd iyo Suuriyaanka saygeeda dilay yihiin labada tiir ee cadaawadda ay u qabtaa ku dhisan tahay.

Markii ay dhammaysatay hawlihii tababar waxa loo diray shaqadii u horreysay. Waxa ay timi mar labaad magaalada Beyruut ee caasimadda Lubnaan, safarkeeda markani muu ahayn sida kii hore oo kale mid ay ku doonayso in ay xog ka hesho ninkeedii la waayey, laakiin waxa ay u socotay in ay u soo aarto. Hawsha loo soo diray waxa ay ahayd in ay xog dheeraad ah ka soo ururiso

---

[9] Joolaan ama Golan hights sida Afingiriisiga loogu yaqaanno waa dhul ay Suuriya leedahay oo dhaca xuduudda ay la wadaagto Israa'iil oo xoog ku haysta.

masuuliyiinta iyo madaxda sare ee ururrada Falastiiniyiinta iyo ragga muuqda ee kooxaha wax iska caabbinta Falastiiniyiinta ee fadhigoodu yahay magaalada Beyruut.

Jabhadaha Falastiiniyiinta ee Israa'iil kula jira halganka ayaa saldhigyo millateri iyo xafiisyo muhiim ah oo madaxdoodu ku shaqayso ku lahaa dalka Lubnaan. Waxa laga rabay in ay wax badan ka soo ogaato goobaha ay ku kulmaan iyo xarumaha ay deggen yihiin masuuliyiintani. Waxa laga rabay in ay xog dheeraad ah ka keento jidadka ay Israa'iil ka galaan kooxaha naftood hurayaasha ah ee ka imanaya Lubnaan si ay gudaha Israa'iil hawlgallo uga fuliyaan. Waxa kale oo laga rabay in ay soo tebiso tilmaamaha juqraafi ee godadka iyo goobaha ay hubka ku kaydsadaan Falastiiniyiintu, xirfadaha ay dagaalka iyo is miidaaminta u adeegsadaan.

Casuumaddii Fusuqa

Amiina waxa ay magaalada Beyruut ka kiraysatay guri ku yaalla badda xeelligeeda oo ah deegaannada ugu quruxda badan magaalada. Waa guri hawo badan, mar kasta oo barxaddiisa sare la istaagana naftu ku qaboobayso bacaadka nadiifta ah ee mawjadaha baddu garaacayaan, haddii aragga la sii yara daayana waxa ay indhu ka dhammaan kari waayayeen muuqaalka quruxda badan ee buluugga cirka u eeg ee badda dhexe (Medhiteraniyaanka). Guriga waxaa aad ugu dhowaa maqaaxida La Dolce Vita oo ah farac ka mid ah maqaaxi Talyaani ah oo caalamiya. Maqaaxidan waxaa isugu iman jiray siyaasiyiinta, fannaaniinta, maalqabeenka, aqoonyahanka iyo guud ahaan dadka lagu tiriyo labeenta bulshada iyo sida oo kale dalxiiseyaasha iyo basaasiinta.

Waxa keliya ee bilowgii dhibaatada ku noqday waxa uu ahaa khadkii taleefanka gurigan ay kiraysatay oo cillad ka bixi waayey, markii ay dhowr jeer la xidhiidhay shirkadda taleefannadana waxa loo sheegay in khadadka shirkadda ee deegaanka ay deggenayd uu leeyahay cillado ku soo kordhay muddooyinkaas oo shaqo dib u habayn dhinaca shabakadda ah shirkaddu wadday. Waxa ay u tagtay Khadiija Sahraan, gabadhii baayacmushtarka ahayd ee ay safarkeedii hore ee Lubnaan diyaaradda isku soo barteen. Waxa aanay ka dalbatay haddii ay cid ka garanayso shirkadda taleefannada in ay ula hadasho, si loogu hagaajiyo khadka taleefanka ee ka xun iyo in loo furo khadka dibadda. Nasiibwanaag Khadiija waxa ay u sheegtay in ay si fiican isu garanayaan nin ka mid ah masuuliyiinta shirkadda taleefannada, aadna ay ugu hanweyn tahay in uu wax badan arrintan kala qabanayo.

Khadiiji waxa ay is bartay masuulkan ka tirsanaa shirkadda taleefannada oo magaciisu ahaa Maanowel Casaaf iyo Amiina Almufti. Casaaf oo ku socda codsiga Khadiija ee ahaa in uu gabadhaas oo saaxiibbadeed ah caawiyo, ayaa guriga ku booqday. Waxa uu u sheegay sababtii cilladda taleefankeeda haysatay iyo in ay shirkaddu markaas gacanta ku haysay dib u hagaajinteeda, isaga oo si gaar ahna ugu bishaareeyey in uu iyada darteed sii kordhinayo dadaalka awalba socday ee dhibaatadan lagu xallinayey. Amiina maalintaas waxa ay Casaaf tustay soo dhoweyn badan oo xitaa damacgelini ay ku jirto, waxa kale oo ay siisay 50 Liire (Lacagta Lubnaan) oo ay ugu sheegtay hadyad.

Habdhaqanka uu Casaaf kala kulmay gabadhani waxa uu ku abuuray dareen gaar ah oo lur ku kiciyey qalbigiisa marka horeba haweenka wax loo saaray. Waxa uu naftiisa ku hambalyeeyey in uu helay gabadhii abidba uu ku riyoonayey oo qurux, aqoon, jajabnaan iyo lacagba isku darsatay. Waxa se uu ka war la'aa in go'aanka Amiina yahay in ay siiso adduun iyo xitaa sharafteeda laakiin beddel ay ka rabto.

Amiina Almufti isbarashadii iyada iyo Casaaf waa ay sii adkaysay, si dhaqso ah ayaana ay ula bilowday kulamo ay Casaaf ku casuuntay gurigeeda, si ay in badan u sii fahanto, si fiicanna u daraasayso meelaha uu uga faa'iidayn karo hawlaha sirdoon ee ay u socotay. Waxa ay Casaaf u sheegatay in ay tahay ganacsato, marar dambe oo uu caawiyeyna waxa ay siisay lacago fiican oo abaal marin ah, waxa se ay lacagta u raacisay wixii uu ug jeclaa in ay hadyad u siiso oo sharafteeda ah. Waa xeeladaha lagu tababaro dumarka sirdoonka. Xidhiidhka jinsiga ayaa ah jidka ugu muhiimsan ee ay u maraan ujeedadooda sirdoon.

Mar kasta oo ay cusuumadahan fusuqa kula kulanto Casaaf waxa ay si dadban uga waraysan jirtay arrimo xidhiidh la' leh xogta ay raadinayso iyo meelaha ay doonayso in uu ka caawiyo shaqadeeda sirdoonka. Casaaf oo is kala garan la' ayaa marar badan si faan ah ugu sheekeeyey qaabka qaldan ee uu shirkadda uga faa'iideeyo arrimihiisa gaarka ah.

Markii la gaadhay waqtigii ay u aragtay in uu Casaaf u bisil yahay dalabaadkeeda waxa ay si toos ah uga codsatay in uu ka caawiyo hawlaha ay ka midka ahaayeen in uu u soo helo taleefannada gaarka ah ee hoggaamiyeyaasha Falastiiniyiinta iyo in haddii loo baahdo uu ka caawiyo dhegeysiga xidhiidhadooda taleefanka.

Amiina waxa ay ka duulaysay hadal uu hore ugu faanay Casaaf oo ahaa in uu awood u leeyahay dhegeysiga taleefannada, iyo sheekooyin uu uga sheekeeyey oo la xidhiidha taleefanno dumar oo uu dhegeystay. Gabadh kasta oo uu damac ka galo inta uu lambarka taleefankeeda helo ayaa uu dhegeysan jiray si uu u ogaado xidhiidhadeeda, isaga oo hadba tii xiise gelisana halkaas ka ugaadhsan jiray. Inkasta oo uu Maanowel aad u caawiyey Amiina, xogo badan oo muhiim ahna ay ka heshay, haddana waxaa la gaadhay meel aannu dalabaadkeeda qaar ka jawaabi karin, awooddiisa maamul oo ka hoosaysa awgeed. Waxaa ay ugu darnayd markii ay ka codsatay in uu lambarka taleefankeeda uga dhigo mid qarsoon oo cidda ay la hadashaa aanay arki karin, in uu taleefankeeda la hadalka dibadda ugu furo iyo in uu u soo raadiyo lambarrada dadka muhiimka ah ee ay uga baahato, iyada oo ku andacoonaysa in ay dano ganacsi ka leedahay.

Maanowel waxa ay weli la tahay in uu helay hibo adduun tii ugu sarraysay, waayo waxa uu waqtigu ku simay in uu hawl yari ku hanto qalbiga gabadh qurux badan oo rabbi maal iyo aqoon siiyey. Arrimo badan oo sirdoon ahaan Amiina muhiim u ah ayaa uu ka caawiyey. Waxa ka mid ahaa in uu u hagaajiyey taleefankii una fududeeyey in dibadda loogu furo, isaga oo isagu damiinkana isku qoray, waxa uu u keenay taleefanno qarsoodi ah oo qaar ka mid ah hoggaamiyeyaasha jabhadaha Falastiiniyiintu isticmaalaan iyo halka ay deggen yihiin oo u badnayd xaafadda caanka ah ee Reyxaana ee magaalada Beyruut. Si kastaba ha ahaato e' Amiina waxaa niyadjab ku noqday xaqiiqada ah in Maanowel awoodihiisa shirkaddu aanay gaadhsiisnayn halkii ay ka filaysay iyo in waxa ay doonayso oo dhan aannu u fulin Karin Manowel. Tusaale ahaan waxa ay ogaatay, in aanay u fududayn in uu helo taleefannada masuuliyiinta sare ee Falastiiniyiinta, oo madaxda ugu sarraysa shirkadda oo keli ahi ay ogaan karayeen, in lambarkeeda aannu uga dhigi karin mid qarsoon, in aannu awood u lahayn in uu u soo duubo sheekooyinka iyo wararka taleefanka ku dhexmaraya masuuliyiinta sare ee Falastiiniyiinta.

Waxa ay arrintani ku noqotay guuldarradii ugu horreysay ee ka soo gaadha hawsha ay u timid Beyruut. Maanowel qudhiisuna waxa uu dareemay in aannu sida ay rabto ugu adeegi karin gabadhan uu haatan jeclaaday. Waxa uu hiifay mansabkiisa iyo awooddiisa shirkadda ee qancin kari weyday luulka uu helay. Markii uu dhinacyo badan ka eegay arrintanna waxa ay la noqotay in guddoomiyaha shirkadda isgaadhsiinta oo wax waliba kaga xidhnaayeen uu arrinkan lugaha u soo geliyo.

Maalin maalmaha ka mid ah ayaa uu masuulkan shirkadda oo uu magaciisu ahaa Maaruun waxa uu u kaxeeyey guriga Amiina si uu isu soo baro. Maaruun waxa uu ahaa Shabeelnaagood kale oo si Manowel ka badan, kana dhiirran isugu mashquuliya hanashada iyo la macaamilka haweenka. Waxa aanay la gaadhay heer uu xilkiisa shirkadda uga faa'iidaysan jiray in uu basaaso taleefannada dumarka, gaar ahaan kuwa uu rabo in uu xidhiidh haasaawe la yeesho ee uu doonayo in uu ogaado ragga kale ee ay ku xidhanyihiin.

Xogta uu ka helo sheekada taleefanka ayaa uu marmarka qaarkood ka dhigan jiray dariiq uu u maro barashada dumarka, marmarka kalana waxa uu ka dhigan jiray hub uu ku haddido gabadha ka gawsadaygta barashadiisa. Siyaabahaas iyo habab kale oo badan ayaa uu dhegeysiga taleefannada dumarka uga faa'iidaysan jiray Maaruun Xaayik.

Amiina oo tababarkii la siiyey iyo waayoaragnimadeeda xidhiidhada raggu markiiba garansiiyeen in Maaruun uu yahay ragga dumarka ay aragtida oo keli ahi ka dhexeyso, sida sahalka ahna u bixiya wax kasta oo qiimo leh, haddii uu ku beddelanayo haween, ayaa isla kulankii koowaadba nafta u sheegtay in Maaruun uu yahay qofkii saxda ahaa ee hawlaha isgaadhsiinta ka caawin karayey. Iyada oo arrintaas ka jawaabaysa ayaanay markiiba u dirtay ishaarooyin uu ninka Maaruun oo kale ahi si fiican uga fahmi karo, in ay diyaar ula tahay xidhiidh adag iyo in ay wax badan is dhaafsadaan.

Casaaf oo hawshan oo dhan u sameeyey in uu meel adag ka gunto xidhiidhka uu gabadhan la leeyahay, kuna sii abqaalo jacaylka dhankiisa runta ka ah ee uu u qaadday Amiina, ayaa waxaa lamadegaan waaqla ah kaga guuray

Amiina iyo Maaruun oo isla ilbidhiqsiyadii u horreeyey ee kulankooda isla jaanqaadeen.

Amiina ugaadheedan cusub waxa ay ku casuuntay kulan casho oo ay sheeko iyo is barasho intan ka badan ku yeeshaan. Laakiin waxa ay noqotay casuumad kale oo fusuq oo mid kasta oo labadooda ka mid ahi ujeeddo u gaar ah iyo dano uu doonayey ka gaadhay.

Marka laga tago ujeedada casuumaddan ay ka lahayd ee ahayd in ay si fiican u fahamto qofka uu Maaruun yahay iyo in ay tusto calaamado qalbigiisa ku huriya dhimbiil caashaq, waxa ay sida oo kale sheekada u raacinaysay su'aalo dhowr ah oo isaga oo aan dhaadin uu ka jawaabayey. Su'aalahan nuxurkoodu waxa uu ahaa in si aanay sidii Casaaf ugu hungoobin, ay hadda sii hubiso illaa xadka uu awood u leeyahay in uu farsamo ahaan ka caawiyo hawlaha basaasidda.

Isla markii uu kulankaasi dhammaaday Amiina waxa ay qortay warbixin dheer oo ay ku xusayso wax kasta oo uu Xaayik yidhi muddadaas ay wada joogeen iyo dareenkiisii ay akhrisatay. Waxa kale oo ay warbixintaas dhawrka bog ahayd ku dartay jawaabihii uu Xaayik ka bixiyey, su'aalo door ah oo ay weydiisay. Sidii ay ahayd ballanta iyada iyo saraakiisha ka sarraysa ee MOSSAD, Amiina waxa ay warbixintan ku ridday tanag xashiishka lagu guro oo guriga hortiisa yaallay, halkaas oo marka ay ka tagto, ay iman doonaan saraakiil ka tirsan MOSSAD oo si qarsoodi ah uga saari doona warbixinta, una gudbin doona Talaabiib.

Xeeldheereyaasha MOSSAD iyaga oo kaashanaya basaasiintooda ka hawlgala gudaha Lubnaan ayaa ay si qotodheer u baadheen xogta gaarka ah ee ninkan ay Amiina soo sheegtay. Jawaab dhaqso ahayd oo ay ku soo celiyeenna waxa ay noqotay, in ay sii waddo xidhiidhka ninkaas oo weliba ay sida ugu dhaqsaha badan qalbiisa u hanato. Masuuliyiinta MOSSAD waxa ay Amiina dareensiiyeen in ninkani uu wax badan ka caawin karo shaqada basaasnimo ee ay u joogto Beyruut, gaar ahaan in uu u fududayn karo helidda liisaska sirta ah ee ay ku qoran yihiin magacyada dadka xubnaha ka ah xafiiska ammaanka iyo xog raadinta ee Falastiiniyiinta. Sida lagu sheegay jawaabta MOSSAD, Xaayik waxa kale oo uu Amiina ka caawin karaa in ay hesho taleefannada gaarka ah ee masuuliyiinta sare, gaar ahaan Yaasir Carafaat iyo Cali Salaama. Ugu dambayntana waxa uu ku hagi karaa in ay isbartaan Yaasir Carafaat iyo Cali Xasan Salaama oo ah qofka ugu muhiimsan ee ay tahay in ay xogtiisa raadiso.

Cali Xasan Salaama waxa uu madax ka ahaa urur sirdoonka iyo hawlgallada gaarka ah fuliya oo si dadban u hoos tegeyey sirdoonka guud ee Falastiiniyiinta. Waxa aannu ahaa qofka koowaad ee ay Israa'iil ugu raadinta badan tahay. Lubnaan oo keliyama' aha ee dhammaan xafiisyada iyo basaasiinta Israa'iil ee dunida daafaheeda ku filqani waxa ay ku amranaayeen in meel kasta oo ay dunida ka joogaan ay raadiyaan xog la xidhiidha Salaama, oo sirdoonka Yuhuuddu uu ula baxay Amiirka Cas. Amarka ah in geeri iyo nolol mid uun lagu soo helaana ka yimid halka ugu sarraysa dawladda Israa'iil oo ah haweenaydii xilligaas raysalwasaarhaa ahayd oo magaceedu ahaa

Goolda Maair.

Cali Xasan Salaama waxa uu ahaa maskaxdii ka dambaysay weerarkii ay Falastiiniyiintu dalka Jarmalka ku dileen 11 ciyaartooy oo Israa'iil uga qaybgalayey ciyaarihii olambikada ee waqtigaas ka qabsoomayey Jarmalka.

Maaruun damaciisu waxa uu ahaa in uu mar uun gacan la gaadho hilbaha maanqaaday ee hor yaalla, laakiin Amiina intaa waa ay ka fogeyd, xumaan in ay u marto ujeeddadeeduna waxa ay ahayd dhaqankeeda, iyo xeeladda ugu weyn ee lagu soo tababaray. Markii ay dhowr kulan isugu yimaaddeen ee ay isbarashadoodii sii xoogeysatay, waxa ay ku guulaysatay in ay Maaruun ka heshay taleefannada masuuliyiinta sare ee ururada Falastiiniyiinta ee xaruntoodu tahay Beyruut. Waxa ay sida oo kale ka heshay xog badan oo ku saabsan goobaha ay ku kulmaan masuuliyiintani, xafiisyadooda iyo guryaha ay deggen yihiin. Amiina oo markii dambe isticmaali jirtay sanduuqa boosta oo sir ah waxa ay si sir ah ula xidhiidhaysay masuuliyiintii sirdoonka ee ka sarraysay iyada oo si joogta ah ugu diraysay hadba halka uu xaal u marayo iyo wixii ay xog hesho isla markaana ka qaadanaysay wixii talo iyo amarro cusub ah ee hawsheeda khuseeya.

Amiina dalabka ay sirdoonka Yuhuuddu ku adkaynayeen waxa uu ahaa in ay soo hesho liiska sirta ah ee magacyada xubnaha sirdoonka Falastiiniyiinta dunida ugu kala maqan, gaar ahaan qaaradda Yurub. Waxa ay u sheegeen sida keliya ee ay xogta loo diray ku heli kartaa in ay tahay dhexgalka xafiisyada ururka xoreynta Falastiin guud ahaan iyo si gaar ah xafiiska Yasser Carafaat oo ahaa hoggaamiyaha ururkan xoraynta Falastiiniyiinta ee PLO iyo xafiiska Cali Xasan Salaama.

3

Cali Xasan Salaama

(Amiirka Cas)

Cali Salaama waxa uu ahaa nin dhallinyaro ah oo aad u maskax badan. Nacaybka ay guud ahaanba Falastiiniyiintu u hayeen Yuhuudda waxa isaga u dheeraa, in isaga oo ay da'diisu 15 sano jir tahay uu indhihiisa ku arkayey Yuhuudda oo si kibir ah u dilaysa aabbihii. Hooyadii ayaa ula baxsatay dalka Lubnaan, waxa aannu muddo ku noolaa xero qaxoonti oo Falastiiniyiintu deggen yihiin oo ku taalla deegaanka magaalada Nabulis ee dalka Lubnaan. Waxa ay ahayd xero nolosheedu liidato oo koronto iyo biyo nadiifa midna aan lahayn. Magaalada Naabulis ayaa uu ku qaatay waxbarashadiisa, waxa aannu inta badan kaalmaha ugu horreeya ka geli jiray waxbarashada.

Inkasta oo uu ahaa nin da'diisa ugu qurxoon uguna ragannimo badan, laguna tirin jiray nooca ragga aanay hablaha geyaanka ahi u deymo la'aan, haddana isagu yaraantiisii ma' uu ahayn nin arrimaha haween isku hawla.

Himiladiisa iyo hiigsiga ugu weyn ee uu lahaa waxa uu ahaa siyaasadda. Markii uu dugsiga sare dhammaystay waxa uu helay Deeq waxbarasho oo ay bixisay jaamacadda Maraykanka ee magaalada Beyruut. Waxa ay waxbarashada isku soo gaadheen rag badan oo magac lahaa oo Falastiiniyiin ah.

Cali Salaama xilligii jaamacadda waxaa uu caan ku ahaa jiray naanays ay ardaydu u bixisay oo ahayd 'Hoggaamiyaha siyaasiga ah.' Waxaa inta badan ku soo ururi jiray ardayda oo uu u jeedin jiray khudbado kacaan ah. Saamaynta Cali Salaama waxa ay sii korodhay markii ay dadku ogaadeen in Yuhuuddu ay aabbihii dishay. Waxa aannu caan ku ahaa in uu mar walba yidhaahdo, "Waa aynu illownay in aynu raadsanno xaqeenii. Haddii aynaan dhaqdhaqaaq samayn waxa aynu ku dheggenaan doonnaa dhoobada, innaga oo dullaysan oo aan waddan lahayn".

Cali Salaama waxa uu jaamacadda ka qaatay shahaado Injineernimo. Isla markii uu waxbarashada dhammaystayna waxa ay is barteen Yaasir Carafaat oo isagu markaas uun aasaasay ururka xoraynta Falastiin. Barashadan ayaa noqotay tallaabadii koowaad ee isbeddel sal iyo baar ah oo ku yimi gebi ahaanba noloshii Cali Salaama. Waxa uu xubin sare oo muhiim ah ka noqday ururka xoraynta Falastiiniyiinta, oo uu ka qabtay xilalka; taliyaha ciidamada Guutada 17aad, agaasimaha sirdoonka Falastiin iyo madaxa hawlgallada garabkii lagu magacaabay Sabtembarta madaw oo ahaa koox si weyn uga wareerisay sirdoonka iyo khubarada ammaanka ee Yuhuudda. Waxa uu tababarro iyo aqoon korodhsiyo hawlaha sirdoonka la xidhiidha ka helay khubarada sirdoonka ee dalka Masar, waxa aannu yoolkiisa koowaad ka dhigtay in uu bartilmaameedsado basaasiinta Carbeed ee u adeega MOSSAD.

Salaama waxa uu caan ku ahaa dhuumashada iyo is muuq-doorinta, waxa uu dacaw ku ahaa dhagarta iyo mukurka, geesinnimada libaaxa ayaa uu lahaa, sida sabbadda ayaa aan ahaa teed aan la dhaafi karin. Cali Salaama waxa uu maskaxdiisan mucjisada ah ee Alle ku nimceeyey iyo aqoontiisa uga faa'iideystay in uu si weyn uga daba shaqeeyo una abaalmariyo khaayimiinta iyo basaasiinta u adeega Yuhuudda. Muddooyin gaaban gudahood ayaa aannu qoorta soo qabtay tobanaan ka mid ah basaasiinta lagu dhex beero kooxaha wax iska caabbinta iyo ururrada reer Falastiin. Cali Salaama marar badan ayaa uu ka fakaday isku dayo dil oo MOSSAD ay la maaganayd.

Xilliga xagaaga nolosha Beyruut waxa ay lahayd dhadhan gaar ah oo ka soocan gebi ahaanba waqtiyada kale ee sanadka. Waxa ay lahayd jawi iyo deegaan ay u soo hilloobaan dadyow badan oo ka soo kala jeeda dalalka kala duwan ee dunida. Maalmaha fasaxyada toddobaadka hudheellada, jidadka, badda xeeligeeda, baararka lagu caweeyo iyo guud ahaan magaaladaba waxaa buux dhaafin jiray dalxiisayaal daafaha dunida ka yimaadda. Isdhexgalka badan ee bulshooyinka kala dhaqannada ahi waxa ay saamayn ku yeesheen dhaqanka Lubnaan oo aad uga duwanaa kan dhowrsoon ee Carabta kale. Waxaa caadi ka ahaa dhaqanno badan oo reergalbeedka ka jira, waana sababta magaalada Beyruut loogu naanaysi jiray, 'Baariista (Paris) bariga dhexe'. Hudheello lagu caweeyo iyo goobo lagu tunto, hablo ka heesa baararka lagu saamaleylo, barxado rag iyo dumarba lagu ciyaaro kubbadaha Teenniska iyo Golafka, masraxyo qoobka-ciyaarka caan ku ah iyo tartannada quruxda dumarka ayaa intuba ka jiray magaalada Beyruut.

Caado ayaa ay u ahayd Cali Salaama in uu waqtiyadiisa qaar saaxiibkii Fatxi Carafaat kula qaato hudheellada iyo goleyaasha xagaaga camiran. Fatxi Carafaat oo ay walaalo ahaayeen hoggaamiyaha Falastiiniyiinta Yaasir Carafaat, waxa uu madax ka ahaa hay'adda Bisha Cas ee Falastiiniyiinta.

Sanadkaas oo ahaa 1973 kii tartankii quruxda haweenka ee adduunka waxaa ku guulaysatay Joorjiina Risqi oo u dhalatay dalka Lubnaan. Cali Salaama oo ahaa ragga nooca sida fudud u hanta qalbiga haweenka ayaa Jorjiina Risqi haasaawiyey oo inta uu qalbigeeda degey, dhaqso u guursaday. Inkasta oo uu markaas Cali Salaama ahaa ninka ay sirdoonka Yuhuuddu ugu raadinta badan yihiin, xogta Amiina Almufti loo soo dirayna ay ugu horreyso tiisu, haddana weli, Sirdoonka Yuhuuddu ma' uu haynin sawirka dhabta ah iyo xitaa hummaag malo-awaal ah oo Cali Salaama leeyahay, dadaallo badan oo ay u galeen in ay raadgoobaan si ay u khaarajiyaanna kuma ay guulaysan. Gaar ahaan intii ka dambaysay weerarkii ciyaartoyga Israa'iil lagu dilay magaalada Muunikh ee dalka Jarmalka oo uu Cali Salaama noqday fallaadh ku mudan laabta Israa'iil.

Cali Salaama oo markii dambe caan ku noqday 'Amiirka Cas' oo ahaa magac ay weerarkaas Jarmalka dartii ugu bixisay haweenaydii waqtigaas raysalwasaaraha ka ahayd Israa'iil, waxa uu bilowgii hore gacanyare u ahaa Yaasir Carafaat oo uu sii gaar ahna ugu qaabbilsanaa arrimaha ammaanka. Waxa se uu markii dambe gaadhay darajada, taliyaha guud ee ammaanka iyo sirdoonka ee ururka xoraynta Falastiin, xilkaas oo uu marka hore hayey ku xigeenkii Carafaat ee Abu Iyaad, ka hor intii aan la dilin. Cali Salaama waxa uu sida oo kale madax u ahaa ciidanka loo yaqaannay Ilaalada Gudaha oo lagu naanaysi jiray 'Guutooyinka 17aad'.

Israa'iil dilka Salaama oo keliya ma'ay doonayn ee waxa u dheeraa damaca ah in ay helaan waraaqaha iyo dhukumentiyada Cali Salaama si ay xog dheeraad ah uga helaan qaabka shaqo iyo xubnaha firfircoon ee hay'aaddan sirdoonka Falastiin ku leedahay qaaradda Yurub iyo gudaha Israa'iil. Muhiim ayaa ay Israa'iil u ahayd amni ahaan in ay hesho dhukumantiyada la xidhiidha hawlgallada Falastiiniyiinta ee hore si loo helo Tabaha ay isticmaalaan, loogana barto duruus ka caawisa hay'adaha ammaanku in ay ka hortegi karaan wixii dambe ee weerar ah.

Quustii

Mid ka mid ah kulamadii tumashada ayaa Amiina oo

shaqadeedii kalana ku hoos wadataa waxa ay Maaruun weydiisay, 'In uu garanayo Carafaat, Abu Iyaad, Alqamri iyo rag kale oo ka mid ah masuuliyiinta Falastiiniyiinta" Xaayik waxa uu ugu jawaabay in uu si fiican u wada garanayo ragga ay sheegayso.

Amiina oo uu wado dareen farxadeed oo ay qarsanayso ayaa bilowday in ay sidii hore si ka sii badan sharafteeda ugu loogto Xaayik. Kulamo joogto ah, farxad iyo soodhoweyn ayaa noqday waxa uu mar kasta kala kulmo. Intaas oo keliya ma' aha ee waxa ay bilowday in ay dhaqaale ku kabto iyada oo isaga dhigaysa in ay tahay haweenay ganacsato ladan ah oo jecel in ay dhaqaale ahaan ka kabto ninkan ay jeceshay oo dabcan ka jeeb yar. Waxa si gaar ah u farxad geliyey soo garashada uu Xaayik sheegay in uu garanayo Salaama, gaar ahaan waxa uu u sheegay in uu ogyahay hudheel uu aad ugu soo noqnoqdo.

Marar badan ayaa ay Amiina iyo Xaayik isu raaceen hudheel ku yaalla badda xeelligeed oo lagu magacaabo Coral Beach. Xaayik ayaa u sheegay in baarkan uu aad u iman jiray Cali Salaama. Ujeedada ay isu soo raacayeen waxa ay ahayd in uu wejiga Cali Salaama tuso. Nasiibdarro dhowr jeer oo ay arrintan isu soo raaceenba waa ay ku fashilmeen, oo Cali Salaam kama ay helin hudheelkan, waxa aanay taasi bilowgii quus ku keentay, oo gaadhayba heer ay kuba fikirtay in ay garawsato in qorshaheedu fashilmay, sidaa awgeed ay dib ugu noqoto Telaabiib si ay u soo qirato faramadhnaanta ay ka joogto hawshii loo diray. Laakiin haddana fikirkaas ma' ay dhaqan gelin oo mar kasta waxa ay bidhaan rejo ah ka arkaysay hadallada

Xaayik ee la xidhiidha Cali Salaama.

Amiina waxa ay mar labaad beddeshay qorshaheedii iyo jidkii u jeexnaa in ay u marto hawlgalkeeda Beyruut. Gurigii hore waa ay ka guurtay waxa aanay u wareegtay guri kiro ah oo cusub. Waxa uu ku yaalla mid ka mid ah xaafadaha muwaaddiniinta caadiga ahi deggen yihiin.

Bilowgii wejigan cusub ee ay u dhigtay qorshaheeda waxa u muuqatay sadaal hor leh oo ay u qaadatay in ay hadda wixii ka dambeeya gaadhi doonto guulo waaweyn. Waxa ay isbarteen gabadh Falastiiniyad kalkaaliso caafimaada ah. Waxa ay ahayd Shamsiya oo ka shaqayn jirtay cisbitaalka Saamid oo ku yaalla xerada qaxoontiga ee Sabra. Xeradan oo ku taallay magaalada Beyruut waxaa deggenaa Falastiiniyiinta ka soo barakacay dhulkooda Yuhuuddu la wareegtay.

Amiina waxa ay dareentay in gabadhani ay ka caawin karto wax badan oo hawlaheeda basaasnimo la xidhiidha, sidaa awgeed waxa ay xidhiidhkooda ka dhigtay mid adag oo illaa heer saaxiibtinimo dhow ah ula muuqday Kalkaalisada caafimaad ee reer Falastiin. Shamsiya oo aan fahmin in gabadhan ay baratay tahay basaasad ayaa is bartay Amiina iyo agaasimihii cisbitaalka ay ka shaqaynaysay, oo isaguna dhinaciisa si furan u soo dhoweeyey ugana warramay xog badan oo ku saabsan cisbitaalka. Waxa uu u sheegay in cisbitaalkan ay tabarruc ahaan uga shaqeeyaan dhakhaatiir badan oo ka yimi daafaha dunida.

Amiina waxa ay agaasimaha tustay shahaadooyinkeedii caafimaad ee been-abuurka ahaa waxa aanay u sheegtay in qudheedu ay tahay dhakhatarad isla markaana ay diyaar u tahay in ay iskaa wax-u-qabso kula shaqayso cisbitaalka. Agaasimihii waxa uu ka dalbaday in ay maalmo ka war sugto si uu talo ugula noqdo masuuliyiinta Falastiiniyiinta ee arrrintan qaabbilsan.

Dhakhaatiirta tabarruca ah ee uu agaasimuhu sheegayaa waxa ay maamul ahaan hoos tagayeen hay'ado iyo ururro Falastiiniyiin ah oo kala duwan, waxaa ka mid ah hay'adda bisha Cas ee Falastiiniyiinta. Waxa dhakhaatiirta isna inta badan la kulma oo soo dhoweeya hoggaamiyaha Falastiiniyiinta Yaasir Carafaat, oo xitaa marmarka qaarkood u soo raaca xeryaha qaxoontiga, cisbitaallada iyo xarumaha agoomaha lagu daryeelo ama ugu yimaadda iyaga oo hawlmaalmeedkooda ku guda jira si uu niyadda ugu dhiso, uguna muujiyo in uu ku faraxsan yahay dadkan dalalkoodii uga yimid in ay caawiyaan dadkiisa dhibban.

Amiina waxa ay heshay fursad dahabi ah oo ay ku dhex geli karto masuuliyiinta Falastiin, si ballaadhanna ugu dhex milmi karto hay'adahooda maamul. Waxa ay aragtay in imika ay hawlaheedii sirdoon u gudogeli karto si fiican oo intii ay filaysay aad uga ballaadhan aadna uga fursado badan. Goor galabnimo ah oo ahayd 22[kii] bishii toddobaad 1973 kii, ayaa uu si kedis ah taleefan ugu soo dhacay gurigii ay Amiina Almufti degtay. Markii ay taleefanka qaadday codka kaga soo baxay waxa uu noqday Maaruun Xaayik. Horeba waa uu ula soo hadli jiray, laakiin markan dhawrkii erey ee uu Xaayik ku yidhi, may noqon kuwo ka farxiyey.

"Lix qof oo ka mid ah sirdoonka MOSSAD ayaa lagu xidhay magaalada Oslo ee caasimadda dalka Norway." Markii uu intaas ku yidhi, ayaa inta ay dhaqso sameecadda taleefanka u saartay waxa ay daartay talefishanka qolka u yaallay. "Lixda qof oo mid ka mid ahi gabadh ahayd, kiiska loo haystaa waa in ay rasaas ku dileen nin u dhashay dalka Marooko oo muddalab ka ahaa maqaaxi ku taalla degmada dalxiiska loo tago ee Lillehammer oo ku taalla dalka Norway" Sidaas ayaa uu noqday warka Amiina kaga soo booday talefishanka.

Waxa uu warku intaas ku daray in lixda qof ee booliiska Norway uu xabsiga u taxaabay ay ka tirsanaayeen sirdoonka Yuhuudda ee MOSSAD, sababta ay ninkan u dileenna ay tahay 'MOSSAD waxa ay u malaysay in ninkani uu yahay Cali Salaama".

Warka ay talefishanka ka daawatay waxa uu sheegay in kooxda lagu qabtay Norway ay ka mid yihiin unug lagu magacaabo K' IDON oo macnihiisu noqonayo 'Waranka' waxa aanay ka tirsan tahay wakaaladda sirdoonka Israa'iil ee MOSSAD. Basaasiintan la xidhay waxa ay qirteen in ay ka yimaaddeen Israa'iil si ay dabagal ugu sameeyaan una khaarajiyaan Cali Salaama. Amiina markii ay warkan dhegeysatay argagax iyo baqdin ayaa ay la kurbatay, waxa uu madaw badani ka galay waxa ay ku dambayn doonto. Waxa ay is weydiisay, sababta sirdoonka MOSSAD u doonayo in ay dilaan ninkan iyaga oo iyadana u soo diray arrin tan ka duwan oo ah in ay barato xogna ka hesho. Waa run oo qof kastaa oo caadi ahi waxa uu is weydiin lahaa su'aashan oo kale.

Waxa uu ka shakiyi lahaa daacadnimada MOSSAD ee arrinta Salaama la xidhiidha, laakiin waa cidda ay ka maqan tahay in arrimaha siyaasadda iyo sirdoonku ay maraan jid aad uga duwan ka caadiga ah ee markaba maskaxda ku soo dhaca, isla markaana ay leeyihiin halbgeegyo u gaara oo lagu qiyaaso. Shaqada sirdoonka iyo siyaasadda ayaa ay tahay in fursadda la helo aan la dayicin, isla markaana aan boqolkiiba boqol la isku hallayn xogta la hayo. Haddii Amiina loo diray inay soo barato Cali Salaama xogna ka soo hesho, oo la sheegay haddana in Cali yahay ninkan muddalabka ka ah maqaaxidan ku taalla Oslo, maxaa diidaya in aan la isku hallayn warka sheegaya in uu Beyruut joogo? Waa in la khaarajiyo kan joogo Oslo si halkii dembiiluhu ka baxsan lahaa, naf beri ahi u dhimato.

Ugu dambayntii Amiina waxa ay qaadatay go'aankeeda oo ah in waajibkii loo soo diray ay sidiisa u fuliso oo xitaa dilka Salaama ee Norway aanay ku joogsan ee Salaamaha la dilay qudhiisa ay ka raadiso Lubnaan sidii awalba qorshuhu ahaa. Isla subaxdii xigtay galabtii ay warkan maqashay waxa ay la ballantay Xaayik oo ay u sheegtay in ay doonayso in ay mar labaad ay raadiso Cali Salaama. Waxa ay isu raaceen hudheelkii Coral Beach. Hudheelku waxa uu ahaa dhisme weyn oo saddex sarood ka kooban; 95 qol oo mid kastaa gaar u leeyahay xamaamkiisa iyo adeegyadiisa aasaasiga ah. Barxaddiisa qayb ka mid ahna ay ku taallay barkadda dabbaasha oo si aad u casri ah loo dhisay.

Amiina markan waa ay ka nasiib badan tahay sidii hore.

Markii ay hudheelka Coral Beach galeen, ay kuraasida fadhiisteen kuraas taallay barkadda dhinaceeda oo ah xeebta ku sii jeedda badda, Xaayik oo dareen naxdini ka muuqato indhihiisa laga akhrisanayo ayaa farta ugu fiiqay nin ka xigay dhinaca barkadda, waxa aannu cod xanshaashaq ah ku yidhi, "Eeg... Eeg... Waa kaas Cali Xasan Salaama".

Cali Salaama waxa u caado ahayd in uu yimaaddo hudheelkan sababtuna waxa ay ahayd hudheelkan oo ahaa mid aad loo ilaaliyo amnigiisa, isla markaana leh fadhi uu qofku si fudud isaga arki karo, haddiiba uu cadaw isku dayo in uu qarsoodi ku khaarajiyo. Marka uu hudheelka joogo dadka dareenka amnigoodu shaqaynayaa waxa ay markaba arki jireen saddex baabuur oo kuwo millateriga ah, taas oo ah calaamad ay ku garan karaan in qof muhiim ahi hudheelka joogo. Waxa ay ahayd ilaalada gaarka ah ee ninka ay Amiina Almufti raadinayso. Askarta bannaanka taagan ka sokowna waxaa gudaha lagu arki jiray askar dharcad hubkoodu u qarsoon yahay u badan oo taagan kadimada hudheelka, goobaha gaadiidka la dhigo, beerta hudheelka ee Cali Salaama ay ka arki karaan iyo guud ahaanba qaybaha hudheelka.

Mid ka mid ah qolalka wajahaadda hore ee hudheelka soo xiga, gaar ahaan qolka barkadda dabbaasha soo eegaya ayaa uu Cali Salaama hudheelkan ka degi jiray, maalmaha uu doonayo in uu ku negaado.

Cali Salaama markan ay Amiina arkaysay kuma uu dabbaalanay barkadda, waxa se ka muuqatay in uu hore u galay, gaar ahaan halka uu fadhiyo ayaa laga garanayey in dhinaca uu barkaddan ka galay uu yahay qaybta loogu talo galay madaxda iyo dadka muhiimka ah. Waxaa ku teednaa qolal yaryar oo muraayad ka samaysnaa. Kelidii ayaa uu qolka ku jiray, laakiin sida ay sheegeen dadka yaqaannaa mar walba waxa diyaar u ahaan jirtay baastooladdiisa nooca darandoorriga u dhaca ah oo buuxda, xaalad feejiganna wuu ku jiri jiray.

Salaama da'diisu waxa ay ahayd 33 sano, waxa uu ahaa nin jidhkiisu dhisan yahay, jooggiisu dhammaystiran yahay, qurux u dhashay, qaabdhismeedka duleed ee jidhkiisana laga dareemayo in uu yahay ciyaartoy. Haddii aynu doonno in aynu Cali Salaama si kooban u tilmaamno; qaabdhismeedka jidhkiisa iyo quruxdiisa waxa innagaga filan, 'in uu ahaa nin u qalma xaaskiisa cusub ee Joorjiina Risq' oo ahayd boqoradda quruxda adduunka.

Joorjiina oo markaas da'deedu 21 jir ahayd, waxaa dhalay laba waalid oo Masiixiyiin ah; dhalasho ahaanna aabbaheed waxa uu ahaa Lubnaani, hooyadeedna waxa ay u dhalatay dalka bariga Yurub ku yaalla ee Hungary. Waxa uu ahaa qoys maalqabeen ah, iyadu waxa ay 16 jirkeedii ku guulaysatay in ay noqoto boqoradda quruxda ee dalka Lubnaan, laba sano markii ay ka soo wareegtay, oo ay da'deedu ahayd 18 sano waxa ay ku guulaysatay in ay noqoto boqoradda quruxda ee dunida oo dhan. Waxa ay ahayd gabadha keliya ee Carbeed ee ka qaybgashay tartanka quruxda ee Miami beach oo ku taalla dalka Maraykanka. Waxa ay ahayd qalanjo, timaheeda dheer ee madowga ah, iyo indhaha cagaaran, debnaha quruxda badan, ama guud ahaan jidhkeeda cuddoon marka la eego ay hubaal tahay in nin kasta oo arkaa ku hammiyi jiray in uu barto. Xitaa madaxweynihii hore ee Maraykanka, Jimmy Carter oo markan ahaa guddoomiyaha gobolka Jooriya ayaa ay u rumowday riyadiisu, taas oo la ogaaday markii la arkay isaga oo sawir kula jira boqoradda quruxda adduunka oo xidhan toob nooca lagu caweeyo oo midabkiisu madaw yahay, qaybo badan quruxda jidhkeeda ka mid ahina bannaanka taallo. Si kastaba ha ahaato ee Joorjiina qudheeda waxa qalbigeeda mashquuliyey wiilka quruxda badan ee muruqyada leh, Cali Salaama oo leh jidh jimicsigu dhisay, jacaylka ay u qabto ayaana keenay in ay ku gasho minyaronimo, kana indho la'aato in Cali Salaama uu yahay xaasle ay wada joogaan gabadh hore, oo ay ubad isu leeyihiin.

Amiina ma' ay rejaynayn in sidaa fudud ay u arki doonto ninka ay dawlado badan sirdoonkoodu la' yihiin muuqiisa si ay tallaabo uga qaadaan. Iyada iyo Xaayik waxa ay muddo fadhiyeen miis hoos yaallay mid ka mid ah dallaayadaha hudheelka, cunto ayaa ay dalbadeen laakiin sheekadii iyo kaftankii hore u dhexmari jiray, waxaa ugu dambaysay markii ay isha saartay Cali, si aan libiqsi lahayn ayaa uu dhaayaheedu ugu maqnaayeen ninkan yaabka badan ee loo soo diray iyo dhaq dhaqaaqiisa. Cali Salaama kama uu warqabin in maanta cadow u soo dhuuntay hudheelka, si caadi ah ayaa uu dib ugu noqday dabbaashiisii. Halka uu barkadda ka gelayey kama ay fogeyn halka ay fadhiday.

Bannaanka qolka gaarka ah ee muraayaddu ku xidhnayd ee uu Salaama ka gelayey barkadda, waxaa dhinacyada oo bannaanka ah ka taagnaa laba nin oo muruqyo waaweyn. Waxa ay ahaayeen ilaaladiisa gaarka ah. Haddii ay markii hore aragtidiisa raadinaysay, imika Amiina qorshaheeda cusubi waa in ay ka shaqayso sidii ay isu baran lahaayeen Salaama, waxa aanay nafteeda ku qabtay kalsoonida ah in ay gacanta ku dhigi doonto. Maalintaas waxa ugu muhiimsan ee ay qabatay waxa uu ahaa in ay si fiican indhaha uga buuxsatay muuqiisa si ay dadka uga dhex garato oo aannu mar dambe uga qaldamin. Waxa ay si waafi ah uga bogatay wejiga iyo muuqaalka guud ee Cali Salaama. Maalinta wixii ka dambeeyey waxa ay bilowday inta ay ka soo dhuumato Xaayik in ay si joogto ah u timaaddo hudheelkan iyada oo hammiga ku haysa in ay maaruun heli doonto fursaddii ay ku baran lahayd Cali Salaama.

Xogta kale ee muhiimka u ahayd waxa ay ahayd in ay ogaatay in Cali Salaama uu hudheelkan laftiisa uga kiraysan yahay qol joogto ah, oo u xidhan mar uu seexdo iyo haddii uu ka maqan yahay labada goorba. Sida ay Amiina qudheeduba u fahamtay waxa ay ahayd arrin ammaan oo uu Cali Salaama uga gol lahaa in uu ku raadgato. Marar kala duwan oo uu Cali Salaama hudheelkan yimi, waxa uu isha ku dhuftay qalanjadan marka uu yimaaddo hudheelkaba kelideed fadhida. Inkasta oo ay Amiina dareentay in indhaha Cali Salaama marar door ah soo eegan, haddana waxa ay weyday fursaddii dahabiga ahayd ee ay ku baran lahayd.

Maalin maalmaha ka mid ah ayaa ay la kulantay arrin aad uga farxisay. Iyada oo kelideed hoos fadhida kursi raaxo oo hoos yaalla dallaayad taalla badda xeeligeeda oo gudaha hudheelka ah ayuu Cali Salaama si kedis ah u soo galay hudheelkii. Toos ayuu u soo abbaaray kadinka dhismaha hudheelka. Amiina waxa ay u haysatay in Cali uu ku socdo qolka uu ka deggen yahay hudheelka laakiin markii uu la sinnaa halka ay fadhido ayaa uu si kedis ah miiska ay fadhiday ugu soo baydhay. Inta uu si anshax ka muuqdo u dul istaagay oo dhowr su'aalood weydiiyey ayaa meel aan ka fogeyn uu soo qaatay kursi yaallay, waa uu soo agdhigtay, waxa aannu markiiba ku bilaabay bariido iyo hadallo u eeg isbarasho.

Maalintaas Cali Salaama waxa uu Amiina la fadhiyey muddo ku dhow saacad badhkeed, oo uu waraysi guud iyo isbarasho uga faa'iidaystay. Iyada oo maalintan xiisaha badan, kaga hadlaysay waraaqaha xusuusqorkeeda[10] oo mar dambe la helay isaga oo qabyo qoraal ah, ayaa tidhi, "Maalintan oo ahayd bishii sagaalaad 1973 kii, jawigu aad ayaa uu u kululaa, waxa aan xiisaynayey in aan dabbaasho. Aniga oo ku raaxaysanaya neecawda qabaw ee dhacaysay, koob biyo aad u qabaw ah oo aan jidhkayga ku qoynayeyna kabbanaya ayaa aan si kedis ah u arkay ninka hortayda fadhiya .. Waa Cali Salaama oo inta uu i bariidiyey kursi hortayda soo dhigtay, naxdin ayaa aan

---

[10] Xusuusqorka Amiina waa laba qaybood oo laga kala helay Fiyeena iyo Talaabiib; Sirdoonka Falastiiniyiintu markii uu ku dabajiray xaqiijinta basaasnimada Amiina, waxa ay u dhaceen gurigeeda Usteri oo ay ka soo heleen waraaqo ahaa xusuusqorkeeda oo gacanta ku qoran.
Qaybta labaad waxaa muddo dheer kadib laga helay sirdoonka Israa'iil. Raadinta iyo ururinta qaybtan waxaa isku hawlay Fariid Alfalluuji oo ah qoraaga buugga 'Amiina Almufti' waxa aanu ka dhigay buug kale oo uu u bixiyey, 'Xusuusqorka basaasaddii Carbeed ee ugu khatarsanayd MOSSAD ... Amiina Almufti'

dhididay, xubnahaygana maamuli kari waayey. Waxa uu isugu kay sheegay in uu yahay ganacsade Falastiini ah. Si raaxo leh ayaa uu u fadhiistay markii aan u sheegtay in aniguna aan ahay dhakhtarad u dhalatay dalka Urdun oo halkan u timid in ay tabarruc ugu shaqayso cisbitaallada lacag la'aanta ku daryeela dadka reer Falastiin" Amiina waxa ay sheegtay in laga soo bilaabo maalintaa ay Cali Salaama la kulantay illaa maalinta ay xusuusqorka samaynaysay aanay weli illaabin kurbashadii iyo gariirkii wadnaheeda ka baxay, cabsi awgeed. Iyada oo arrimahaas ka sii hadlaysana waxa ay qortay, "Waxa aan xasuustaa sheekadiisii wacnayd ee dareenkayga oo dhan xaggiisa u soo jiidatay"

Gudogalkii shaqada

Amiina waxa ay aad isu sii barteen Cali Salaama, taas oo u fududaysay in ay u furmaan albaabo badan oo ka xidhnaa hadda ka hor. Waxa ay noqotay qof ay ku kalsoon yihiin masuuliyiin badan oo Falastiiniyiin ahi, xidhiidhkeeda barashana waxa uu gaadhay Yaasir Carafaat. Waxaa galay rejo iyo raynrayn cusub, waxa ku soo noqotay noloshii. Waxa aanay nafteeda ka dareentay kalsooni badan.

Amiina oo ka faa'iidaysanaysa barashada Cali Salaama waxa ay aad u dhexgashay kooxaha wax iska caabbinta ee reer Falastiin, gaar ahaan masuuliyiintooda oo ay tustay xamaasad badan iyo dareen been abuur ah oo ay ku tusayso sida ay ula dhacsan tahay habka ay wax u wadaan iyo halganka gobannimo ee ay ku jiraan. Waxa ay booqatay xero kasta oo ay deggen yihiin Falastiiniyiinta qaxoontiga ku jooga dalka Lubnaan, iyada oo la socota kooxaha dhakhaatiirta mutadawaciinta ah ayaa ay meel kasta gashay, sumcad ayaa ay samaysatay dad badan ayaana ay ka baratay hay'adaha kala duwan iyo masuuliyiinta Falastiiniyiinta.

Amiina indhaheedu waxa ay u ahaayeen kamaradda ay ku sawirto wax kasta oo dhacaya, sawirka muuqaallada xasaasiga ahna ay ku qaadato si ay ugu kaydiso maskaxda, dhegeheeduna waxa ay u ahaayeen cajalad casri ah oo ay ku duubto sirta iyo war kasta oo xasaasi ah oo ay ka maqasho madaxda reer Falastiin. Waxa ay xafidday meelaha ay ku yaallaan boqollaal xarumood oo xasaasi ah iyo magacyadooda, waxa ay sida oo kale xasuusteeda ku kaydisay noocyada hub iyo qaybaha tababar ee Falastiiniyiinta.

Waxaas oo dhan in ay heshana waxaa u fududeeyey kalsoonida ay ka haysatay masuuliyiinta reer Falastiin oo sabab u noqotay in ay si maalinle ah u hesho xogo aad u xasaasi ah oo ku saabsan dhaqdhaqaaqyada Falastiiniyiinta iyo hadba hawlaha ay qorshaynayaan, iyada oo u diraysay sirdoonka Israa'iil oo si joogta ah uga dalbanayey in ay u soo dirto warbixinno waafi ah.

Dhukumantiyada rasmiga ah, khariiradaha iyo sawirrada oo aan warlalisku qaadi karayn iyaga oo sidooda ah ayaa ay ku ridi jirtay sanduuq qashin oo gurigeeda bannaankiisa yaallay, sanduuqaas ayaa ay afgarasho ahaan iyada iyo MOSSAD ugu magacaabi jireen 'Boosta geerida'. Waxa kale oo ay marmarka qaarkood dhigi jirtay mid ka mid ah suuliyada hudheelka Carol Beach, oo marka ay waqtiga la dhigay iyada iyo MOSSAD isla goyaan, inta ay suuliga gasho oo dhigto ay iska bixi jirtay, isla markana ay soo weydaaran jireen basaasiin kale oo MOSSAD Beyruut u joogay shaqadooduna tahay in wixii suuligan ama sanduuqa qashinka lagu rido ay qaadaan si ay u gaadhsiiyaan xarunta MOSSAD ee Talaabiib.

Amiina oo waraaqaheeda xusuusqorka kaga warramaysa mid ka mid ah dhacdooyinka naxdinta badnaa ee ka soo maray dhukumantiyada ay qaabkan u gudbin jirtay ayaa qortay, "Waxa aannan illaabi karin, maalin maalmaha ka mid ah oo aan la ballansanaa Cali Salaama. Aniga iyo gabadh aannu isku shaqo ahayn oo sidatay jinsiyadda dalka Qubrus ayaa saacaddii ballantu ahayd ka hor nimi hudheelka Carol Beach ee aannu ku ballansanayn Salaama.

Waxa aan shandadda gacanta ku sitay 24 waraaqood oo ah waraaqaha aannu khadku ka muuqan ee ay basaasiintu warbixinahooda ku qoraan, waxa ay ahaayeen qoraallo, warbixinno iyo sawirro sir aad u xasaasiya ah. Waxa uu qorshahaygu ahaa in aan helo waqti aan waraaqaha ku dhigo suuliga, ka hor inta aannu iman.

Cali Salaama ayaa igu soo kediyey, oo waxa uu waqti yar ka soo horumaray ballantii, sidaa awgeed waxa uu ii yimi aniga oo aan weli waraaqihii dhigin suuliga. In uu arko mid keliya oo ka mid ah waraaqaha aan sitay ayaa sababi karaysay in uu si dhaqso ah baastooladdiisa laabtayda ugu faaruqiyo. Maalintan maskaxdaydu waxa ay ku jirtay xaalad waalli ah. Dareenkayga oo dhan ayaa aan xakamayn kari la'aa, saaxiibadday oo i hareer fadhiday iyadu waxa ay u dhiman gaadhay cabsi"

Hadalkaas Amiina waa calaamad ina tusaysa sida ay Amiina ugu suurtagashay in ay si xorriyad ah basaasnimadeeda uga dhex wadato hoggaamiyeyaasha Falastiiniyiinta, iyo ragga wax iska caabbinta ee aaminay. Waxa ay ku guulaysatay in ay Israa'iil u gudbiso xogo badan oo aad u muhiim ah. Amiina waxa ay xafiiska Yaasir Carafaat booqatay 3 jeer si ay indhaheeda ugu soo aragto wax badan oo ay u baahnayd. Yaasir Carafaat oo ahaa nin dad soo dhoweyn badan, isla markaana aad u jecel dhallinyarada, ayaa aad u soo dhoweeyey Amiina oo uu u haystay aqoonyahanad Carbeed oo dalkeedii Urdun uga timid in ay waxtarto shacabkiisa dhibban, iyada oo daacad iska dhigaysa ayaa ay u soo jeedisay taalooyin badan oo uu si qaddarin iyo dhego nuglaani ka muuqato u dhegeystay.

Amiina waxa ay ku guulaysatay in albaabada Xafiiska Yaasir Carafaat mar walba u furnaadaan, goorta ay doontana ay la kulmi karto. Muddo ayaa ay Amiina ku jirtay xaaladdan oo ay aad uga heshay, isla markaana ay ka heleen masuuliyiinteedii Yuhuudda ahaa ee soo diray oo ay si joogto ah ugu gudbiso warbixinno anfacaya iyada oo u sheegaysa hadba halka uu xaalka Falastiiniyiintu marayo iyo waxa ay qorshaynayaan.

Maalin maalmaha ka mid ah ayaa ay Amiina kelideed u bun doonatay maqaaxi ku taallay xeelliga badda oo la yidhaahdo, Dolce Vita. Maqaaxidan oo lagu laydhsado waxa inta badan tegi jiray dadka ladan iyo masuuliyiinta. Si kedis ah waxa maqaaxidii u soo hor istaagay baabuur millateri oo noociisu yahay Jeep, waxaana ka soo degey saddex nin oo Falastiiniyiin ah. Saddexdan nin waxa ay si degdeg ka muuqdo u soo abbaareen kursigii ay fadhiday Amiina oo markaa koob bun ah loo keenay. Mid ka mid ah saddexdii nin ayaa si aan dabacsanayn ugu yidhi, "Waa aannu garanaynay in aad halkan joogto .. Waxa aad ku amran tahay in aad hadda na raacdo" Naxdin ayaa ay xubnaheeda maamuli kari weyday, xitaa in ay istaagto ayaa ay awoodi weyday, gaar ahaan markii ay eegtay wejiyada ragga doonaya oo aad indhahooda moodaysay inay ka soo baxayaan gantaalo wadnaha abbaarayaa.

Kabsoolkii Sunta ahaa

Amiina waxa lagu soo qaaday baabuurkii Jiibka ahaa oo xawaare aad u sarreeya la soo dhex jeexay shaaracyada magaalada Beyruut. Marka ay eegto midigta darawalka gaadhiga ku wada oo ay muraayadda daaqaddiisu furnayd, waxa ay arkaysay dhismayaasha jidka hareerihiisa ku yaalla ee ay sida hillaaca uga gudbayso, halkaas oo ay ka qiyaasi karaysay xawaaraha aanay maskaxdu sawirran karin ee uu ku socdo baabuurka ay saaran tahay. Arrintan ayaa ku sii kordhinaysay cabsida. Baqdin darteed ayaa ay xitaa ku dhici kari weyday in ay su'aal weydiiso nimankan wada, 'si ay u ogaato cidda ay yihiin? Waxa ay dhab ahaan ka doonayaan? Iyo halka ay ku wadaan?

Markiiba waxa Amiina maskaxdeeda ku soo dhacay hal cashar oo ka mid ahaa kuwii la baray waagii ay qaadanaysay duruusta sirdoonka iyo xirfadda Basaasnimada. Waxa uu ahaa in marka ay gacan gasho ama ay hubiso in cidda haysaa ay tahay cadawgii in ay liqdo xabbad kaabsool ah, oo si fudud nafta u dhaafinaysa. Waa farsamo ay isticmaalaan sirdoonka Yuhuuddu si ay uga hortagaa haddii la qabto basaasiintooda in laga helo xog. Xubin kasta oo sirdoonka Yuhuudda ah waxa la siiyaa xabbad Kaabsool ah oo ka samaysan sun dilaaya oo lagu magacaabo 'Poison cyanide capsule' si uu u liqo saacadda ugu adag, ujeedaduna tahay in uu si fudud u dhinto. Waxa ay ka cabsi qabtay haddii fursaddaas ay dayacdo in marka gaadhiga laga dejiyo ee ay askartani baadhayaan ama xidhxidhayaan ay arkaan kaabsoolkan oo uu noqdo marag caddeeya basaasnimadeeda, isla markaasna ay fursaddii dhimashadu halkaas ku dhaafto.

Amiina waxa ay go'aansatay, fursadda ugu horreysa ee u suuro gelin karta in ay la soo baxdo xabbaddeeda Kaabsoolka ah oo ku dhex qarsoon biinka timaha ee madaxeeda ku xidhan, in ay ka faa'iidaysato fursadda oo ay si deg deg ah u liqdo ayaa ay taladeedii ku soo ururisay. Muddo markii uu baabuurku xawaare sare kula socday ayaa uu si kedis ah jidkii weynaa uga baydhay waxa aannu afka saaray jid yare tagayey xerada Qaxoontiga ee Shatiila. Markiiba waxa ay is weydiisay, "Falastiiniyiintu ma xarun xabsi ah ayaa ay ka dhex samaysteen xerada qaxoontiga?" Iyada oo maskaxdu aanay weli ka fikirin jawaabtii su'aashanna waxa ay ku baraarugtay hadalka askari ka mid ah raggii waday oo ku leh darawalka, "Kordhi xawaaraha aynu ku soconno, dhaawaca laga keenay koonfurtu[11] aad ayaa uu u badan yahay" Markan ayaa ay neefi ka soo baxday, sidii wax hurdo ka soo toosay ayaa ay mar keliya ku jeesatay askarigii hadlay, "Maxaa dhacay?" Waxa aannu ugu jawaabay, "Waa dad ku waxyeelloobay weerar cirka ah oo ay Israa'iil ku soo qaadday saldhig ciidan oo ay Falastiiniyiintu ku leeyihiin meel ku dhow isgoyska Xerada Qaxoontiga ee Caynu Xilwah."

Amiina inta ay naxdintii ka duushay ayaa ay dib ugu tiirsatay kursigii baabuurka, askarigii oo hadalka u sii wada ayaa yidhi, "Dhaawaca oo aad u badan awgeed ay dhakhaatiirtii shaqada qaban lahayd ay yaraatay, sidaa awgeed la raadinayey dhakhaatiir dheeraad ah. Waxa kale oo ay u sheegeen in xafiiska sirdoonka Falastiiniyiintu uu soo siisay xogteeda iyo halka laga heli karo, tilmaamtaasna ay ku yimaaddeen maqaaxida[12]. Inta ay neef dheer qaadatay si cadho leh ugu qaylisay askarigii, "Doqon.. Doqon, dhammaantiin doqomadaas ayaa aad tihiin. Ma sidan ayaa aad dadka martida idiin ah ugu yeedhaan?" Waxa ay askartii ugu hanjabtay in qaabkan ay ula macaamileen ay si rasmi ah ugaga ashkatoon doonto Yaasir Carafaat. Askartii oo aragtay in ay gabadha ka nixiyeen ayaa ereyo raalli gelin ah ku boobay. Waxa ay mar labaad ogaatay in ay weli sii wadi karto shaqada ay u haysay sirdoonka Yuhuudda. Waxa ay ka qayb qaadatay gurmadkii caafimaad ee loo waday dadkii ku

---

[11] Koonfurta Lubnaan oo ay Israa'iil haysatay, ayaa sida oo kalana xarumo u ahaa kooxaha wax iska caabbinta ee reer Falastiin, halkaas ayaa uu iska horimaadka ugu badani ku dhexmari jiray labada dhinac.
[12] Sirdoonka waxaa madax u ahaa Cali Xasan Salaama.

waxyeelloobay weerarkan ay soo qaadeen Yuhuuddu.

Waxa xusid gaar ah mudan in weerarka Yuhuuddu uu ku socday xog uu sirdoonka Israa'iil ka helay Amiina, oo sheegaysay in goobahani ay saldhigyo u yihiin kooxaha wax iska caabbinta ee reer Falastiin. Waxa yaab leh in Xogtii Amiina bixisay lagu dilay dadkan laga codsanayo in ay gacan ka geysato gurmadkooda caafimaad.

Maalmo yar kaddib weerarkaas, waxa ay Amiina qorshaysatay in ay dib ugu safarto Israa'iil. Lama oga in uu ahaa safar ku yimi doonisteeda iyo in xafiiska dhexe ee MOSSAD oo ah magaalada Talaabiib looga yeedhay. Intii aanay Lubnaan ka ambabixin waxa ay sii martay inta badan masuuliyiinta reer Falastiin ee ay is barteen si ay u sii sagootido. Waxa ay dadka u sheegtay in safarkeedani uu ku jihaysan yahay magaalada Fiyeena ee xarunta dalka Usteri. Saaxiibbadeed iyo dadka xidhiidhku ka dhexeeyey ee ay u aragto in ay isweydiin karaan sababta safarkeedana waxa ay u sheegaysay in ay isu soo diiwaan gelinayso xubin ka noqoshada urur caalamiya oo ka shaqeeya daryelka ubadka.

Waxa ay ku soo noqotay gurigeedii Fiyeena oo marka ay kadinkiisa soo gashay ay dareentay wehel la'aanta ay joogto iyo xusuusta ayaamihii wanaagsanaa ee ay la qaadatay ninkii ay jeclayd ee Mooshe. Habeennimadii ay gurigan u hoyatay waxa ay dhex jibaaxday buuro walbahaar ah iyo badweynta xasuusaha jacaylkeedii ka alkunmay gurigan ay caawa huruddo iyo furaashkan ay ku jiifto. Hurdo indho isuma ay keenin, waxa aanay nafta ku maaweelisay daawashada cajaladaha xaflahadihii arooskii iyada iyo Mooshe iyo sawirrada jacaylku ka muuqday. Markii uu waagu beryey waxa ay raadsatay dumaashideed Saarah oo iyadu sidii ugu noolayd magaalada Fiyeena muddo saacad ku dhow ayaanay kalgacal isku ilmaynayeen.

Amiina iyo dumaashideed Saarah waxa ay safar booqasho isugu raaceen degmada yar ee Westendorf oo ay iyadana ay sidii u deggenaayeen qoyska ninkeedii geeriyooday. Waxa ay maalmo madaw la soo qaadatay qoyskii ninkeeda oo weli ku jira murugada wiilkooda geeri iyo nolol aan midna lagu sheegi karin, waxa ay ku calaacalayeen, "Qof baa dhinta oo la aasaa? Illeen qofbaa la caddeeyaa in uu cadaw u gacan galay?" Waa ay ku samri lahaayeen haddii labadan arrin midkood uun ay inankooda ku ogaadaan. Murugadaas lafteedu waa ay la qabtay qoyska laakiin markan arrin kale ayaa kaga xanuun badnayd. Waxa ay xasuusantahay in Mooshe qoyskoodu uu weligii deggenaa Usteri kuna qanacsanaayeen nolosheeda oo ay doonayeen in uu wiilkooduna meel kula noolaado.

Waxa ay ogtahay in qoysku uu marka horeba diiddanaa fikirkii uu wiilkoodu ku tegey Israa'iil iyo go'aankooda oo ahaa in Mooshe marka uu waxbarashada dhammaysto uu dalkiisan Usteri ka raadsado shaqo, laakiin cidda sabab u ahayd in hammigiisa ay gasho ku noqoshada Israa'iil ay tahay iyada (Amiina). Inkasta oo aannu qoysku tusin wax colaad iyo calool xumo ah, haddana arrintani iyada waxa ay ku haysay calool xumo iyo weji gabax aad ugu sii batay markii ay qoyskii Mooshe hortagtay.

Waxa ay isku dayday in ay qoyska u muujiso sida ay u jeclayd ninkeeda illaa haddana ay diyaar ugu tahay in ay u aarto, laakiin waxa ay gashay qalad weyn oo dhinaca sirdoonka ah. Waxa ay jebisay mid ka mid ah xeerarkii udub dhexaadka u ahaa shaqadeeda basaasnimo oo ahaa in waxa ay ku hawlan tahay aanay ogaan garasho ha joogto e' xitaa dad kuwa ugu xigaa. Waxa ay illowday dersigii loo dhigay ee ahaa sirdoonku malaha saaxiib, malaha ehel iyo walaal, mala macaariif, waa keliya raadi oo gal god kasta oo war ku jiro, isuna ekeysii qaab ka kasta oo aad filayso in qofka aad kaga qarin karto shaqadaada runta ah. Garasho xumo iyo doqonniimo mid ay ka ahaydba Amiina iyada oo hor taagan qoyskii Mooshe oo ay ku jirto saaxiibaddeeda u dumaashiga ah ee Saarah ayaa ay si cad ugu faantay in aanay weligeedna illaabi doonin jacaylkeedii Mooshe, "Hooyo, Aabbo iyo walaalba waxa aad igu ogaataan in aannan hurdo ledin illaa aan kun jeer u aaro ninkaygii .. Inankiinii Mooshe. Waxa aan idinku bishaaraynayaa in aan haddaba ku gudo jiro aargoosigii oo aan maalin kasta u aaro Mooshe" ayaa ay ku tidhi qoyskii ninkeeda geeriyooday. Waxa ay si badheedh ah ugu sheegtay in sababteeda ay maalin kasta ku dhintaan dad Carbeed, oo ay ka daba joogto dhiiggii ninkeeda. Waxa ay qoyskii Mooshe uga warrantay xogo badan oo ay ahayd in ay sir ahaadaan; Waxaa ka mid ahaa hawlgallada ay ka fulisay Beyruut.

Nasiibdarro waxa aanay ka warqabin xog muhiim ah oo laga yaabo haddii ay og tahay in aanay illaa xadkan burqateen. Tusaale ahaan, ma' oga in dumaashideeda ay saaxiibka ahaayeen ee Saarah ay muddooyinkii dambe aad u sii dhexgashay ururkii dhallinyaro ee ka jiray Yurub. Gaar ahaan ururkii Hippies oo ahaa urur aan danayn kala duwanaanshiyaha jinsiga iyo jinsiyadda.

Saarah waxa ay is barteen nin dhallinyaro ah oo Falastiini ah oo ay ururka ku wada jireen. Wiilkan aabbihii waxaa dilay Yuhuudda. Waxa uu ku soo koray nolol agoonnimo oo aad u qadhaadh. Waxaa mar kasta qalbigiisa ka buuxday collaadda iyo necaybka Yuhuudda. Agoonnimadii ay Yuhuuddu ku sababtay ayaa keentay in waxbarashadiisii aasaasiga ahayd burburto isla markaana aannu gaadhin heerka aqooneed ee qayrkii ku badhaadhay. Qaaradda Yurub ayuu muddo ka hor u soo tacaburay laakiin noloshiisa Yurub wax badan kamay beddelin duruufihiisii nololeed. Saarah kuma ay farxin warka Amiina ee ah in ay ka qayb qaadato laynta maatada reer Falastiin, laakiin Amiina waxba kamay dareemin shucuurtaas saaxiibaddeed. Markii ay nasatay, waxa ay dib ula soo baxday baasaboorkeedii Israa'iiliga ahaa oo ay ugu duushay magaalada Talaabiib ee caasimadda Israa'il. Waxa ay xiise badan weli u qabtay in ay sii waddo hawlaha basaasnimo iyo in ay ku sii jirto hawsha ay ku sheegtay in ay ugu aarayso ninkeedii.

Amiina oo xusuusqorkeeda kaga warramaysa safarka Fiyeena ayaa qortay, "Maanta oo ay taariikhdu tahay 18[kii] bishii sagaalaad 1973, waxa aan soo booqday gurigaygii magaalada Fiyeena. Socdaalkaygu waxa uu ku jihaysnaa Israa'iil, laakiin waxa aan ku hakaday Fiyeena si aan u sii nasto, isla markaana sii arko qoyska ninkaygii Mooshe.

Markii aan sallaanka gurigayga Fiyeena sii fuulayey jidhkaygu cabsi ayuu la gariirayey, waxa aan ku dhici waayey in aan albaabka furo, markii aan laydhka shidayba waxa ay indhahaygu qabteen sawirka Mooshe oo ku dhegsanaa gidaarka i soo eegaya, waxa uu ahaa sawir aad u weyn oo uu ku labbisnaa dirayska millateriga. Inta aan quraaraddii dusha kaga xidhnayd, boodhkii fuulay gacantayda kaga masaxay ayaa aan si niyad ah u dhunkaday. Xidhmo ubax nooca uu jeclaa Mooshe ah oo aan siday ayaa aan sawirka dhinaciisa sudhay. Waxaa i galay dareen ah in dhoolla caddayntiisa quruxda badani ay markan tahay canaan ka soo burqanaysa qalbigiisa .. Waa run oo canaani kama madhna .. Waxa aan xasuustay doqonniimada aan sameeyey, iyo sida aan anigu Mooshe ugu riixay sababtii dhimashadiisa, markii aan ku dhiirrigelinayey in aannu u guurno Israa'iil. Waxa aan isku dayey in aan soo nooleeyo dhoolla caddayntiisii, laakiin kumaan guulaysan .. Sawirka hortiisa ayaa aan jilbaha dhigay, oo aan bilaabay oohin.

Waxa aan ka baryey in aannu ciilka uu qabo igu si xanuunjin, waxa aan ka codsaday in aannu iga cadhoonin. Waxa aan u ballanqaaday in aan u aari doono. 'Kama hadhi doono u aaristaada illaa aan indhahayga ku arko hilbo googo'ay oo dhiigu sida ilaha biyaha leh uga burqanaya .. Illaa aan arko kun afo oo Carbeed oo u barooranaya raggoodii oo aynu dilnay .. Illaa aan arko kun hooyo oo Carbeed, oo curadadoodii waayey .. Illaa aan arko kun wiil oo dhallinyaro Carbeed ah oo xubna jidhkooda qaar go'anyihiin, markaas ayuun baa aan hurdo ledayaa' Markii aan intaa idhi ayaa aan kor u eegay sawirkii Mooshe, waxa ay indhahaygu ii sawireen dhoolla caddayntii niyadsamida ahayd ee aan ku aqaanno oo dib u soo noolaatay. Waxa aan dareemay shucuurtii i xasilin jirtay marka uu labadiisa gacmood dhexdooda i gashado si uu laabtiisa iigu xejiyo. Waxa aan Mooshe ka baryey in uu iga daayo canaanta" Fiyeena Amiina waxa ay uga sii duushay dhinaca Israa'iil oo ay doonaysay in ay muddo gaaban xarumaha MOSSAD ku soo qaadato koorsooyin dheeraad ah oo ay ku sii kobcinayso xirfaddeeda Basaasnimo.

Kulankii Dhagarqabayaasha

Amiina Israa'iil kuma ay lahayn saaxiibbo, marka laga reebo dhowr nin oo ka mid ahaa saraakiisha wakaaladda sirdoonka Israa'iil ee MOSSAD, kuwaas ayaana kaga hor yimi gegida diyaaradaha. Waxa ay indhaheeda ka akhristeen daal badan iyo diif ay soo martay Amiina, sidaa awgeed waxa ay toos u geeyeen gurigeeda, waxa aanay ka dalbadeen in ay is waraysiga iyo kulamada dib u dhigato oo ay marka hore nasasho fiican qaadato. Inta oo keliya ma' aha ee si looga ilaaliyo in cid la'aanta gurigu ay ku xasuusato duuliyihii ka dhintay, waxaa loo keenay dhakhtarad cilmi nafsiga ku takhasustay oo xaalkeeda si dhow ula socota. Dhakhtaraddan oo magaceedu ahaa Suhayra waxa ay ahayd Yuhuudiyad asal ahaan ka soo jeedda Yuhuuddii dalka Ciraaq.

Suhayra waxa ay aad uga shaqaysay in Amiina ay aad u dejiso isla markaana u fududayso dhex galka bulshada Yuhuudda si loogu gogolxaadho in ay aakhirka degto

Israa'iil, taas oo ay ka muuqato sida durbadiiba ay sirdoonka Yuhuuddu ugu qanceen shaqada Amiina. Waxa ay muhiimadda ugu weyni ahayd in Amiina laga dhigo qof si fiican ula qabsatay Yuhuudda Carabta ah. Waxa la siiyey duruus badan oo afka ah iyo waxbarasho dhinaca dhexgalka bulshada ah. Waxaa la baray Carab badan oo masiixiyiin ah oo ku dhex nool Yuhuudda.

Amiina waxa ay waraaqaha xusuusqorkeeda ee la helay ku sheegtay in dadka ay maalmahaas baratay uu ka mid ahaa Muniir Rawfah oo ah duuliye millateri oo u dhashay dalka Ciraaq. Kaas oo sanadkii 1967 kii diyaarad nooceedu ahaa MIG lagu sameeyey dalka Ruushka kala goostay millateriga Ciraaq isuna dhiibay Israa'iil. Saraakiisha MOSSAD oo weli waday dadaalkii ay ku dejinayeen xaaladda Amiina ayaa qorsheeyey in la is baro duuliyahan iyo qoyskiisa iyo Amiina oo sheekadeeda laga dareemay in ay xiisayn lahayd in ay hesho cid ay isku dhaqan iyo af yihiin.

Muniir iyo xaaskiisa Maryan oo da'deedu ku dhowayd afartanaad ayaa si fiican u soo dhoweeyey Amiina. Muniir waxa uu uga sheekeeyey waayihii soo maray, iyo dhib badan oo uu sheegay in uu la kulmay bilowgii noloshiisa Israa'iil.

Waxa ay indhaheeda ku aragtay duruufaha adag ee uu ku nool yahay Muniir oo aan aqoonin ku hadalka luuqadda Yuhuudda ee Hebrewga waxa uu waayey saaxiibbo waxa aannu bilowgii hore la kulmay camal la'aan ba'an.

Waxa kale oo uu uga sheekeeyey culayska ay bilowgii ku hayeen ilaalada ammaanka ee sida joogtada ah loo raacin jiray si ay noloshiisa u ilaaliyaan. Waxa jirtay mar uu bilowgii wax yar u shaqeeyey ciidamada difaaca ee Yuhuudda, laakiin waqti gaaban ayaa uu waday, waxa aanu u baydhay in uu iskii u shaqaysto si madax bannaan. Markaas ayaa uu aasaasay wakaaladdan wararka.

Amiina waxa ay Muniir in badan ka waraysatay shaqadan duuliyenimo ee millateriga iyo qaabka uu isu badbaadin karo duuliyaha weerar ku yimaaddo. Ujeedadeedu waxa ay ahayd in ay baadho rejada ah bal in ay suuro gal tahay in ninkeedii Mooshe ka badbaaday weerarkii diyaaraddiisa lagu soo riday. Weli waxa aan niyaddeeda ka dhammaan rejadii ahayd suurtagalnimada in maalin maalmaha ka mid ah uu nolol kula kulmo, iyo in ay quusato oo ay garawsato in Mooshe dadka aakhiro ku biiray.

Marka ay waraysanayo sarkaalkan duuliyaha ahaan jiray, waa mar ay quus ka joogsatay jawaabaha ku saabsan ninkeeda ee sirdoonka Israa'iil siiyey. Mar kasta oo ay doonto in ay ogaato bal in ay nolol ku ogyihiin iyo in laga quustay, waxa ay siin jireen jawaab, HAA iyo MAYA labadaba geli karta. Muniir Rawfah waxa uu u sheegay in diyaaraddan uu watay ninkeeda Mooshe oo nooceedu yahay Sky Hawk-4h ay tahay diyaarad Maraykanku sameeyo oo casri ah, farsamadeeduna u diyaarsan tahay in ay badbaadiso duuliyaha. Waxa uu u sheegay in diyaaradaha noocan ah, kursigooda duuliyuhu uu isu beddelo kursi badbaado haddii khatari soo food saarto, kursigaas oo gaarkiisa ula duulaya duuliyaha lagana yaabo in uu badbaadiyo.

Muniir oo in badan uga faallooday Amiina nooca diyaaradda uu watay Mooshe iyo sida ay suurogal u tahay in uu badbaadi karo, ayaa hadalkiisii ugu soo koobay, "Haddii nooca gantaal ee ku dhacay diyaaradda Mooshe uu ahaa Sam 6, waxa ay u dhowdahay in uu badbaaday oo maxbuus uu u yahay Suuriya, haddise gantaalka ku dhacay ahaa Atto11 rejada noloshiisu aad ayaa ay u yartahay, oo waxa ay u dhaw dahay in isaga oo aan ka gaadhsiin goosashada dallaayadda badbaadada (Baaraashuud) ay diyaaraddu hawada kula qaraxday. Jawaabtan uu Muniir siiyey Amiina inkasta oo ay ahayd mid cilmiyeysan, haddana kumay harraad bixin, waayo si la mid ah jawaabtii saraakiisha MOSSAD ayaanay iyaduna HAA iyo MAYA midna ugu caddayn.

Diyaaradda MIG ee uu duuliyahani ula soo goostay Israa'iil waxa ay noqotay hadyad farsamoyaqaannada millateriga Israa'iil ka caawisay in ay fahmaan samayskeeda oo marka hore aanay xog ka haynin. Waxaa la aaminsan yahay in diyaaraddaasi Israa'iil bartay dersi markii dambe ee uu dhacay dagaalkii Israa'iil iyo Carabta 1967 kii ka caawiyey iska difaaca iyo soo ridista diyaaradihii noocan ahaa ee ay wateen ciidamadii dawladaha Carabta ee isbahaystay, kuwaas oo ahaa Masar, Suuriya iyo Ciraaq. Duuliyahan reer Ciraaq oo markan uu diyaaradda la goostay da'diisu ahayd 32 sano jir, waxa uu haystay madhabta Kaatoligga ee diinta Masiixiga. Xaaskiisa oo diidday in ay Israa'iil ku noolaato awgeed, ayaa uu sirdoonka

Israa'iil u soo saaray waraaqo socdaal oo magacyo been ahi ku qoranyihiin, waxa aana u suurtagashay in ay waraaqahaas ku tagaan dal ka mid ah dalalka Yurub. Dalkaas ayaa ay ka furteen kaalin shidaal oo ay ku ganacsadaan si ay noloshooda uga maareeyaan.

Israa'iil waxa ay Muniir ka abaal marinaysay hawsha uu u qabtay oo ahayd in uu Israa'iil u keenay diyaarad ay ku fahamtay sirta farsamo ee diyaaraddan Ruushka ah. Waxa aanay xogta diyaaradda MIG ee markaas dunida ku cusbayd u sii gudbisay sirdoonka Maraykanka oo isaguna inta uu daraaseeyey soo saaray diyaaraddan difaaceeda iyo weliba diyaarado dagaal oo nashqaddan laga dheegtay.

Muniir waxa uu wadne xanuun kedis ah u dhintay sanadkii 1998 kii. Laakiin markan ay kulmeen Amiina waxa uu ka shaqaynayey wakaalad wararka ah oo uu isagu iskii u aasaasay una bixiyey Al-Adwaa' luuqadda Yuhuuddana ku noqonaysay (Al-Xaanuuka), xaaskiisa Maryanna waxa uu wakaaladda uga dhigay agaasimaha xidhiidhka dadweynaha.

Amiina waxa ay xiise badan u muujisay in ay barato lana kulanto ninkan Carbeed ee ay u wada adeegaan Yuhuudda, dhowr jeerna waxa ay ugu tagtay gurigiisa, oo ay u joogaan xaaskiisa iyo carruurtiisu. Xiisaha ay Amiina u qabtay duuliyahani ma uu ahayn oo keliya xiisaha jinsiyadda ay wadaagaan, balse waxa u dheeraa iyada oo doonaysay in ay ka weheshato cidhiidhiga ay ku qabto su'aalo badan oo uu damiirkeedu weydiiyo. Muniir oo markan ay is barteen ay da'diisu ahayd 38 jir waxa uu ahaa maarriin, indho waaweyn, foodda hore ee timihiisuna ay hadda uun bilaabeen in ay go'aan.

Cadhadii abeesada

Amiina habeenkii uu Muniir oo waayoaragnimadiisa adeegsanayaa uga sheekeeyey sida uu noqon karo xaalka duuliyaha diyaaraddiisu soo dhacdaa, waxa ay fiid hore gurigeedii ku noqotay iyada oo aad u wareersan, kana yaabban goorta ay geeri iyo nolol mid uun ku ogaan doonto Yuhuudigeedii ay caashaqsanayd. Isla habeenkaas markii ay guriga ku soo noqotay waxa u yimi sarkaal sare oo ka socda waaxda sirdoonka ee Yuhuudda.

Sheeko dheer oo u badan ammaan ah geesinnimadeeda iyo sida ay nafteeda ugu hurtay danta Israa'iil ayaa uu waqti badan ku qaatay. Amiina oo aad ula dhacsan hadalka masuulkan oo ay ka dhadhansatay sida ay uga raalli yihiin madaxdeedu, ayaa uu kaga yaabiyey arrin aanay meeshaba ka filayn. "Marwo, dhib iyo hawl badan ayaa kugu dhacay, duruufo adag ayaana aad ka soo tallawday, laakiin imika waa aad ka nasanaysaa waxaas oo dhan. Madaxdayda sirdoonku waxa ay qabaan aragti ah in hadda wixii ka dambeeya laga shaqeeyo raaxadaada iyo badbaadadaada. Waxa aan caawa kuugu imi in aan ku soo gaadhsiiyo xiisaha ay u qabaan in ay fuliyaan wax kasta oo aad uga baahato, isla markaana kuu soo bandhigo shaqada cusub ee hadda wixii ka dambeeya laguu igmaday, waa hubaal in aad shaqadan ka heli doonto, waayo waa shaqo kugu habboon..."

Halkaa marka uu hadalkii marinayo ayaa ay Amiina soo boodday oo ay hadalkii ka dhexgashay, "Ma waxa aad u jeeddaa in shaqadaydii Beyruut sidaa ku dhammaatay?" ayaa ay weydiisay, si toos ah ugama uu jawaabin su'aasheeda ee waxa uu sii watay hadalkiisii hore iyada oo codkiisa uu waxoogaa beddelay si uu ugu muujiyo in arrintani tahay arrin go'aan ah, "Shaqadaada cusubi waa isla hay'adda MOSSAD dhexdeeda uun... waxa aanad heli doontaa..."

Amiina uma ay oggolaan in uu hadalkiisa dhammaystirto ee mar labaad ayaa ay ka dhexgashay sarkaalkan laakiin markan waxa ay u hadashay si aad uga qallafsan sidii hore oo ay ka muuqato cadho iyo uurkutaallo badan oo ka buuxda uurkeeda, "Taas weligayna ma yeelayo, uguma aan soo noqon Israa'iil wax aan ahayn in la ii sii xoojiyo aqoonta aan xirfadda sirdoonka u leeyahay iyo in ruux ahaan la i dhiso.

Waa maxay sababta aad sidaa fudud ugaga maaranteen adeeggaygii. Waxa aan idiin ahay fursad dahabi ah ee ha i dayicina, waad og tahay badnida iyo muhiimadda ay lahayd xogta aan idiinka keenay kooxaha wax iska caabbinta ee khatarta badan ku haya, deegaannada Yuhuudda ee woqooyiga Israa'iil. Waxa aan idiin daahfuray, arrimo badan oo idinka qarsoonaa. Waxaas oo dhan waxa aan idiin fuliyey aniga oo aan idinka helin lacag wax aan ahayn 2000 oo doollar"

Sarkaalkii sirdoonka ahaa oo arkay in cadhadu ku sii badanayso Amiina, hadalka in ay joojinaysana aanay u muuqan ayaa ka dhexgalay oo yidhi, "Waxa aan kaa codsanayaa in…" laakiin Amiina ayaa si adag ugu diiday in uu hadalka ka kala jaro, "I sug aan dhammaysto e' …" ayaa ay si adag u tidhi. Markaasay ku harqisay su'aalo, "Aniga hortay miyaa ay dhacday in qof ka tirsan sirdoonka MOSSAD uu hor fadhiisto Cali Salaama oo uu sheeko la wadaago? Hortay ma hesheen cid tilmaam fiican idinka siisa dusha iyo gudaha dhismaha xarunta u ah ururka xoraynta reer Falastiin?"

Iyadii ayaa haddana isaga jawaabtay su'aalaheedan, "Jawaabta aad haysaan waa Maya .. Aniga waad ogtihiin in xitaa aan gudaha u galay qolka xafiiska u ah Yaasir Carafaat. Waxa aan gaadhay heer aan toddobaad kasta laba jeer la kulmo Cali Salaama, waxa keliya ii fududeeyey in aan la kulmo ninka Israa'iil muuqiisa weyday sirdoonkuna ku daalay araggiisu waxa uu ahaa jidhkayga. Ammaanka Israa'iil iyo danteeda si loo helo ayaa aan gabadhnimadayda ku beddeshaa.

Waxa aan idiin soo qaaday taleefannada gaarka ah ee dhammaan hoggaamiyeyaasha Falastiin si aad u dhegeysataan hadalkooda iyo xogaha sirta ah ee ay is dhaafsanayaan. Dharka ayaa aan isaga bixiyey Ey kasta, keliya si aan sir iyo xog qoraal ah idiinku keeno, ugu dambayntiina si fudud ayaa ii leedihiin. Mahadsanid!!"

Sarkaalkii oo dareensan cadhada Amiina ayaa mar dambe hadalkii ku soo noqday oo yidhi, "Marwo Amiina, waxa aannu ku fikiraynaa keliya ammaankaaga. Xaqa aad leedahayna ma xaqirayno" Amiina cadho ayaa ay gariiraysay, midabkeeduna isla beddelay, iyada oo carrabku weynaaday xanaaqa ka batay awgii ayaa ay sarkaalkii ku tidhi, "Ma iga jawaabi kartaa sababta aan hadda u joogo Israa'iil? Sababta aan u dhex tegi kari la'ahay qoyskaygii. Mise waxa idinku filan in aan jeclaaday nin Yuhuudi ah oo aan guursaday? ... Durba ma culays ayaa aan idinku noqday oo waad i dhibsateen?"

Sarkaalkii Yuhuudiga ahaa oo ka yaabban cadhadeeda xad dhaafka ah ayaa mar kale isku dayey in uu dejiyo, waxa aannu ku yidhi, "Marwo Amiina, arrinku sida aad moodayso ma' aha..." Laakiin Amiina dheg jalaq uma ay siinin ee waxa ay sii wadday hadalkeedii, waxa aanay ugu quus goysay, "Ma' oggolaan doono soo jeedintiina, xitaa haddii ay keenayso in aan ka tago Israa'iil oo aannan dib ugu soo noqon. Waxa aad u sheegtaa madaxdaada in aannan abid joojin doonin hawshan aan wado. Xitaa haddii ay kallifayso in aan isku dhex qarxiyo xafiiska Yaasir Carrafaat"

Arrinta aad ugu muhiimsan ee uu sarkaalka MOSSAD ka dhadhansaday ereyada Amiina iyo dareenka intii ay hadlaysay uu isheeda ka akhristay, waxa ay ahayd, sida ay daacad ugu tahay Israa'iil uguna diyaar tahay inay nafteeda u hurto, sidaa awgeed waxa uu mar walba isku nafteeda u hurto, sidaa awgeed waxa uu mar walba isku dayeyey inuu hadalka u dejiyo.

Albaabka Guriga ay Amiina ku degtay bilowgii tegitaankeeda Fiyeena iyo muuqaalka guud ee shaaraca uu ku yaallo ©Khadar C. Cabdillaahi

4
Kulankii MOSSAD

Kulankii habeenkan ee Amiina iyo sarkaalkan sirdoonka Israa'iil ka tirsani waxa uu ku dhammaaday midho la'aan. Isla habeenkiiba waxa uu sarkaalkani toos u tegey madaxdiisii u soo igmatay hawshan, waxa aannu gaadhsiiyey qayladhaan ah, in 'Haddii aan arrinka Amiina laga gaadhin xal degdeg ah ay dhici karto arrin aan hadhaw la mahadin'. Warka sarkaalkan waa la qaatay, waxa aana amar degdeg ah lagu soo saaray in Amiina aanay ka dhoofi karin madaarrada Israa'iil iyo in laga ilaaliyo in ay ka baxdo marinnada xuduudaha berriga ah illaa amar dambe. Waxa ay saraakiisha MOSSAD ka baqeen in iyada oo cadhaysan ay baxdo. Waxaa dhici karta in ay qaadato go'aan iyaga ku liddi ah, sidaa awgeed waxa uu qorshahoodu ahaa, inta uu xaalka Amiina iyo MOSSAD dhinac u dhacayo in aan loo oggolaan in ay ka baxdo Israa'iil.

Dhismaha xarunta sirdoonka Yuhuudda ee MOSSAD waxa ka dhacay kulan aad u ballaadhan oo ay ka qaybqaateen tiro khubaro iyo xeeldheerayaasha MOSSAD ah. Waxa uu kulankan ajandihiisa ugu muhiimsani ahaa in

go'aan laga gaadho Amiina, 'in loo oggolaado in ay ku noqoto caasimadda Lubnaan ee Beyruut iyo in laga joojiyo loona igmado adeegga Israa'iil gudihiisa ah'. Intii aan kulanku bilaaban waxa dhammaan ka qaybgalayaasha loo qaybiyey qoraal ka hadlaya hawlaha ay illaa hadda u qabatay MOSSAD. Caadi ahaan shaqooyinka ay soo qabtaan shaqaalaha sirdoonku, waxa ay hay'addu u qaybisaa darejooyin kala sarreeya oo ah A, B, C, D iwm taas oo macnaheedu yahay in qaybta A ay tahay tan ugu sarraysa. Waraaqaha qiimaynta basaaska ee loo qaybiyey madaxda iyo xeeldheereyaasha ka qaybgelay, dhammaan hawlaha ay soo qabatay waxa ay ahaayeen darajada 'A'. Dhanka kale waxaa ku cad waraaqahan in Amiina ay ka mid tahay xubnaha ka shaqeeya goobaha khatarta ah, ee aanay ka jirin safaarad ay Israa'iil leedahay oo ay ugu dhuuntaan diblumaasinimo, marka dhankan laga eegana waxa ay Amiina mar labaad noqonaysaa xubin aad u muhiim ah.

Warbixintan loo qaybiyey ka qaybgalayaasha kulankan waxa lagu sheegay in Amiina ay nafsad ahaan u bugto, oo qulub iyo xaalad deggenaanshiyo la'aan ah maskaxdeedu ku jirto, taas oo keensanaysa sida lagu sheegay warbixinta halista ah in laga filan karo isbeddel kedis ah oo Amiina geyn kara darafka ay hadda taagan tahay cidhifkiisa kale.

Qoraalka shirkan lagu qaybiyey waxaa lagu sheegay in dhakhaatiirta MOSSAD ay xaqiijiyeen in Amiina ay ku jirto xaaladda caafimaad ee cilmi nafsigu u yaqaanno Abstract Attitude, oo ah in qofka uu ku dhaco khalkhal dhinaca maskaxda ah oo keenaya in qofku si sahlan isugu bedbeddelo mawqifyo aad u kala durugsan.

Waxa ay warbixintani Amiina ku sifaysay qof canaanta badan ee ay nafteeda u geysato (Self Condemnation) ay ku keentay xaalad quus ah oo ay kaga rejo beeshay mustaqbalkeedii oo dhan iyada oo u aragta in dhimashada ninkeeda ay sabab u ahayd maadaama oo ay ku qasabtay in uu yimaaddo Israa'iil. Waxa lagu sheegay warbixintan in xaaladdan caafimaad ay tahay mid nafsi ah oo aan u baahnayn in lagula tacaalo kiniin iyo daawooyin badan, balse ay tahay in si nafsi ah loo daweeyo. Waxa ay khubarada caafimaadku sheegeen in xaaladdani ay sababi karto in qofka maskaxdiisu ay is tusto in sida keliya ee ay kaga bogsan karto xanuunka gefka ay gashay uu yahay in ay nolosha ka tagto.

Talada ay khubaradan sirdoonka ahi soo jeediyeen waxa ay noqotay in Amiina nafsi ahaan ku bogsanayso in loo diro shaqadan ay xiisaynayso ee basaasnimada, oo sida ka muuqata ay ka helayso nafis iyo ku niyadsamaan, maadaama oo ay isu arkayso in ay u aargoynayso Mooshe oo ay aaminsan tahay in iyadu dhimashadiisa sababteeda lahayd. Inkasta oo ay jireen kuwo ka mid ah khubarada oo hoosta ka xariiqay halista ay keeni karto xaaladda Amiina iyo in aan si buuxda la isugu hallayn karin, iyaga oo xujadooda ugu weyni ay tahay in dadka duruufahaas oo kale ku jira, ay ku dhacdo xaalad caafimaadka nafsiga ah la xidhiidha oo keenta in mar keliya maskaxdu illowdo muhiimadda shaqadii ay ku jirtay, oo inta ay taxaddarkii ammaanka ee laga rabay ka tagto, ay ku kacdo falal iyo ereyo fududayn kara in la ogaado. Si kastaba ha ahaato ee tirada badan ee xubnihii shirka joogay waxa ay isku waafaqeen in tababarro dheeraad ah oo xirfadeed iyo ruux dhisidba loo sameeyo. Ugu dambayntii waxa uu noqday go'aanka shirkan ka soo baxay in Amiina loo oggolaado inay dib ugu noqoto shaqadeedii Beyruut.

Waxa go'aankan si rasmi ah u waafaqay agaasimaha guud MOSSAD. Isla maalinnimadiina waxaa laga hawlgalay fulinta go'aankan.

Amiina waxa lagu casuumay xarunta sirdoonka. Nin khabiir ku ah sawirka gacanta oo ka tirsan sirdoonka ayaa loo yeedhay, kaddib inta uu si xeeldheer u dhegeystay tilmaam ay Amiina ka bixisay Cali Salaama ayaa uu gacantiisa ku sawirray sida ugu dhow ee muuqiisu noqon karo oo ay Amiina lafteeduna u aragtay in uu aad ugu eegyahay. Waxa la siiyey koorasyo tababar oo dheeraad ah, waxaana ballan loogula qaatay in Toddobaadkii laba jeer oo ah Isniinta iyo Khamiista ay soo dirto warbixinaheeda iyo in maalin kasta oo Salaasa ah 11 ka iyo 2 daqiiqo ay war ka heli doonto xaruntan Talaabiib. Waxa kale oo la baray qaabka ay u iticmaali karto aaladaha cusub iyo qalabka tiknoolajiyadda ah ee markaa ku soo kordhayey hababka wax basaasidda. Waxa ka mid ahaa qalab aan xadhig ku shaqayn (Wireless) oo qoraallada la isugu gudbiyo. Muddadii gaabnayd ee ay Amiina tababarkan ku jirtayba waxa laga dareemay is beddel weyn iyo firfircooni badan oo muujinaysa xiisaha ay u qabto arrintan. Waxaa laabteeda ka dhex ololaya doonista aargoosiga iyo hamuumta ay u qabto dhiigga dadka muslimiinta ah.

3^{dii} bishii tobnaad ee sanadkii 1973 ayaa ay Amiina subax hore ka duushay garoonka diyaaradaha ee Talaabiib iyada oo u sii jeedda dhinaca magaalada Fiyeena. Sidii caadadu ahayd waxa baasboorkeedii Israa'iiliga ahaa ka guddoomay sarkaal sare oo sirdoonka ka mid ah balse ku jooga magaca diblumaasi, waxa aannu u dhiibay baasaboorkeedii Urdun iyo tigidhkii ay diyaaradda ugu raaci lahayd Lubnaan.

Amiina waxa ay habeenkan ku bariday gurigeeda magaalada Fiyeena. Maalintii labaad ayaa ay arooryadii hore u xamaam xidhxidhatay gegida diyaaradaha ee magaalada Fiyeena, si ay ugu ambabaxdo Beyruut. Safarkani waa uu ka duwanaa kii ay hore ugu tagtay Beyruut. Beryahaas waxa ay ahayd socodbarad, wax qalab ahna ma' ay sidan. Maanta waxa ay noqotay waayo arag, awood buuxda ka soo qaadatay xarunta laga maamulo hay'adda MOSSAD.

Waxa intaas u dheer in ay sidato qalab casri ah oo hawsheeda basaasnimo u fududaynaya, waxa ka mid ah qalab isgaadhsiineed casri ah oo ah nooca xadhig la'aanta ku shaqeeya (Wireless). Qalabkan waa ay adag tahay in la gartaa waayo dusha sare waxa looga soo ekeysiiyey rikoodh caadi ah oo leh calaamadda ganacsi ee ay leedahay mid ka mid ah shirkadaha rikoodhada sameeyaa. Shandad ay gacanta ku sidato waxa ugu jira Kitaab Qur'aan ah, oo dhowr warqadood oo ka mid ah inta qalab casri ah qur'aankii lagaga tirtiray lagu qoray ereyada afgarasho ee ay isticmaali doonto iyo lambarrada sirta ah ee ay adeegsanayso. Yaa ka shakiyi kara Kitaab Qur'aan ah oo baadhis u quudhaya? Ugu yaraan marka ay tahay dal Muslim ah lagama yaabo in ay cidi baadho, kamana shakiyeyso in xumaan kale ku hoos qarsoon tahay.

Hawlgalkii Labaad ee Beyruut

Amiina waxa ay nabad ku soo gaadhay garoonka diyaaradaha ee magaalada Beyruut. Markii inta ay diyaaraddii ka soo degtay ay dhammaysatay hawlihii socdaalka ee ay u soo dhaqaaqday bannaanka gegida diyaaradaha, intii aanay gaadhin goobtii ay ka raaci lahayd Tagsiga ayaa waxa ka nixiyey gacan xoog badan oo si xanuun leh loogu dhuftay garabkeeda. Naxdin ayaa ay dhawaaqday, shandaddii gacanta ay ku siddayna ka dhacday. Si degdeg ah ayaa ay dib ugu jeesatay iyada oo qabta dareen ah in wejigii labaad ee hawlgalkeeda basaasnimo bilowgiiba fashilmay. Waa ninkii Maaruun, oo indhaha ku sita muraayad nooca qorraxda laga xidho ah oo madow. Waxa ay ku fikirtay in ay dhirbaaxdo, laakiin shaqada ay u socoto iyo danaha ay ka yeelan doonto ayaa muhiim ahaa, sidaa awgeed, qosol iska keen ah iyo kalgacal aan laabta jirin ayaa ay ugu dhegtay. Si dhoollaa caddayni ka muuqato inta ay dhabarka uga dhirbaaxday ayaa ay tidhi, "Waar dhagarqabayahoow, ma diyaaradda Lufthansa ayaa aad ila saarnayd?" Inta uu muraayaddii indhaha iska bixiyey isaga oo dhoolla caddaynaya, ayaa si aanay ujeeddo ka madhnayn, uu garabkeeda taabkiisa uga buuxsaday oo si diirran u xafuujiyey, markaasuu ku jawaabay, "In badan ayaa aan meel kasta kaa raadiyey, waan ku waayey, waxa aan xiisaynayey in aad ii raacdo safar nasasho iyo dalxiis oo aan ku tegey Nikosiya si aad raaxo igula soo qaadato hal toddobaad oo bilaa buuq ah caasimadda dalka Qubrus."

Amiina oo hoos su'aalo isaga weydiinaysa waxa uu daarranaan karo safarka uu Xaayik doonayey in uu ku geeyey Qubrus ayaa inta ay afka kala qaadday mar labaad ka daba tidhi magaca magaaladii, Nikosiya. Xaayik oo aan dhaadinba sida ay arrintan ula yaabtay Amiina ayaa sii watay hadalkiisii, "Waan ku waayey, Maanowel, Khadiija iyo xitaa waardiyihii guriga ayaa aan ku weydiiyey"

Waxa ay mar labaad isticmaashay xeeladaheedii sixirka la mooday, iyada oo iska dhigaysa qof qoomamaynaysa in safar noocaas ahi dhaafo ayaa ay tidhi, "Nin waalan. Allaylahee nin waalan ayaa aad tahay, maxaad hadda ka hor iigu sii sheegi weyday si aan waqti igu filan u diyaarsado? Ma waa aanad ogeynba sida aan u xiisaynayo in aan safar noocan ah kula soo wadaago?"

Xaayik isaga oo farxad iskala garan la', oo rumaystay warkeeda ayaa uu yidhi, "Doorkani ina dhaaf ee bal aynu wixii dambe iska warhayno" Iyaduna waxa ay ugu halcelisay, "Mar haddii aynu imika magaaladii Beyruut ku soo wada noqonnay, waa aynu wada joognaa"

Amiina waxa ay si fudud uga soo degtay garoonka Beyruut iyada oo sidata Baastoolad, iyo qalabkii aynu soo sheegnay ee is gaadhsiineed, waxaa u fududeeyey in aan la deereeminna, waa baadhitaanka garoonka Beyruut oo aad u yar. Maadaama oo ay Lubnaan tahay dal ku tiirsan dalxiiska, waxa ka soo dega dalxiisayaal badan, oo si weyn loo soo dhoweeyo lagana ilaaliyo baadhista badan iyo xitaa in hawsha madaarka ay dhib u arkaan. Magaalada Beyruut waxa ay xilliyadaa ahaan jirtay magaalo ay ku kulmaan, ganacsatada hubka sharci darrada ah iyo daroogada ka baayacmushtara, dhaqannada reergalbeedka iyo basaasiinta hay'adaha kala duwan ee sirdoonka dunida.

Aroortii labaad goor subaxnimo hore ah oo ahayd 6dii bishii tobnaad 1973 kii, waxa ay Amiina iyada oo isticmaalaysa qalabkii ay sidatay, ayaa ay farriintii ugu horreysay u dirtay xarunta MOSSAD ee Talaabiib, gaar ahaan waxa ay ku socodsiisay sarkaal lagu magacaabo Nafiih Shaloom "Waa aan nabad imi, Amiirkii Casaa (Cali Salaama) waxa uu ku maqan yahay Yurub, waxa aan bartay sarkaal sare oo Falastiini ah oo magaciisa la yidhaahdo Abu Naasir, Maaruun waxa uu ii ballanqaaday in uu i geyn doono qaybta farsamada ee shirkadda isgaadhsiinta, Joorje Xabash waxa uu qarsoodi ku tegey Tuuniisiya. Abu Cammaar (Yaasir Carafaat) hargab ayaa haya oo maalmo guriga kama uu soo bixin. Shixnad dawooyin ah oo u gaar ah hoggaanka sare ayaa ka timid dalka Roomaaniya. Waxa kala go'an dawada Antibaayootigga (Jeermis dilaha) oo si weyn looga baahan yahay xarumaha caafimaadka. Nabadeey"

Dhambaalka Amiina waxa uu farxad iyo xasilooni badan ku beeray madaxdeedii joogtay xarunta dhexe ee magaalada Talaabiib. Markiiba waxa loo arkay in warkii ugu horreeyey ee ka yimi uu yahay mid aad u muhiim ah. Farriintan waxaa si degdeg ah loogu gudbiyey xafiiska kala shaandhaynta, si ay u soo gudbiyaan tallaabooyinka ay tahay in la qaado. Markiiba xaruntii ayaa ugu soo jawaabtay, "Waa aannu kugu hambalyeynaynaa gaadhitaankaaga Beyruut. Ka warhay dhaqdhaqaaqa Amiirka cas, Abu Naasir waa nijaas ee aad uga feejignow, Maaruun hadda kaddib arrinkiisa ha isku mashquulin. Abu Cammaar (Yaasir Carafaat) yaa daweynaya? Maxaa saaran markabka Kavin ee ku xidhan dekedda Sayda? Waxa aannu ka rabnaa xog ku aaddan xarumaha kaydka hubka ee ku yaalla xerada qaxoontiga ee Albadaawi ee ka tirsan magaalada Taraabulis ee Lubnaan iyo xeryaha cusub ee tababarka ee laga furay qalcadda Shaqiif"

Amiina iyada oo ka duulaysa amarradan cusub ee la soo faray waxa ay u diyaargarawday in ay u dhaqaaqdo ka warkeenista xogtan laga sugayo. Xiise badan ayaa u hayey in ay soo gudato waajibaadkan, tustana madaxdeeda MOSSAD in ay u heellantahay hawsha loo igmaday. Xilligan waxaa aad u kululaaday dagaalkii Masar iyo Yuhuudda, waxa aanay ku beegnayd goortii ay ciidamada Masaaridu guulaha gaadheen ee ay ka soo tallaabeen jiidda hore ee difaaca Yuhuudda oo loo yaqaannay khadka aan laga gudbin karin ee Bar Lev Line.

Waxaa magaalada Beyruut ka socday damaashaadyo waaweyn oo lagu muujinayo farxadda ay Carabtu ku soo dhoweynayso guulaha ay Masaaridu ka soo hoysay dagaalkii Israa'iil. Dhanka kalana waxa ay Yuhuudda u ahayd maalin madaw oo dhammaan deegaannadooda laga dareemayey oohin iyo murugo ay ku cabbirayaan jabka ay Masaaridu gaadhsiisay ciidamadooda ay ku naanaysi jireen Ciidaanka aan la loodin. Amiina saamayntani kama ay maqnayn oo waxa ay maalmahan la kulantay niyadxumo badan. Waxa uu damiirkeedu ku mashquulay dhibta ka soo gaadhay kala duwanaanshaha dareenkeeda waddaniga ah ee jeclaan lahaa in uu farxadda la wadaago dadka ay dhiigga wadaagaan ee Carbeed iyo jacaylka indhaha la' ee ay u qabto Yuhuudda oo faraya in ay la murugooto waayaha adag ee soo foodsaaray Yuhuudda.

Abeesadii dhalanrogantay

Amiina waxa galay dareen cabsiyeed oo ka dhashay jabka soo gaadhay Yuhuudda, waxa ay u aragtay in xaaladdu ku adagtay, amnigeeduna halis ku jiro. Si ay badbaado u raadiso waxa ay markiiba dardargelisay hawshii ay ku gabban jirtay ee ahayd in ay tahay dhakhtarad mutadawacnimo ugu adeegaysa bulshada dhibban ee Falastiin. beryahaas waxa kor u kacay dhaqdhaqaaqa kooxaha wax iska caabbintu ka wadaan koonfurta Lubnaan oo dhiirrasho badan iyo geesinnimo ka qaadday guusha Masar soo hoysay.

Waxaa safarkii Yurub ka soo noqday Cali Xasan Salaama oo isku soo duba riday hawlihii ururka xoraynta Falastiin ee Yurub isla markaana u socda in uu qaybtiisa ka qaato isbeddellada cusub ee dhacay xaaladdan oo dawladdii Yuhuudda ay taladii faraheeda ka baxday, isu-dheellitirnaantiina ka luntay. Kooxihii wax iska caabbintu si ay uga faa'iidaystaan jabka Israa'iil gaadhay ayaa ay weerarro ka soo qaadeen koonfurta Lubnaan waxa aanay garaaceen gudaha Israa'iil. Arrintani waxa ay Amiina ku qasabtay in si ay xogogaal ugu noqoto waxa dhacaya in ay u soo wareegtay magaalada Suur ee koonfurta Lubnaan. Waxa aanay hore u sii qaadatay qalabkeedii oo uu ku jiro war laliskii ay xogta ugu tebin jirtay xarunta MOSSAD.

Amiina waxa ay bilawday in ay maalin kasta si joogto ah u dirto warbixinaha hadba waxa dhacaya. Sida markii dambe lagu arkay waraaqo xusuusqorkeeda ay ku ururin jirtay oo ay heshay, waxa ay maalmaha qaar ay diri jirtay ugu yaraan shan warbixinood oo ah sir culus oo haddii la ogaado nolosheeda khatar gelinayey.

Xarunta MOSSAD oo dareensan muhiimadda ay leeyihiin warbixinnaha Amiina ayaa bilawday in ay 24 saac ka shaqaysiiso qalabka qabanaya farriimaha ay soo dirayso (Receivers).

Waxa ay timid deegaanka loo yaqaanno Bent Jubayl oo ku yaalla koonfurta Lubnaan 5 kiiloomitir oo keliyana u jira xadka Israa'iil. Dhiirrani intan le'eg iyo cabsi la'aanta noocan ah MOSSAD abid kumay arag basaasiinteeda. Waxa dhacay xitaa mar iyada oo ku gudo jirta hawshii dirista farriimaha in ay si kedis ah u arkeen koox ka mid ah hoggaamiyeyaasha Falastiin oo goobta u yimid indha-indhayn. Waxa masuuliyiintan ka mid ahaa Abu Iyaad. Malleeshiyada wax-iska-caabbinta ayaa masuuliyiintan si heer sare ah u soo dhoweynaysay, waxa aanay dhegeysanayeen khudbado iyo hadallo dhiirrigelin ah oo ay masuuliyiintu jeedinayeen.

Amiina inta ay god gashay ayaa ay bilowday in ay dirto farriimo cusub oo sheegaya warka markaas taagnaa iyo sida xaalku yahay. "War degdeg ah, war muhiim ah, Abu Iyaad iyo rag kale oo ka mid ah masuuliyiinta jabhadaha Falastiiniyiinta ayaa hadda ku sugan deegaanka Bent Jubayl. Waxa ay hadda ciidankooda kula hadlayaan meel 500 oo mitir bari ka xigta taagga ku dhegsan biyo fadhiisinka Fandaas, waxa ay dhextaaganyihiin laba geed oo waaweyn. Dhaqso u garaaca, guud ahaanba deegaankaas waxa jooga ciidan badan iyo baabuur kuwa dagaalka ah (Tigniko) ee dhammaantii duqeeya .. Meel aad ugu dhow ayaa aan tegeyaa, mishiinka isgaadhsiintuna waa uu sii shidnaanayaa muddo 4 daqiiqo ah, si aad ugu soo tilmaam qaadataan hirarkiisa"

Degdeg ayaa uu u soo jawaabay sirdoonka MOSSAD waxa aannu sheegay in ay goobta ka durugto waxoogaa masaafad ah, "Ka durug goobta, marka aad diyaaradaha dagaalka aragtana beerka dhulka dhig" ayuu noqday dardaarankii MOSSAD u soo sheegay. Sidii la faray ayaa ay yeeshay, waxa aanay u diyaar garawday in ay indhaheeda ku aragto xasuuqa ay filayso in uu dhici doono muddo daqiiqado gudahood ah. Ayaandarro waxa ay isla waqti gaaban gudihii ka warheshay in ciidamadii goobta joogay badankoodii u kolonyeysteen jihada woqooyi ee goobta ay ku gabbanaysay. Shan daqiiqo oo ay ilbidhiqsi kasta tirinaysay ayaa dhaafay, waxba ma dhicin. 20 daqiiqo oo kale markii ay sugaysay ayaa ay mar labaad furtay qalabkeedii isgaadhsiinta.

Waxa ay xarunta MOSSAD ee Talaabiib ku wargelisay, in bartilmaameedkii goobtii ka dhaqaaqay. Waxa kale oo ay sheegtay nooca iyo tirada baabuurta ay wateen. Gaar ahaan gaadhiga uu saarnaa Abu Iyaad gaadhiga uu watay iyo jihada uu u dhaqaaqay. Intii ay warbixinta cusub duubaysay ayaa ay Amiina maqashay guuxa laba diyaaradood oo nooca dagaalka ee MIG loo yaqaanno ah oo hawada soo galay, ilbidhiqsiyo gudahoodna waxa ay weerar ku baabi'iyeen aaggii oo dhan.

Amiina inta ay waxan oo dhammi dhacayaan waxa ay kala socotay godkii ay warbixinnaha ka diraysay. Indhaheeda ayaa ay ku arkaysay googo'a hilbaha maydadka ay diyaaraduhu gumaadeen oo hawada ku kala firdhaya. Sidaas ayaa ay ahaayeen hawlgalladeeda Lubnaan, gaar ahaan dhagaraha ay ka geysatay Koonfurta Lubnaan, iyada oo qalabkeeda isgaadhsiinta ee sirta ah sidata ayaa ay muddo joogtay Koonfurta, hadbana tuule iyo xero qaxoonti muddo joogaysay si ay uga hawlgasho cisbitaallada lagu daweynayo dhawaaca iyo bukaanka Falastiiniyiinta, hoostana hawlaheeda ayaa ay ka wadatay. Intii ay socdeen dagaalladii bishii tobnaad 1973 kii kama ay soo noqon Koonfurta, kolba cisbitaal millateri ayaa ay ka hawlgalaysay.

Waxa ay noqotay Basaaskii ugu horreeyey MOSSAD ee si dhiirran oo laga yaabay uga hawlgala dal Carbeed gudihiisa. Xitaa Elein Kohen oo sanado ka hor dalka Suuriya uga shaqayn jiray MOSSAD, kuma uu dhicin dhiirranaanta inta le'eg ee Amiina oo kale. Inkasta oo uu ahaa Basaas halis ah oo gaadhay heer isaga oo MOSSAD u shaqaynaya uu isu soo sharraxo jagada madaxweyne ku xigeenka ee dalka Suuriya. Weliba, Elien Kohen waxa uu dhexgalay oo uu xogogaal u noqday millateriga Suuriya iyo saldhigyadooda sirta ah ee ay ku leeyihiin buuraha Joolaan (Golan Heights) ee ay Yuhuuddu haysato. Waxa uu muddo ku sugnaa furinta hore ee ay isku horfadhiyeen ciidanka Suuriya oo uu ku jiray iyo ciidamada Israa'iil. Haddana waxaas oo kalsooni ah ee uu naftiisa ku qabay iyo darajadaas uu ka gaadhay kalsoonida dalka marnaba kuma uu dhicin in uu qalabka warlalinta ee uu ku diro warbixinihiisa ku socda MOSSAD oo maalinle ahaa, u qaato meel ka baxsan gurigiisa gudihiisa.

Sida oo kale waxa aan tallaabadaas ku dhiirran Kornayl Faaruuq Ibraahim Alfiqi. Kornaylka oo ahaa sarkaal ka tirsan sirdoonka milateriga ee Masar, balse si hoose ula shaqaynayey MOSSAD, waxaa basaas ka dhigtay basaasaddii kale ee Carbeed ee Hibah Saliim. Kornayl Faaruuqa ku dhici waayey falka ay ku kacday Amiina, sidiisa kale ma' uu ahayn nin sahlan, oo waxaa heerka uu joogay innagaga filan in aynu sheegno, in uu ahaa ninka bixiyey xogihii Israa'iil u fududeeyey in ay burburiso dhammaan saldhigyadii millateri ee cusbaa ee Masar ka dhisaysay deegaanka Kanaalka Suweys.

Raggaas halista ahaa ee sirdoonka dunida ka yaabiyey, haddana markii la qiimeeyey ma' ay gaadhin heerka ay Amiina ka gaadhay daacadnimada ay u haysay MOSSAD iyo dhiirranaanta xirfadda ku dhisan ee ay hawlaheeda ku soo qabanaysay. Waayo, iyada teedu ma' ay ahayn shaqo ay dhaqaale ama dano kale ku gaadhayso, balse waxa ay ka ahayd doonis ruuxi ah iyo wax ay u arkaysay aargoosi. Taas oo keentay in ay colaad u qaaaddo Carabta, guud ahaan iyo Falastiiniyiinta si gaar ah.

Mar kale aynu ku noqonno waraaqaheedii xusuusqorka oo tiradoodu kor u dhaafayso 600 oo bog, marka ay dhacdadan 1973 kii ka hadlaysay waxa ay tidhi, "Ma uu jirin shay noloshayda iga xiise badnaa oo isoo maray dhacdada maalintan ee koonfurta Lubnaan oo ku beegnayd 11[kii] bishii tobnaad 1973 kii. Waxa aan xasuustaa qalabkii yaraa ee isgaadhsiinta ee aan ku sitay shandaddayda iyo kitaabkii Qur'aanka ahaa ee aan u sitay ujeeddada kale. Marka aan doonayo in aan farriin diro, inta aan hadalkayga warqad ku sii qorto, ayaa aan gaadhiga geysan jiray meel aan hubo in aanay cidi i arki karin, si aan u gudbiyo farriintayda.

Marmarka qaarkood farriin kasta laba jeer ayaa aan gudbin jiray si aan u hubiyo. Marka aan farriinta ku gudbiyo qalabkayga isgaadhsiinta waxa aan gubi jiray warqaddan aan hadalka ku sii qortay si aanay dabaday cidi u akhriyin. Waxaa hawlahayga ii fududeeyey warqad socdaal oo uu Yaasir Carafaat qudhiisu ii saxeexay, taas ayaa ii suurtogelisay in aan si fudud u dhex wareego dhammaan saldhigyada ciidanka iyo xeryaha qoxoontiga ama xafiisyada ururka xoraynta Falastiin ee PLO. Waxa aan si fudud indhahayga ugu soo arkay noocyada hub ee ay Falastiiniyiintu haystaan iyo tiradadooda, waxa aan booqday xeryaha tababarka ee qarsoodiga u ahaa Falastiiniyiinta. Nasiibka ugu weyn ee aan odhan karo waa aan helay waxa uu ahaa in dhammaan hoggaamiyeyaasha reer Falastiin ay igu kalsoonaayeen, illaa xad ay masuuliyiinta ururka xorraynta Falastiin igu casuumeen in aan hadal gubaabo ah u jeediyo askartooda joogtay jiidda hore ee dagaalka. Abu Iyaad ayaa igu casuumay in aan khudbaddan u jeediyo ciidamada. Waxaa xusid mudan in Abu Iyaad uu ahaa ninkii naftayda halista u geliyey, sidii aan ugu soo hagi lahaa diyaaradaha Israa'iil ee la doonayo in isaga iyo inta ku xeeran ay xasuuqaan. Maalintaa la iga dalbaday in aan ciidanka la hadlo, waxa aan u jeediyey khudbad aad u qiimo badan, hadal ay ka buuxdo qiirada waddaninimo iyo jacaylka qawmiyadda Carabeed, waxa aan jeediyey khudbad mararka qaarkood aniga qudhaydu aan isu qaadanayey qof daacad ah. Khudbad qiiro badan oo markii aan ka hadlayey muuqaalka dilka iyo xasuuqa ah ee Israa'iil u geysato dadka Carabta ah iyo diifta ba'an ee ka muuqata carruurta agoonta ah ee aabbayaashood ku nafwaayeen dagaalka xoraynta Falastiin aan cabbaar oohin darteed hadalka jarayey"

Amiina oo sii wadda hadallada ay ku qortay waraaqaha xusuusqorkeeda ee ay kaga warramayso dhacdada maalintan ay khudbadda u jeedisay ciidankan koonfurta Lubnaan u joogay in ay xoreeyaan dhulkooda, iyaduna ay u dhex joogtay in ay basaasto, waxa ay qortay, "Run ayaa aan u ooyey, markii aan khudbadaydan dhiitrigelinta ah, Falastiiniyiinta ku guubaabinayey in ay aarsadaan, in ay dhulkooda xorayntiisa naftooda u huraan iyo in aanay ka seexan halganka ay kula jiraan Yuhuudda ... Intii aan qaan-gaadhay oohin ka weyn tan maan ooyin, marka laga reebo oohintii aan u ooyey ninkaygii geeriyooday ee Mooshe iyo murugadii iiga dambaysay ee noloshaydu dhex muquuratay geeridiisa kaddib. Laakiin mar dambe ayaa aan xasuustay halka aan joogo.

Waxa aan naftayda u sheegay in kuwan aan u ooyayaa ay yihiin kuwa dilay ninkaygii aan jeclaa, kuwa i baday cidlada ciirsi la'aanta ah ee aan la'ahay gogol aan ku gam'o aniga oo aan hadalkii dhammayn ayaa aan mar qudha isdareemay in aan cidla ka ooyey runtuna tahay inta aan u sheegay lidkeeda. Nasiibwanaag hoggaamiyeyaasha waaweyn ee goobta fadhiyey iyo ciidanka aan la hadlayeyba waxa ay oohintaydan u fahmeen in aan ahay qof ka damqanaysa xanuunka qaddiyaddooda, waxa ay ii qaateen qof ka xanuunsanaysay dhibta walaalaheeda reer Falastiin haysata. Dhammaan dadkii goobta fadhiyey waa ay wada ooyeen, iyaga oo ka qiiraysan khudbadda xamaasadda leh ee dareenkooda taabatay, ee aan u jeediyey. Arrinta xiisaha leh ee aan xasuustaa waxa ay tahay, markii aan damcay in aan shandadayda gacanta kala soo baxo masar aan ilmada iskaga tiro, ee ay gacantaydii ku dhacday qalabkii isgaadhsiinta ee aan u sitay in aan ku gudbiyo xogta iyo sirta lagu xasuuqi doono kuwan aan ka qiiraysiiyey" Ayaa ay ku tidhi xasuusqorka.

***

Dagaalkii bishii tobnaad 1973 kii waa uu dhammaaday, waxa aana la gaadhay heshiis xabbad joojineed oo ka dhashay wadahadallo dhib badan iyo dadaal adag oo uu arrintan u galay Henry Kissinger oo markaa ahaa wasiirka arrimaha dibadda ee Maraykanka, xilligaas oo uu Richard Nixon madaxweyne ka ahaa dalkaas. Waxa xilliyaddaas dalka Aljeeriya ku qabsoomay shirmadaxeedkii Carabta oo uu ka soo baxay go'aankii ahaa in cidda keliya ee meteli karta dadka reer Falastiin ay tahay ururka xoraynta Falastiin ee PLO oo ahaa dallad ay ku midoobeen ururro badan oo reer Falastiin ah. Waxa kale oo shirkaas Carabta ka soo baxay in Masar iyo Suuriya oo ahaa labada dal ee colaadda Israa'iil toos u taabanaysay ay waafaqeen in ay qaataan qaraarkii qaramada midoobey ka soo baxay ee ahaa in arrinta bariga dhex lagu xalliyo raadinta nabad waarta oo ku dhisan caddaalad.

Go'aanka Carabta oo marka la eego oggolaanshiyaha qaraarka qaramada midoobey ay ka soo baxayso in aan la oggolayn dagaal dambe oo lagu raadiyo xaqa Israa'iil kala maqan tahay Falastiin waxa si adag u diiday oo ka hor yimi garabka hubaysnaa ee ururka xoraynta Falastiin, waxa aanay ku dhawaaqeen in la sameeyo kacaan reer Falastiin ah oo cudud millateri ku raadiya dhulka maqan.

25[kii] bishii kow iyo tobnaad waxa dhacay hawlgal nafhurnimo kii ugu horreeyey ee ay Falastiiniyiintu ku kacaan. Koox Falastiiniyiin ah ayaa afduubay diyaarad ay lahayd shirkadda duulimaadyada dalka Holland oo magaceeda loo soo gaabiyo KLM. Diyaaraddan oo ka duushay magaalada Beyruut ee caasimadda u ah Lubnaan waxa ay ku socotay magaalada Tookiyo ee caasimadda Jabbaan, iyada oo ku sii hakanaysay caasimadda Hindiya ee Niyuu Delhi. Waxa saarnaa rakaab tiradoodu dhan tahay 244 qof iyo saddexda qof ee afduubay oo dhammaantood ahaa reer Falastiin.

Afduubayaashu waxa ay dalbadeen in la sii daayo saaxiibbadood oo ku xidhnaa dalka Qubrus haddii kale ay qarxin doonaan diyaaradda. Shardiga labaad ee ay ku xidheen sii deynta diyaaraddu waxa uu ahaa in dalka Holland uu ballanqaado in dalkiisu aannu oggolaanshiyaha soo dhexmarista (Transit) siinin Yuhuudda Ruushka, oo xilligaas si weyn ugu soo qulqulaysay Israa'iil, si loogu deegaameeyo dhulka Falastiiniyiinta laga qaaday. Kooxdan diyaaradda afduubtay waxa ay gaadheen guul yaab badan, markii laga oggolaaday dalabaadkoodii oo dhan, sida oo kalana ay shirkadda diyaaradaha ee Holland ballanqaadday in aanay wax hub ah abid u soo qaadi doonin Israa'iil. Hawlaha afduubka ee ay ku kacayeen kooxaha reer Falastiin ee iyagu diidanaa heshiiska Carabta iyo in hubka la dhigo oo nabad lagu raadiyo dhulka ka maqan Carabtu waxa ay maalmo yar kaddib afduubka hore ee diyaaraddaas, mar kale afduubeen diyaarad ay leedahay isla shirkadda diyaaradaha ee dalka Holland.

17[kii] bishii laba iyo tobnaad ee 1973 kii koox reer Falastiin ahaa ayaa iyaguna rasaas oodda kaga qaaday qolalka lagu nasto ee garoonka diyaaradaha Talyaaniga ee magaalada Rooma caasimadda dalka Talyaaniga. Kooxdani waxa ay garoonka ka afduubeen diyaarad nooceedu yahay Boeing 707 oo ay leedahay shirkadda Pan American oo markaa fadhiday dhabbaha garoonka.

Kooxdan reer Falastiin waxa ay diyaaraddii ku qarxiyeen bambooyin ay ku jirto maaddada sunta ah ee loo yaqaanno

Phosphorus, sidaa awgeed dad badan oo ahaa rakaabkii diyaaradda saarnaa ee safarka u diyaar garoobay ayaa ku dhex gubtay. Intaas kuma ay koobnaan, iyaga oo gaashaan ka dhiganaya koox ka mid ah rakaabkii diyaaradda ay gudaheeda gubeen saarnaa oo ay soo kaxaysteen, ayaa ay qasab ku fuuleen diyaarad kale oo ay lahayd shirkadda Lufthansa ee dalka Jarmalka oo iyaduna taagnayd isla garoonka gudihiisa. Diyaaraddan dambe oo ahayd Boeing 737 ayaa markii ay kooxda afduubku gudaha u galeen u diyaar garoobaysay inay kacdo, taas oo afduubayaasha fursad u siisay in ay ku amraan in ay duulimaadkeeda sii wadato. Diyaaraddii waxa ay fadhiisiyeen garoonka diyaaradaha ee magaalada Athena ee caasimadda u ah dalka Giriigga. Afduubayaashu waxa ay dalbadeen in loo sii daayo saaxiibbadood oo maxaabiis ahaan Israa'iil u haysatay.

Sanadkii 1974 kii dhowr ka mid ah ururrada reer Falastiin ee diiddanaa go'aankii Carabta ayaa samaystay dallad lagu magacaabo Jabhadda diidmada. Waxa jabhaddan afhayeen rasmi ah u ahaa Dr. Joorje Xabash oo isla markaana ahaa guddoomiyaha jabhadda Alshacbiya ee Falastiin. Joorje Xabash waxa uu ahaa xiddiga ugu weyn ee abaabulay hawl galladan afduubka diyaaradaha.

Amiina Almufti xilliyadan aynu ka warramayno ee dhibta badan ay ku kaceen kooxaha Falastiiniyiintu waxa ay ku ahayd xanuun iyo hawl xad dhaaf ah. MOSSAD waxa ay cadaadis badan ku saartay in ay labanlaabto hawsheeda isla markaana ka soo warranto sida ugu habboon ee ammaanka Israa'iil wax uga qaban karo hawlgallada ismiidaaminta ah ee Falastiiniyiintu ku kacayeen oo cadho iyo walbahaar badan ku beeray Israa'iil, isla markaana khalkhal geliyey ammaanka Israa'iil.

Israa'iil oo keliya ma' ay ahayn ee waxa ay falalkan cusub ee Falastiiniyiintu cadaawad iyo cadho ku beertay inta badan dawladaha reer Yurub ee taageera Israa'iil. Waxa soo baxday in Falastiiniyiintu ay doonayaan in ay jiritaankooda ku muujiyaan si kasta oo suuro gal ah oo ay ka mid tahay qarxinta, afduubka iyo rabshiddu. Falalkani waxa ay noqdeen daruur madaw oo ammaan xumo oo hadhaysay dhammaan dadka Yuhuudda ah.

Waxa hoos u dhacay sumcaddii iyo kalsoonidii ay dadka Yuhuudda ahi ku qabeen wakaaladdooda sirdoonka ee MOSSAD oo ay ka filayeen in ay ka hor tagto dhibaatooyinka noocan ah ee ay Falastiiniyiintu ku kacayaan.

Dr. Ibrish Fulat oo ah qoraaga buugga loo yaqaanno Gacanta Dheer ee Israa'iil oo uu uga jeedo hay'adda MOSSAD, ayaa buuggiisan kaga hadlay ammaanta iyo heerka waxtar ee uu u arkayey in ay MOSSAD leedahay, waxaana ka mid ahaa qoraalkiisa, "MOSSAD waa xiddig ka mid ah xiddigaha qarsoon, magaceeda ayaa cadawga ka gariiriya naxdin darteed, dadka Israa'iiliyiintuna waxa ay ka helaan kalsooni iyo in ay ammaan ku seexdaan" Laakiin sheekadaa Dr. Ibrish waa isbeddeshay.

Dadkii reer Israa'iil ee qoraagu ku sheegayey in ay ammaan ku hurdaan, waxa ay ka naxaan codka diyaaradaha, waxa ay ka didaan qaraxa taayirrada baabuurta, waxa ay baqdin ka yaacaan guuxa mootooyinka. Dhibta iyo diiqadda ay qabaan Yuhuuddu kuma ay koobnaan gudahooda ee waxa ay gaadhay Amiina Almufti oo joogta Beyruut. Waxa sida roobka ugu iman jiray amarro iyo dalabaad laga doonayo, mid walbana marka loo sheegayo waxa loo raacinayaa in laga rabo xog sugan iyo war degdeg ah.

Amiina si ay u fuliso waxa laga rabo xog run ahna ay u hesho waxa ay go'aansatay in ay ku dhowaato halka ay deggenyihiin kooxaha wax iska caabbinta oo ay u hesho xog xaqiiqada ku dhow. Waxa ay guri ka kiraysatay deegaanka Ashajar ee magaalada Suur, oo 20 km oo keliya u jirta xadka Israa'iil iyo Lubnaan. Waxa ay halkan uga kuur gelaysay dhaqdhaqaaqa iyo hawlaha Falastiiniyiinta. Waxa ay la xidhiidhay Abu Nasir oo ah sarkaalkii Falastiiniga ahaa ee bilowgii u horreeyey ay MOSSAD uga digtay in ay aad isu dhexgalaan. Kulan dheer iyo sheeko badan ayaa ay la yeelatay Abu Naasir.

Waayoaragnimo badan ayaa ay u leedahay sida nin kasta oo isu qaba sir la luud inta ay qalbigiisa gacanta ku dhigto si fudud ugula soo bixi karto waxa ku jira laabtiisa. Iyada oo ka faa'iidaysanaysa dumarnimadeeda waxa ay ku guulaysatay in Abu Naasir ay haasaawe iyo sheeko dareen leh ku qalbi qaaddo. Waxa ay jishay murugo badan oo ay ka qabto falalka Yuhuuddu kula kacdo maatada reer Falastiin. Waxa ay u muujisay, sida ay diyaar ugu tahay in qaddiyadda Falastiin ay u hurto nafteeda iyo aqoonteedaba.

Maalmo badan oo sheeko iyo isbarasho ah markii ay ku kulmeen, waxa ay ku guulaysatay in Abu Naasir ay ka hesho xog badan oo ku aaddan hawlaha is miidaaminta ah ee ay Falastiiniyiintu ku kacaan iyo qaabka ay u diyaariyaan, xogta ay ka heshana waxa ay si joogto ah isugu dhaafin jirtay sirdoonka Israa'iil.

Abu Naasir waxa uu Amiina uga warramay qorshayaasha Falastiiniyiinta iyo hawlgallada kooxaha is miidimintu ay hadba qaban doonaan maalmaha soo socda. "Sidee aad ugu guulaysateen in aad Yuhuudda amnigooda oo dhan dhaaftaan oo aad hawlo nafhurid ah ka fulisaan gudahooda? Wallaahi geesiyiin ayaa aad tihiin, Geesiyiin taariikhdu ku xardhi doonto bogag dahab ah ayaa aad tihiin" Ayaa ay si daacadnimo iska dhig ah ugu ammaantay, Abu Naasir. Iyada oo iska dhigaysa in ay talo walaalnimo siinayso, balse ujeedadeedu tahay in ay faahfaahin dheeraad ah ka hesho qaabka loo diyaariyo hawlgallada ay Falastiiniyiintu ka fuliyaan gudaha Israa'iil waxa ay tidhi, "Laakiin raggiina aad gudaha hore u diraysaan halis ayaa ay ku jiraan" Abu Naasir ayaa inta uu soo booday si xamaasad leh ugu yidhi, "Wax khatar ah kuma jiraan .. Wax kasta si aad u xeeldheer oo cilmiyeysan ayaa loo diyaariyey"

Inkasta oo Abu Naasir ka heshay xog badan oo ku saabsan hawlgallada kooxaha wax iska caabbinta ee Falastiiniyiinta, isla markaana ay si joogto ah ugu gudbisay MOSSAD xoggo aad u shilis, haddana marnaba ma' ay helin waxa ay doonaysay oo dhan. Abu Naasir xog intan ka sii badan waa ay ka weyday, maalmo dhowr ah oo ay kulmeen ayaa ay maraanmartay, waxa se muuqday in uu waxooga dib u gurasho ah sameeyey. Sida ay qudheeduba yara fahamtay Abu Naasir waxa uu tuhun ka galay su'aalaha badan ee ay sida tooska ah u weydiiso, sidaa awgeed waxa uu bilaabay in uu aad u dhimo warka uu siin jiray, su'aalaheedana uga jawaabo si guud ama aad hal xidhaale mooddo oo ay fahmi kari weydo.

Waxaa dhacday xog ay maalin maalmaha ka mid ah ka heshay Abu Naasir oo ahayd in koox Falastiiniyiin si heer sare ah loo tababaray ah ay Israa'iil gudaheeda ka fulin doonaan hawlgallo waaweyn. Waxa ay isku dayday in uu u sheego jidka ay kooxdaasi u marayaan Israa'iil, laakiin kuma ay guulaysan in ay midhkaa ka hesho. Waxa ay hadalkii guud marka ahaa ka fahamtay in ay marayaan dhinaca badda, isla habeennimadiina waxa ay warkan u dirtay MOSSAD, iyada oo weliba u sheegaysa in kooxdaa hawlgalka samayn doontaa ay mari doonaan badda.

Maalintii labaad ee ay gudbisay xogtan oo ahayd 11[ka] Bisha Afaraad 1974 kii ayaa koox sida Kamaandoosta u tababaran oo reer Falastiin ahi waxa ay galeen gudaha magaalada Kariyat Shamuunah ee Israa'iil, rassaas xooggan oo ay oodda kaga qaadeen magaaladanna waxa ay dileen 18 qof oo Yuhuud ah, waxa aanay dhaawaceen 48 qof oo kale.

Masuulkan Falastiiniga ahi waxa uu u sheegay in hawlgalkaasi uu ahaa bilowga ol'ole ay xoogagga wax iska caabbinta Falastiiniyiintu qorsheeyeen in ay Israa'iil gudaheeda ka fuliyaan, si ay qasaan xalka nabaddeed ee

Carabtu qaadatay. Hadalkiisu filanwaa xanuun badan ayaa uu ku noqday Amiina iyo MOSSAD.

Hawlgalkii ugu dambeeyey ee ay Falastiiniyiintu ka fuliyeen magaalada Kariyat Shamuunah nabar lama filaan ah ayaa uu ku noqday Israa'iil, waxa aanay daciifisay kalsoonidii dadka Yuhuudda ahi ku qabeen hay'adda u xilsaaran ammaankeeda ee MOSSAD. Markii ay fahamtay in xogta uu Abu Naasir siiyey ay kala dhinnayd waxaa ku abuurmay dareen cabsiyeed. Markii warka hawlgalkan Falastiiniyiintu soo baxayba waxa ay la hadashay Abu Naasir oo ah ninkii xogta inta uu siiyey haddana marin habaabiyey, laakiin arrintaas kalama ay hadlin ee waxa ay ku hambalyeysay guusha hawlgalkaasi ku dhammaaday. Inta ay ruux farxad la qiiraysan iska dhigtay ayaanay ku waanisay in hawlgallada noocaas ah la badiyo. Abu Naasir inta uu hambalyadii ka guddoomay ayaa uu ugu bishaareeyey in taladeedaas hore loo qaatay oo ay jiraan hawlgallo kan hadda dhacay ka sii xanuun iyo culays badan, kuwaas oo maalmaha soo socda ku dhici doona Israa'iil.

Amiina waxa ay Abu Naasir ku casuuntay gurigeeda in uu kula dhaxo. Guriga oo ay aad u sii qurxisay ayaa ay ku diyaarisay nafteeda iyo khamri badan oo ay doonaysay in uu Abu Naasir isku illaawo cabbistiisa. Waxa ay qorshaynaysay in habeenkan ay Abu Naasir ka hesho xog la xidhiidha hawlgallada dambe ee uu sheegay in Falastiiniyiintu fulin doonaan. Nooca millateri ahaan loo diyaariyey hawlgallada, farsamada iyo qalabka la adeegsanayo, tirada naftood hurayaasha hawlgallada fulinaya, bartilmaameedka, waqtiyada la qorsheeyey in la fuliyo iyo xogo badan oo la xidhiidha hawlgallada la filayey.

Mar kale ayaa xogta ay ka heshay sarkaalka reer Falastiin waxa ay noqotay mid kala dhiman, inkasta oo uu xiskiisu maqnaa haddana hadalkiisu waa uu kala googo'naa, xog keliya oo rasmi ah oo ay ku qanci kartana uma uu sheegin. Abu Naasir oo ahaa sarkaal aqoon aad u durugsan u leh sirdoonku waa uu u tababaran yahay in xaalad kasta oo uu ku jira uu ilaalin karo xogaha aadka xasaasiga u ah. Inta ay cadho is madax martay waxa ay baalmartay jidkii sirdoonnimo waxa aanay ku qaylisay "Warka aad I siinaysaa waa uu kala dhiman yahay, qodob kasta qaybta dambe ayaa go'an, ma fahmi karo waxa aad ii sheegtay" Nasiibdarro waxa ay ilowday habkii ay u tababarnayd ee ahaa in ay xogta si deggen oo aan la dareemin uga soo saarto caloosha qofka. Laakiin intii aanay qayladanba dhammayn waxa ay ku warheshay in ninka ay ku qaylinaysaa hurdo dheer galay.

Inta ay si sanqadhtirasho ah u kacday ayaa ay abbaartay halkii ay dharka Abu Naasir saarnaayeen waxa aanay baadhay jeebadihiisa. Waxaa ay illowday in ninkan oo weliba gurigan oo kale ku soo socdaa aannu jeebkiisa ku aaminayn xogo xasaasi ah. Jeebadihiisa ay baadhay waxa ay ka heshay waraaqo yaryar oo qoraallo kala duwani ku dhignaayeen, haddii ay rogrogtayna waxa ay indhaheedu ku dhaceen gobal waraaq ah oo ay ku qoranyihiin ereyo argagax badan, ku abuuray. Waxa ay ku sigatay in ay qayliso, iyada oo gacantu cabsi gariirayso ayaa ay akhirday.

Inta ay qalin iyo warqad soo qaadatay ayaa ay ku qortay waxa ay warqaddaas ka akhriday, markii ay dhammaysayna inta ay warqaddeedii ku qarisay kabaheeda, tii kalana ku celisay jeebkii ay ka soo saartay, ayaa ay si dhaqso ah u soo dhinac jiifsatay Abu Naasir.

Kelmadaha ka yaabiyey ee ay warqaddan ka akhriday waxaa ka mid ahaa, "Talaabiib, 9 ka illaa 25^{ka} bisha Shanaad / 500 kiilo / TNT Shiblfor, Sh. Kedim / Sh, Erliikh iyo Aclitoos /kaddib Alirkoon iyo Racnaan / Tirada "5" Kooxaha 17 Folsesubaar iyo Shofr / Yafa"

Maalintii qadhaadhayd

Xarunta MOSSAD waxaa ka socotay shaqo adag iyo hawl nasashada u diidday saraakiisha sirdoonka, daal, hurdo la'aan iyo cabsi ayaa sarkaal kasta wejigiisa ka muuqday. Waxaa laga warqabay weerarro ku soo fool leh Israa'iil oo aan la garanayn waqtiga ay dhacayaan iyo jihada ay ka imanayaan midna. Xogta la hayaa aad ayaa ay u kooban tahay, faahfaahinna ma laha.

Tan iyo maalintii MOSSAD ay Amiina u oggolaatay in ay xidhiidh la samayso Abu Naasir, warbixinaha ay soo diraysay waxa ay ahaayeen kuwo aad uga duwan kuwii looga bartay. Xog kala dhiman, hadallo aan la fahmayn iyo macluumaad aan dhammaystirnayn ayaa dhambaal kasta oo ay soo dirto loogu imanayey. Markii dhan walba laga eegay sababta keliya ee arrintan oo kale keeni karta waxa ay saraakiishu u fahmeen in ay tahay in 'Sarkaalka Falastiiniga ahi si badheedh ah xogtan kala dhiman ugu dhiibayo, taas oo macnaheedu yahay in ay ku jirto xaalad Falastiiniyiintu ka shakisanyihiin, ama la ogaadayba warkeeda oo hubin iyo marag uun loo raadinayo. Tusaale ahaan warkii ay u dirtay MOSSAD ee la xidhiidhay in koox Falastiiniyiin ahi ay dhinaca badda ka gelayaan Israa'iil, waxa ay ahayd xog sax ah, marka laga eego dhinaca waqtiga, laakiin bartilmaameedka ayaa qaldanaa. Warkii kale ee ay ku soo sheegtay hawlgalkii Talaabiib, isaguna waxa uu ahaa mid shaki badan abuuray oo madow iyo argagax leh. Israa'iil waxa ay maraysay dharaaro dhib badan, oo ilbidhiqsi kasta la filan karo weerar iyo qarax dad Yuhuud ahi ku dhintaan. Saraakiisha MOSSAD xaaladdoodu aad ayaa ay u murugsanayd, si aad u feejigan ayaa ay u baadhayeen wax kasta oo ay ka shakiyaan, laakiin waa ay ku guuldarraysteen in ay jawaab lagu qanci karo u helaan waxa dhacayey. Jaahwareer ayaa ay ka qaadayeen war kasta oo ay helaan. Ugu dambayntiina saraakiisha sare ee MOSSAD waxa ay u soo direen farriin ay kaga dalbanayaan in ay ka guurto deegaanka Koonfurta Lubnaan ee Suur. Waxa amar lagu siiyey in ay si degdeg ah ugu wareegto dhinaca caasimadda ee Beyruut. Waxa kale oo lagu amray in ay gebi ahaanba joojiso raadinta xogta iyo soo dirista warka.

Amiina oo lagu yaqaannay madaxadayg iyo ciilka ay u qabtay u aargoynta Mooshe oo ku kallifaysay inay sii jeclaato shaqadeeda ayaa markiiba ku soo jawaabtay farriin cusub. Waxa ay ahayd farriin wixii hore loo hayey iyo taladii la gaadhay oo dhan madaxeeda minjo ka dhigtay, farriin madaxa xanuunjisay raggii hay'adda MOSSAD ugu khatarsanaa uguna khibradda badnaa. Waxa ay si kedis ah oo aan lagaba filayn maadaama oo laga joojiyey soo diristii farriimaha, ay u soo sheegtay in 7 naftii huro oo Falastiiniyiin ahi ay gudaha Israa'iil soo galeen iyaga oo ka soo gudbay marinka magaalada Qabshu Al-fajar. Waxa ay soo sheegtay in raggan naftood hurayaasha ahi ay sitaan hubka fudud ee darandoorriga u dhaca, baasukayaal, gantaalaha fudud ee garabka lagu qaato, bambooyin iyo xaddi ah maaddooyinka laga sameeyo walxaha qarxa.

Waxa ay soo sheegtay in kooxdani u socdaan in ay qarxiyaan magaalada lagu deegaameeyey Yuhuudda ee Jayshar Hazif iyaga oo weerarkan ku beegaya munaasabadda dabbaal degga dhalashada dawladda Israa'iil ee isirka ku dhisan, oo ah maalin ay Yuhuuddu ciid ka dhigato, munaasabado farxadeedna isugu soo baxdo. Sirdoonkii waxa uu markiiba, ciidamada Ammaanka siiyey amarro uu kaga dalbanayo in si adag loo ilaaliyo ammaanka magaaladan yar ee mustacmaradda Yuhuudda ah. Waxa gees walba la dhigay isbaarooyin baadhiseed iyada oo si adag loo baadhay cid kasta oo gelaysa ama ka baxaysa magaalada.

Sidii ay Amiina soo sheegtayba 15[kii] Bishii shanaad 1974 kii waxa qarxay dagaal kulul oo u dhexeeyey kooxdan naftooda hurayaasha ah iyo ciidamada Ammaanka ee Yuhuudda, laakiin mar kale ayaa ay Amiina jaahwareer ku abuurtay wakaaladaha ammaanka ee Israa'iil, waayo xogta ay soo dirtay waa ay kala dhinnayd. Goobta ay toddobada nin galeen ee dagaalku ka dhacay ma' ay noqon halkii ay soo sheegtay ee magaalada Jayshar Hazif. Xitaa meel u dhow ama ay sawirran karayeen masuuliyiinta ammaanka iyo sirdoonka ee Yuhuuddu ma' ay ahayn.

Hawlgalkan ay fuliyeen Falastiiniyiintu waxa uu ka dhacay tuulada Macaluut, toddobadii naftii hure waxa ay afarta koone ka garaaceen tuuladan oo ay sida dhibicda roobka gantaalo kaga dhigeen. Kooxda weerarka qaadday waxa ay gacanta ku dhigeen gebi ahaanba magaalada iyo dadkii deggenaa, waxa aanay xidheen jidadkii magaalada gelayey. Falastiiniyiinta weerarka ahayd waxa ay gubeen baabuur kuwa dagaalka ee Israa'iil ah oo isku dayey in ay tuulada difaacaan. Dagaal lix Saacadood iyo badh ay naftood hurayaashani wadeen, ayaa ku dhammaaday in la dilo 25 Yuhuud ah, halka uu dhaawacuna ahaa 117 ruux.

Xanuunka weerarkan Falastiiniyiintu waxa uu gaadhay heer gabadhii xilligaa raysalwasaaraha u ahayd Israa'iil inta ay hor tagto golaha baarlamanka Israa'iil ee Knesset ka loo yaqaanno iyada oo ilmada daadinaysay ay tidhi, "Maanta waa ciiddii 25aad ee dhalashada dawladdeena, laakiin farxaddeenii iyo badhaadhihii maanta koox argagaxiso ah ayaa u beddelay maalin qadhaadh, maalin tacsiyadeed oo ka murugaysiisay dhammaan dadka Israa'iil"

Amiina bilowgii uma ay dhego nuglaan amarradii madaxdeeda MOSSAD ee ahaa in ay muddo hakiso wararka ay soo dirayso. Waxa ay ka ahayd dadaal ay ku doonayso in ay ku ilaaliso dadka ay jeceshay ee Yuhuudda ah, laakiin dadaalkeedaasi waxa uu ku keenay khasaare iyo luggooyo dheeraad ah. Iyadii ayaa sabab u noqotay guusha ay gaadhayaan kooxaha hawlgallada fulinayey ee reer Falastiin, oo marka ay jiho u dirto MOSSAD inta ay wakaaladaha ammaanku halkaas ku mashquulsanyihiin ayaa ay Falastiiniyiintu si fudud jiho kale hawlahooda uga fushanayeen. Waxa ay ahayd farsamo yaab badan. Sirdoonka Falastiiniyiinta ayaa qorsheeyey in Abu Naasir uu si badheedh ah Amiina u siiyo xog lugooyo ah, midhadh run aan dhammaystirnayn ahina ku dhex jiraan.

Goor dambe ayaa ay yeeshay sida la faray oo waxa ay u guurtay Beyruut, iyada oo quus ku dhaw aadna uga xun guuldarrooyinka is xigxigay ee ay la kulantay muddooyinkii u dambeeyey. Markii ay Beyruut timi waxa ay la xidhiidhay Maaruun oo isla markaana tusay wejiga Cali Salaama. Waxa ay ka dalbatay Xaayik in uu dhaqso ugu yimaaddo gurigeeda, isna uma uu kaadin oo waa nin meeli u caddahay ee isla waqti gaaban gudihii waxa uu isku soo daayey gurigii.

Waxa uu filanayey casuumad kale oo fusuq ah, waa se' uu ku hungoobay oo war aannu filayn ayaa ka hor yimi. Isla markii uu istaagay kadinka guriga waxa uu galay qolka fadhiga oo ku yaalla dabaqa hoose ee guriga laga galo, waxa aannu la kulmay Amiina oo u eeg qof aad u firka naxsan. Salaan kaddib, Amiina waxa ay fadhiisisay Xaayik waxaana dhexmaray sheekadan:

Amiina: "Fadhiiso doqonyahaw, waxa aan doonayaa in aan maanta kuu sheego arrin aan hubo in ay kaa yaabin doonto balse run ah. Ma og tahay in aan ahay Israa'iiliyad u joogtay halkan in ay ka fuliso hawlo basaasnimo?"

Xaayik: "Adigu" Ayaa uu yidhi isaga oo naxdin darteed ereyga si sax ah ugu dhawaaqi kari la'.

Haddana hareeraha ayaa uu eegay isaga oo ka cabsi qaba in cid kale maqlayso ereyada Amiina, waayo waa uu ka dheregsan yahay halka uu xaal marayo iyo in aannu nolol dambe hawaysan doonin haddii la ogaado in gabadhan uu watay ee uu cid walba ku xidhay ay tahay basaasad.

Mar kale ayaa uu Amiina weydiiyey, "Ma adiga ayaa basaasad ah?"

Amiina: Isma ay dhibin ee si kalsooni badani ka muuqato ayaa ay u tidhi, "Haa, Aniga ayaa ah"

Xaayik: Isaga oo naxsan ayaa uu mar kale baalla deymooday, si uu u hubiyo in cid kale maqlayso, waxa aanu Amiina kula soo jeestay su'aashan, "Maxaa aad iga rabtaa?"

Amiina: "Waxa aan kaa rabaa keliya in hawshii aynu wada bilownay aynu wada jir ku dhammayno."

Xaayik: Isaga oo dibnuhu baqdin la gariirayaan ayaa uu yidhi, "Wada bilownay aa..!! Hawl aan anigu kula bilaabay

ma ay jirin .. Ma garanayo hawsha aad sheegayso .. Anigu… Anigu… anigu…"

Amiina: Inta ay cadhootay ayaa ay cod dheer ku tidhi, "Waar qudhunyahow, warwareegga iska dhaaf, si fiican ayaa aad u fahmaysay in hawsha aad iga caawisay ay ahayd mid sirdoonka Israa'iil loo qabanayo"

Inta ay ilbidhiqsiyo aamustay ayaa ay hadalkii sii ambaqaadday, "Saacaddaa aad ila joogto, noloshaada iyo nolosha qoyskaaguba waxa ay ku xidhan yihiin ishaaro keliya oo aan bixiyo."

Waxa ay ugu hanjabaysaa in ay si sahlan ugu dalban karto sirdoonka Israa'iil in ay khaarajiyaan. Dabcan isna waa uu dareensan yahay in MOSSAD ay si fudud Beyruut ugu dhex khaarajin karto isaga iyo qoyskiisaba.

Xaayik hadalkii ayaa ku gudhay, waxa uu niyadda kaga ducaysanayey, 'Rabbigayoow, i badbaadi, Rabbigayoow mar uun iga furdaami masiibadan igu habsatay' Waxa markiiba niyaddiisa ku soo dhacday in aannu dafiri karin runta ay Amiina sheegayso ee ah waxa aad la shaqaynaysay MOSSAD, waxa uu xasuustay boqollaal sawir oo ay wada jir u galeen isaga iyo Amiina, weliba iyaga oo ku sugan xaalad dhaqanxumo oo fadeexad ah. Iyada maskaxdiisu isla maqan werwer iyo naxdin, ayaa uu mar keliya ku warhelay rikoodh ay Amiina shidday. Waa codkii Xaayik oo tirinaya lambarrada taleefannada hoggaamiyeyaasha Falastiiniyiinta. Haa, marka uu lambarrada madaxda Falastiiniyiintu u sheegayo ayaa ay ka duubi jirtay codkiisa. Mar keliya ayaa ay jidhidhico ka kacday jidhkiisa oo dhan, dhidid waaweyn ayaa ka soo booday... Isaga oo ay ka muuqato in uu jabay ayaa uu si miskiinnimo leh ugu yidhi, "Hawraarsan, e' maxa aan anigu kuu qaban karaa Amiina"

Amiina: Amiina waxba ma ay qarsan ee waxa ay si cad ugu tidhi, "MOSSAD waxa ay kaa doonaysaa in aad ula shaqayso si ka sii badan sidan hadda"

Xaayik: "Waa sidee markaas sida aad rabtaa."

Amiina: "Aniga ayaa kuu sheegi."

Xaayik: "Anigu waxa aan ahay miskiin rayid ah oo siyaasadda waxba kama aqaanno waxbana kama fahamsani."

Amiina: "Laakiin waxa aad jeceshay, lacagta, dumarka iyo khamriga."

Xaayik: "Doqon maangaab ah oo meehannaabaya ayaa aan ahay…"

Amiina: "MOSSAD waxa ay mushahar ahaan kuu siinaysaa bil kasta 250 Liire (Lacagta Lubnaan)."

Xaayik: "Waan ku baryayaa marwooy ee iga daa MOSSAD."

Amiina: "Waxa ay ahayd in ay adiga oo kale ahi aannu shaqadan mushahar ku qaadan, ee uu si daacadnimo ah lacag la'aan nagula."

Markii ay sheekadu halkaas maraysay, ayaa waxaa si lama filaan ah loo furay albaab ku yaalla qolka fadhiga ee ay Amiina iyo Xaayik wada fadhiyeen. Maaruun ayaa isaga oo cabsi gariiraya eegay, qaylo aannu ku talo gelin ayaa naxdin awgeed debnihiisa ka soo baxday markii uu arkay saddex nin oo muraayado madawg xidhan, wejiyadoodana ay naxariisdarro badani ka muuqato. Inta ay soo dhaqaaqeen ayaa ay soo istaageen dhabarkiisa, ilbidhiqsiyo ayaa aanay aamusnaayeen. Iyada oo uu Xaayik baqdin awgeed ku hadrayey ereyo aan la fahmi karin, reen iyo guuxna laga maqaleyey oohinta awgeed.

Amiina: Ayaa si kulul ugu tidhi Xaayik, "Maxaad ka leedahay dalabkaas aan kuu sheegay"

Xaayik: "Maxaa aad iga doonaysaan?"

Amiina: "Miyaad necebtahay Yuhuudda?"

Xaayik: Ayaa isku dhex daatay, "Maya, cidna ma necbi anigu .. Maya... Maya... Haa.. Waxa aan necebahay Yaasir Carafaat... Haa, waxa aan necebahay Carafaat .. Iyo ninka aniga madaxda ii ah ee maamula shirkadda isgaadhsiinta ... Maxa aad iga doonaysaan"

Amiina inta ay gacanta gelisay shandadeedii garabka ayaa ay ka soo saartay warqado, ay hor dhigtay Xaayik, waxa aanay ku tidhi, "Ugu horreyn saxeex heshiiskan... Waa heshiis caddaynaya in aad oggolaatay, saaxiibtinimo iyo wada shaqayn idin dhexmarta MOSSAD"

Maaruun inta uu warqaddii kor u qaaday, ayaa uu isku dayey in uu akhriyo, laakiin fursaddaas lama siinin. Amiina iyada oo ka faa'iidaysanaysa xaaladda uu ku jiray Xaayik, oo ku dhaweyd in uu xisku ka tago baqdin darteed, ayaa ay si handadaad ah inta ay intii awooddeeda ahayd kor ugu qaylisay, weliba u raacisay in ay dhirbaaxo baabacadeeda mugged ah dhabankiisa ku hubsato. Xaayik isaga oo indhaha ilmo bayl ahi ka soo daadatay ayaa inta uu kor u booday waxa uu gacanta ku qabtay dhabankii dhirbaaxadu kaga dhacday. Malaha waxa uu hubinayey in uu weli halkiisii ku yaallo.

Inta ay mar labaad Xaayik kalladhka Shaadhkiisa ku buquujisay, ayaa ay ugu hanjabtay in saacaddaas ay wada joogaan, ay koox ka mid ah MOSSAD oo gacan fududi ku hareeraysan tahay gurigiisii. Waxa ay ku tidhi, "Gurigaagii waxa ku hareeraysaan koox ka tirsan xubnaha gacanta fudud ee MOSSAD, haddii waxa aannu doonayno aad yeeli weydana dib uma arki doontid qoyskaaga ... Adiguna laabtaada waxa aad u diyaarisaa xabbadda Falastiiniyiinta, marka aannu u sheegno in aad basaas Yuhuudda u adeega ahayd" Inta ay kalladhkii sii deysay ayaa ay dib u tuurtay, Xaayik oo dib ugu dhacay kursigii uu ku fadhiyey ayaa ay ku tidhi, "Dantaada weeye in aad akhris la'aan hadda ku saxeexdo heshiiska ku horyaalla" Xaayik isaga oo baqdin darteed aan hareeraha eegin ayuu qalin agyaallay qaaday, gacan gariir awgii qalinka xejin la' ayaa uu saxeex ku duugay warqaddii oo aannu akhriyin" Amiina intaas kuma ay aamusin ee waxa ay sii wadday dalabaadkii ay ka rabtay Xaayik iyo waajibaadka heshiiskan uu saxeexay ku qoran ee laga doonayo in uu fuliyo, "Ugu horreyn waxa aan kaa doonayaa in aad booqasho igu geyso qolkii sirta ahaa ee ku yaallay xarunta shirkadda talefannada, ee aad hore iga sheekaysay. Waxa aynu labadeennuba geli doonnaa hawl wada jir ah oo aynu ku duubayno sheekada ay masuuliyiinta Falastiiniyiintu isku weydaarsanayaan taleefannada"

Xaayik hore ayuu bad u galay, markii uu bilowgii doonayey in uu Amiina dareensiiyo muhiimaddiisa iyo xilka sare ee uu ka hayo shirkadda isgaadhsiinta, ayaa faan badan oo uu sheegay waxaa ka mid ahaa in, shirkadda isgaadhsiinta uu ku dhexyaallo qol yar oo gaar ah oo aanay cidi geli karin marka laga reebo farsamayaqaanno faro ku tiris ah iyo isaga oo maamulaha ah, qolkan waxaa ku rakiban mishiinnada iyo qalabka shirkadda, waana qolka uu maro xidhiidh kasta oo taleefan oo la sameeyaa. Doonisteedu waa ay caddahay, waxa ay ka rabtaa Xaayik in uu geeyo qolkaas oo uu qalabka duubista ku rakibo taleefannada madaxda iyo masuuliyiinta muhiimka ah ee Falastiiniyiinta si ay u dhegeysato una duubto sheekada iyo xogaha ay is weydaarsanayaan masuuliyiinta Falastiiniyiintu.

Xaayik: Ayaa isaga oo la yaabban halista shaqadan ay ka dalbanayso, waxa uu yidhi, "In aynu duubno sheekada taleefanka ku dhexmaraysa 'aa?!"

Amiina: "Haa… ma waa aanad maqal hawlgallada is miidaaminta ah ee Falastiiniyiintu ka fuliyeen gudaha Israa'iil?"

Xaayik: "Ma' aan maqal.. Anigu siyaasadda ma dhegeysto mana akhristo."

Amiina: "Hore haddii aanad ula socon siyaasadda, imika oo aad dhimasho qarka u saaran tahayna uma baahnid in qabrigaaga aad ku dul akhrido siyaasad" Inta ay si ku jeesjees ah u qososhay, ayaa ay tidhi, "Allihii shaqaale iga kaa dhigay ayaa mahad leh"

Xaayik: "Waan duubi karaa marka aan shaqada Shiftigayga ku jiro laakiin…"

Amiina: Inta ay hadalkii ka boobtay ayaa ay tidhi, "Marka aanad shaqada ku jirinna, waxa aad noo amri doontaa Maanowel Casaaf si uu isagu u sii buuxiyo shaqada duubista codadka"

Xaayik: "Casaaf !! Isna miyaa aynu ku soo daraynaa hawshan."

Maanowel Casaaf waa ninkii bilowgii ay Amiina is barteen ee shaqaalaha ka ahaa shirkaddan, markii dambana isbaray Amiina iyo Xaayik oo maamulihiisa shirkadda ahaa.

Amiina: Inta ay si jeesjees ah ugu qososhay ayaa ay tidhi, "Haa Casaaf, miyaanu boqolkii Liire ee uu igaga kaa iibiyey ku filnayn .. Hawshan waa uu innala qaban karaa, waayo waxa aan ogahay in uu yahay doqon aynu ku shaqaysan karno, miyaanu ahayn ninkii gabadhaydaa dhan Boqolka Liire iskaga iibiyey." Waxa ay Xaayik xasuusinaysaa in bilowgii ay is barteen Casaaf, laakiin markii muddo ay saaxiib ahaayeen wax kastana ay u hurtay, ay iyadu ka dalbatay in uu baro maamulaha shirkadda oo ah Xaayik. Casaaf si bilaa hinaase ah inta uu Xaayik ka qaatay boqol Liire ayaa uu ku wareejiyey

Amiina si uu ula macaamilo. Amiina inta ay ka dhaqaaqday Xaayik ayaa ay ku tidhi, "Cidda aad doonto adeegso oo shaqadaadii waan kuu sheegay"

Miskiinkii Xaayik sida jiir ka argaggaxsan debin uu bisad ugu dhacay, ayaa uu dib isu qoomameeyey. Waxa uu xasuustay in waxa uu eeday ee maanta uu dacarta ka leefay uu yahay, sanadihii dheeraa ee ku dhaafay dheeldheelka iyo khamaarka, sanadihii uu ku raaxaysanayey macaasida iyo naqaysiga gabadhiba ta' ay ka cuddoon tahay.

Abid kuma uu fikirin in maalin tan oo kale ahi cimrigiisa ku jirto, isma odhan adiga goorma ayaa ay gabadh uu damac kuu geeyey ay isku kaa rogi oo ay ku ugaadhsan. Isma odhan ereyadii macaanaa iyo gacmihii raaxada badnaa ee miyirqaadayey maskaxda ayaa mar qudha isu beddeli cadaab iyo gacmo naareed oo barta ay jidhkiisa ka taabtaan u go'ayso. Isma odhan jacaylkii ayaa isku beddeli geeri.

Amiina Almufti

Waa Afaafka hore ee guriga ay Amiina markii ugu horreysay ka degtay magaalada Fiyeena (Waxaa sawirka buuggan u soo qaaday –
(Khadar C. Cabdillaahi)

5
Dhegeysigii Taleefannada

Guushii ay MOSSAD ku hanteen shaqaalaynta Xaayik, waxa ay Israa'iil dheefsiisay faa'iido aad u weyn. Waxa ay si joogto ah u dhegeysan jirtay sheekada iyo farriimaha taleefanka ku dhexmara hoggaamiyeyaasha Falastiiniyiinta, taas oo Israa'iil u fududaysay in ay wax badan ka ogaato damaca iyo waxa ay qorshaynayaan ee ka dhanka ah dawladda Yuhuudda. Waxa ay marar badan heleen xogo ay kaga hortageen weerarro nafhuridnimo oo ay Falastiiniyiintu la damacsanaayeen gudaha Israa'iil. Inkasta oo ay guulahaas badani jireen, haddana waxa jirtay in sheekada iyo hadallada taleefanka ku dhexmaraya hoggaamiyeyaasha Falastiin aanay ahayn hadallo wada cad oo si waafi ah ay u wada fahmi karaan basaasiinta MOSSAD. Aalaaba marka ay masuuliyiinta Falastiiniyiinta ka fursan-waa ku noqoto in ay go'aamada xasaasiga ah taleefanka isaga sheegaan, waxa ay adeegsan jireen lambarro sir ah iyo ereyo afgarasho ah.

Dadka naqdiya hab dhaqanka siyaasiga ah ee hoggaamiyeyaasha Falastiiniyiintu waxa ay ku doodaan in qaladka ugu weyn ee ay hore iyo dambaysaba lahaayeen uu yahay iyaga oo si bilaa hubsasho ah u aamina qof kasta oo Carbeed, una qaata in uu niyadda kala jiro, dhibta dadka reer Falastiin haysatana ka damqanayo. Hoggaamiyeyaashan Falastiin ee xilligan joogay Lubnaan sidan ayuun baa ay ahaayeen, kalsooni aad uga badan ta ay marka horeba sida qaldan ugu qabeen qof kasta oo Carab ahna waxa ay u qabeen dadka reer Lubnaan ee diimaha iyo mad-habaha kala gedisan haysta.

Dhibta kale ee MOSSAD ka hortimid waxa ay ahayd in hoggaamiyeyaasha Falastiin ee doonaya in ay la hadlaan raggooda kale ee jooga dibadda Lubnaan ay u adeegsan jireen qalab iyo farsamooyin kale ama taleefanno kuwa lagu yaqaanno aan ahayn iyaga oo ka cabsi qabay marka horeba labadooda dhan mid kood la dhegeysto, waxa kale oo jiray guux iyo warar la isla dhexmaro oo sheegayey in Lubnaaniyiinta haysta diinta Masiixigu ay xulafo la' ahaayeen Israa'iil sidaa awgeedna ay ka shaqeeyaan in ay si qarsoodi ah qalabka wax lagu dhegeysto oo MOSSAD leedahay ku rakibaan xafiisyada iyo xarumaha Falastiiniyiinta iyo xitaa in haddii ay u suurtogasho ay dhegeystaan taleefannada masuuliyiinta Falastiiniyiinta iyo guud ahaanba hoggaamiyeyaasha muslimiinta.

Waxyaabaha ay musuuliyiinta Falastiiniyiintu in badan ku badbaadeen waxaa ka mid ahaa ammaanka xafiisyadooda ee dhinaca isgaadhsiinta oo aad u sarreeyey. Hoggaamiye Yaasir Carafaat oo ahaa Injineer sanadkii 1956 kii ka qalin jebiyey jaamacadda Qaahira, balse u baydhay dhinaca siyaasadda ayaa markii uu aasaasay ururka xoraynta Falastiin, isaga iyo masuuliyiinta sare ee ururkiisa si heer sare ah ammaankooda loo ilaalin jiray. Ma'ay jirin cid taqaanna halka ay ku dhaxaan iyo goobaha ay ku shiraan marka ay gaadhayaan go'aamada muhiimka ah. Amiina Almufti arrintaas aad ayaa ay u fahamsanayd, indhaheeda ayaana ay in badan ku aragtay ilaalada adag iyo nidaamka sirdoon ee Falastiiniyiinta.

23[kii] bishii shanaad 1974 kii goor waabberi ah, ayaa uu Xaayik la soo hadlay Amiina, waxa aannu taleefanka ka dhegeysiiyey sheeko dhexmaraysay laba ka mid ah hoggaamiyeyaasha Falastiin. Sheekadan oo sir culus ahayd waxa ay labadan masuul ku qorshaynayeen weerar cusub oo lagu qaadayey gudaha Israa'iil. Waxa ay dhaqso u shidday qalabkeedii warka ay ugu lalin jirtay MOSSAD, waxa aanay sheegtay xogtii ay ka dhegeysatay taleefanka, "37 Daqiiqo kaddib, koox naftood-hurayaal Falastiiniyiina ah ayaa soo weerari doona, tuulada Sarceet. Waxa ay ku gaashaamanyihiin qoryaha gacmaha iyo bambooyin 57mm/Md ah" Waxa ay noqotay muddo markii ugu horreysay ee war ay soo dirtay run noqday. Millateriga Israa'iil ayaa markiiba hareereeyey guud ahaan deegaanka tuulada Sarceet. Waxa ay heleen siddeedii naftii hure ee weerarka fulin lahaa. Lix ka mid ah markiiba waa ay dileen, labadii kalana nolosha ayaa ay ku qabteen.

Dhegeysiga taleefannada masuuliyiinta Falastiiniyiintu faa'iido badan ayaa uu u soo hooyey MOSSAD. Waxa dhacday in mar kale ay ku guulaysatay in ay dhex gasho taleefanka sirta ah ee xafiiska Joorje Xabash oo ahaa hoggaamiyaha guud ee kooxaha wax iska caabbinta

Falastiiniyiinta iyo mid ka mid ah gacanyarayaashiisii oo isagu markan joogay magaalada Sayda ee dalka Lubnaan. Dhegaheeda ayaa ay ku dhegesanaysay amarrada iyo hadallada dhexmarayey labada nin. Waxa ay taleefankan ku ogaatay in uu jiro qorshe millateri oo ay wadaan hoggaamiyeyaasha Falastiinyiintu. Hadallada ay dhegeheeda ku maqlaysay waxaa ka mid ahaa, Joorje Xabash oo aad u cadhaysan kuna celcelinaya ereyo uu ku adkaynayo in hawlgalku aannu waqtiga ay u qorsheeyeen dib uga dhicin. Waxa ay sheekadan si weyn u fahamtay markii ninkan amarka uu siinayey Xabash, inta uu u adkaysan waayey hadalka kulul ee Joorje Xabash uu si lama filaan ah u yidhi, "Ka werwer la'aw arrintan, oo aniga igu daa in aan ka soo baxo hawlgalka tuuladaas Kaybutiz Shamer." Joorje Xabash oo u muuqda in uu ku degey ballanqaadka gacanyarihiisuna uu yidhi, "Yaanay kula dhaafin 13^{ka} bisha lixaad"

Basaasaddii Yuhuuddu uma ay kaadin sheekadan ee waxa ay markiiba isu dhaafisay masuuliyiinteedii MOSSAD. Markii shan maalmood laga joogo farriinteeda, oo ah xilligii ballanta la qabsaday, ayaa ay ciidamada Israa'iill ku baxeen duleedka magaalada Kibbutis Shamir oo ah goobta ay taleefanka ka dhegeysatay in hawlgal laga fulin doono. Yuhuuddii mar labaad ayaa ay guulaysatay. Waxa ay duleedkii magaalada ka heleen kooxdii naftood hureyaasha ahaa ee Falastiiniyiinta ee uu qorshuhu ahaa in ay hawlgal kuwii hore ee ku dhufo oo ka dhaqaaqda ahaa oo kale ah ka fuliyaan magaalada Kibbutis Shamir oo ka mid ah dhulka ay hore Carabtu u lahayd ee lagu deegaameeyey Yuhuudda.

Markiiba waxa ka il horreeyey ciidamadii Yuhuudda oo waxa ay khaarajiyeen shanti naftii hure oo aannu mid keli ahi qashar ka ridin qorigii uu sitay. Arrimahani waxa ay kor u soo qaadeen sumcaddii ay ku lahayd xarunta sirdoonka ee MOSSAD. Waxaa si isdaba joog ah ugu soo hooray farriimo bogaadin iyo dhiirrigelin ah oo ay u soo dirayaan masuuliyiinta sarsare ee MOSSAD.

27[kii] bishii lixaad 1974 kii, sir kale oo ay Amiina ka heshay wadahadal taleefan oo dhexmaray qaar ka mid ah masuuliyiinta millateriga ee Falastiiniyiinta ayaa keentay in uu fashilmo hawlgal kale oo kooxaha wax iska caabbinta ee reer Falastiin ay doonayeen in ay ku galaan magaalada Nahaariya oo ka mid ah dhulka laga haysto Falastiiniyiinta. Saddex naftii hure oo u socday in ay hawlgallo ka soo fuliyaan gudaha Israa'iil ayaa ay warkooda gudbisay oo Ciidamada ammaanka ee Yuhuuddu ay si fudud u ugaadhsadeen, inkasta oo ay kuwii hore kaga duwanaayeen in ay is difaaceen siina galaafteen Afar Askari oo Yuhuud ah. Mar kasta oo ay Falastiiniyiintu hawlgal ka fuliyaan gudaha dhulka ay Israa'iil haysato xitaa haddii uu hawlgalkaasi fashilmo waxa ay Israa'iil kaga jawaabi jirtay in ay weerarro cirka ah ku qaaddo meelaha muhiimka ah ee ay deggenyihiin Falastiiniyiintu oo ay ka mid tahay xarumahooda ku yaallay koonfurta Lubnaan.

Waxa ay diyaaradaha Israa'iil burburin jireen wax kasta oo ay ku tuhmaan in Falastiiniyiintu raad ku leeyihiin rayid iyo ciidanba, inta badan goobaha noocan ah ee ay garaaci jireenna waxa warkooda bixin jirtay Amiina. Muddo ayaa ay qaabkan ugu shaqaysanaysay Xaayik xogta ay bixisayna waxa ay noqotay mid mar kasta MOSSAD ku liibaanto guulana u horseedda, waayo waxa ay ahayd xog xaqiiqo ah oo ay ka helaysay sheekada iyo hadalka masuuliyiinta Falastiiniyiintu isku weydaarsanayeen taleefannada oo ahaa hadallo aan baadhitaan iyo hubin u baahnayn.

Waxa ay ku guulaysatay in ay si fudud u sheegto xogta dhallinyaro badan oo naftood hurayaal ahaa, taas oo Yuhuudda u fududaysay in ay fashiliyaan hawlgalladooda isla markaana ay ka dhigaan wax ay dileen iyo kuwo ay maxaabiis u qaataan. Waxan oo dhammi waxa ay u kordhiyeen kalsooni iyo in ay nafteeda ka raalli noqoto isuna aragto qof madaxdeedu ku kalsoonyihiin. Dhinaca kalana waxa ay aaminsan tahay dhibic kasta oo dhiig Carbeed ah oo sababteeda u dhacdaa ay aar u tahay ninkeedii Mooshe.

Saaxiibbadii Cusbaa

Xukuumadda Israa'iil waxaa ka go'nayd in ay burburiso seeska iyo awoodda millateri ee Falastiiniyiinta deggen Koonfurta Lubnaan. Waxa ay fahamsanayd danta dhinaca ammaanka ah ee ugu jirta Falastiiniyiinta Koonfurta Lubnaan oo la wiiqo, sidaa awgeed waxa ay xoog badan saartay in ay wiiqdo. Cududda ciidan ka sokoow, waxa ay Israa'iil isku dayday habab kale oo diblumaasiya oo sir ah. Waxaa ka mid ahaa xidhiidh adag oo ay la samaysay Maleeshiyada Masiixiyiinta ah ee reer Lubnaan. Laga soo bilaabo sanadkii 1974 kii masuuliyiinta masiixiyiinta reer Lubnaan waxa ay dareemayeen in ay ku socoto in ay awoodda ay dalka ku leeyihiin waayi doonaan, gaar ahaan markii ay arkeen in Muslimiintii reer Lubnaan ay is bahaysi la noqdeen Falastiiniyiinta tirada badan ee ku dhaqan Lubnaan.

Waxa ay arkeen in iskaashigan muslimiinta Lubnaan iyo Falastiiniyiintu uu awooddii u badiyey dhinaca Lubnaaniyiinta Muslimka ah, kuna dhawdahay in la waayo awooddii siyaasiga ahayd ee masiixiyiintu ku lahaayeen dalkooda Lubnaan. Bartan ayaa ay ka bilaabantay cuqdadda Masiixiyiinta Lubnaan ay ka qabaan Falastiiniyiinta iyo walaalahooda reer Lubnaan ee Muslimka ah, waana sababta keentay in ay dan moodaan garabsiga iyo la shaqaynta Yuhuudda. Tani waxa ay MOSSAD u fududaysay in ay si sahlan ugu guulaystaan, hanashada labadii hoggaamiye ee hormuudka ka ahaa Maleeshiyaadka masiixiyiinta oo kala ahaa Kamiil Shamcoon iyo Biyar Aljumayl.

Wadahadal sir ah oo ay MOSSAD muddo la samaynaysay labadan hoggaamiye waxa ka dhashay in Kamiil oo hore madaxweyne uga noqday Lubnaan iyo Biyar oo isaguna mar ahaa wasiir ay wadahadal sir ah oo toos ah ay la yeeshaan Isxaaq Raabin oo ahaa raysalwasaarihii xilligaa ee Israa'iil, ugu dambayntii heshiis ayaa dhexmaray labadan dhinac. Waxa uu heshiisku dhigayey in Israa'iil ay taageero millateri oo saanad iyo tababarba leh ay u fidiso Maleeshiyada masiixiyiinta oo loo yaqaannay Alkataa'ib, si ay uga hortagaan awoodda Falastiiniyiinta ee sii xoogeysanaysa.

Laga soo bilaabo sanadkaa 1974 kii Israa'iil iyada oo fulinaysa heshiiskan ay la gashay masiixiyiinta Lubnaan waxa ay si joogta u siin jirtay taageero millateri, sida oo kale hay'adda sirdoonka ee Israa'iil iyada oo aaminsan in ay ka heli doonto xogo muhiim ah iyo gacan qabasho dhinaca sirdoonka ah ayaa ay si joogta ah ula soo xidhiidhi jirtay jabhadda Alkataa'ib. Dadaalkii ugu muhiimsanaa ee MOSSAD iyada oo soo dhexmaraysa saaxiibbadeeda Masiixiyiinta ah ay ka hawlgashay, waxa uu ahaa in ay aamusiiso kooxaha wax iska caabbinta reer Falastiin ee ka hawlgeli jiray koonfurta Lubnaan.

MOSSAD waxa kale oo ay Jabhaddan uga faa'iidaysatay basaasidda Millateriga Lubnaan. Wixii ka dambeeyey heshiiskan dhexmaray jabhadaha Masiixiyiinta reer Lubnaan iyo Yuhuudda waxa bilawday in hawlwadeennada MOSSAD si rasmi ah iyaga oo aan baqayn ay uga hawlgalaan Lubnaan. Dawladda Lubnaan waxba iskagama ay tirinayn, cidda qudha ee ay wadnaha farta kaga hayn jireen waxa ay ahayd hay'adda sirdoonka Falastiiniyiinta oo uu madax ka ahaa Cali Xasan Salaama.

Sirdoonka Falastiiniyiinta ee uu hormuudka u ahaa Cali Salaama waxa ay ku guulaysteen in ay qabtaan in ka badan 20 basaas oo u shaqaynayey hay'adda MOSSAD. Waxaa ku jiray kuwo si weyn ugu dhex milmay masuuliyiinta iyo ciidamada ururrada waday halganka wax-iska-caabbinta. Cali Salaama waxa uu caan ku ahaa in basaas kasta oo la qabto uu isagu gacantiisa ku khaarajiyo. Waxa uu ahaa nin feejigan oo cid kasta oo aannu garanayn, ka shakiya.

Waxa si weyn u sii xoogaysatay saaxiibtinimada dhextaalay Israa'iil iyo Maleeshiyada Masiixiyiinta oo ahaa gacanta midig ee ay ku waxyeellayso Falastiiniyiinta. MOSSAD iyada oo soo dhexmaraysa masiixiyiinta waxa ay koonfurta Lubnaan ka geysatay xasuuqyo aad u xun oo ay maato badan ku baabi'isay. Qudheedu wax badan ayaa ay ka faa'iidaysatay isu soo dhowaanshiyaha Israa'iil iyo Masiixiyiinta Lubnaan. Waxa ay xidhiidh saaxiibtinimo oo adag la samaysay Bashiir Al-jumayl oo uu dhalay Beyaar Aljumayl oo sida aynu soo sheegnay hore wasiir uga soo noqday dalka Lubnaan markii siyaasad ahaan la jebiyeyna la xulafoobay Yuhuudda.

Bashiir waxa uu ahaa sharciyaqaan dal aannu sharciba ka jirin, oo xog badan ka haya maamulka iyo nidaamka maamul ee dalka Lubnaan, waxa aannu ka mid ahaa hoggaamiyeyaasha jabhadihii badnaa ee Masixiiyintii Lubnaan. Amiina waxa ay Bashiir ka heshay xog badan oo ay isu dhaafisay MOSSAD. Bashiir oo ahaa dhagarqabe caan ku ahaa dhiirrani inkasta oo uu ahaa ka ugu yar 6 wiil oo uu dhalay Beyaar, haddana waxa uu ku socday xawaare yaab badan, kamana uu gabban in uu shirqoollo u dhigay masuuliyiintii ay xulafada ahaayeen ee Maleeshiyada masiixiyiinta oo ay ka mid ahaayeen qoysaskii Shamcoon iyo Faranjiye, illaa uu noqday hoggaamiyaha jabhadda masiixiga ah ee ugu weynayd jabhadaas.

Sirtii cuslayd

1[dii] bishii tobnaad 1974 kii ayaa ay Amiina heshay sirtii ugu weynayd oo ay ka maqasho taleefan ay ku wada sheekaysanayaan masuuliyiinta Falastiin. Iyada iyo Xaayik oo sidii caadiga ahayd ugu guda jira hawshoodii dhegeysiga taleefannada ayaa ay maqashay sheeko dhexmaraysa Cali Salaama iyo mid ka mid ah gacanyareshaashiisa oo lagu go'aaminayo dilista Boqorkii Urdun, Boqor Xuseen Bin Dalaal. Waxa uu ahaa qorshe uu sirdoonka Falastiiniyiintu ku doonayeen in ay tagaan shirmadaxeedka Carabta oo ka dhacayey magaalada Ribaat ee caasimadda u ah dalka Marooko.

Aynu waxoogaa ka akhrinno xusuusqorkeeda, gaar ahaan bogagga ay kaga warramayso dhacdooyinka maalintan yaabka badan. Waxa ay qortay, "Waxa aan ku jiray qolkii sirta ahaa ee aan ku duubi jiray sheekada taleefanka ku dhexmaraysa madaxda Falastiiniyiinta, aniga oo aad u mashquulsan ayaa aan dhex fadhiyey xadhkaha qalabka shirkadda isgaadhsiinta (System). Waxaa i dhinac yaallay xadhkaha qalabka duubista. Dhabarkaygana waxa fadhiyey Maaruun oo indhihiisa igu dheygagsani ay igu soo ganayaan dhimbiilo jidhkayga gubaya. Inkasta oo uu qolku lahaa Nidaam qaboojiye (AC) oo aad u heer sarreeya haddana kulayl badan ayaa aan dareemayey.

Waxa uu ahaa qol ballaadhan oo laba albaab leh, midkood waxa furi kara oo keliya qof warqad oggolaanshiyo haysta. Waxa uu albaabkani soo xidhayey luuq cidhiidhi ah oo dhexmara qalabka shirkadda. Albaabka kale waa sir, qof kasta oo arkaa waxa uu moodayaa kabadh nooca gidaarka lagu dhex sameeyo ah oo weyn. Laakiin marka kabadhkaa sida albaabka loo soo furo, waxa uu kadin u ahaa sallaan xagga dambe ka yimaadda oo soo fuula qolka qalabka shirkaddu ku rakiban yahay dushiisa. Waxa aan markan si xasiloon u dhegeysanayey sheeko si deggen u dhexmaraysay Cabdilwahaab Alkayaali oo ahaa hoggaamiyaha jabhadda Xoraynta Carbeed. Waxa uu ahaa urur xidhiidh adag la lahaa xisbul Bacaska Ciraaq. Alkayaali waxa uu la hadlayey Axmed Jibriil oo isna hoggaamiye u ahaa jabhadda Falastiiniyiinta ee loo yaqaanno 'Jabhadda shacabka ee xoraynta'.

Maalmo yar ka hor markan aan dhegeysanayey taleefanka ayaa ay jabhaddan dambe hawlgal nafhurid ah oo si weyn ay ugu guulaysatay ka fulisay gudaha Israa'iil. Sheekada dhexmaraysay oo ahayd mid macno darro ah ayaa igu ridday caajis. Aniga oo caajisan ayaa inta aan dib u jalleecay Xaayik waxa aan weydiiyey, bal in ay jirto cid kale oo taqaanna qolkan sirta ah ee aannu ku jirno, waxa aannu igu jawaabay in ay jiraan dad aad u tiro yar oo yaqaanna. Waxa kale oo uu ii sheegay in gelista qolkani aanay fududayn qofka doona in uu galaana uu u baahanayo hawl badan iyo jid dheer oo sharciga shirkadda u yaallaa ku xidhayo. Xaayik waxa uu ii sheegay, haddii aannu 40 Liire siin lahayn waardiyaha qolkan in aanay noo suuro gasheen soo gelistiisu.

Xaayik oo si kalsooni badan igula hadlayey ereyo u muuqda in uu i dareensiinayo hawsha uu ii qabtay in ay tahay mid halyeynimo oo uu dartay u qabtay, ayaa isaga oo dhoolla caddaynaya ka soo kacay kursigiisii oo inta uu igu soo dhowaaday aan dareemay gacmihiisa dhabarka igaga yimi ee uu dhinacyada iga so mariyey, aniguna waxa aan ugu jawaabay dhunkasho aniga oo arkaya xasilisay shucuurtiisa oo dhan. Waxaa ka muuqatay in uu doonayo wax dhunkasho ka badan. Inta uu soo kacay ayaa uu isku kay duubay, laakiin aniga oo ku eegaya dareen kalgacal dhagaraysan leh, oo u muujisanaya xiise aan jirin ayaa aan si naxariis leh isaga furfuray, waxa aanan dib ugu jeestay shaqadii aan watay. Inta aan ka baxay khadkii hore ee aan ku jiray, ayaa aan u wareegay khadka taleefannada gaarka ah ee Yaasir Carafaat, Xawaatima iyo Abu Iyaad, laakiin waxa aan arkay in ay taleefannadoodu xidhanyihiin. Habeen badh ayaa uu waqtigu ku dhowaa, laakiin markii aan go'aansaday in aan caawa halkaas hawsha ku joojiyo, ayaa waxaa si kedis ah igu soo dhacay, fikradda ah in aan bal tijaabiyo taleefanka Cali Salaama. Markii aan dhex galayba waxa uu nasiibku igu beegay Cali Salaama oo la hadlaya mid ka mid ah saaxiibbadii oo uu ugu yeedhayey Abu Nidaal. Labada dhegood ayaa aan gashaday sameecaddii, batamka rikoodhka duubistana hoos ayaa aan u cadaadiyey. Dareenkayga oo dhan waxa aan ku jeediyey in aan dhuuxo warka dhexmaraya. Dhib ayaa ay tani igu noqotay, waayo Maaruun ayaa weli dhabarka igaga soo dheggenaa, dhunkashooyin waalli ahna qoorta igaga ururiyey.

Mar keliya ayaa aan naxdin iyo amakaag afka kala qaaday, waxa aan maqlay Cali Salaama oo leh, "Ma'aha in aynu ku koobnaanno hawlgalkeennan aynu ugu magac darnay Thawratu Al-Tal 2 oo keli ah. Waa in aynu helnaa madaxa abeesada Yuhuudda la saaxiibka ah .. Shir madaxeedka Carabta ee ka dhacaya Ribaat, waa fursadda ugu weyn ee aynu haysanno, sidaa awgeed aynu feejignaano, geesinnimana la nimaadno... Nabadeey"

Hadalladan waxa aan ka fahmay in uu jiro qorshe ay Falastiiniyiintu ku doonayaan in ay khaarajiyaan boqor Xuseenka Urdun, marka uu ka qaybgelayo shirmadaxeedka Carabta ee magaalada Ribaat. Markii ay taleefanka dhigeenba, inta aan labada dhegood sameecaddii ka saaray ayaa aan Xaayik oo weli isu kay xoqaaya ka codsaday in aannu baxno.

Markii aannu gurigaygii gaadhnay, waxa aan sugi kari waayey in aan dharka iska bixiyo, hadalkii aan dhegeystay ayaa aan dhaqso ugu diray qalabkii isgaadhsiinta ee aan MOSSAD u marin jiray farriimaha. 38 daqiiqo kaddib, waxa igu soo dhacday farriin ka timid MOSSAD oo la igaga dalbanayo in aan mar labaad ku celiyo isla hadalkaygii hore iyada oo la hubinayo bal in aan miyir qabay markii aan qorayey iyo in kale. Markaas ayaa aan xaqiiqsaday in warka aan diray aad ugu weynaaday masuuliyiintii MOSSAD. Waxa aan gartay in ay aad ugu baqayaan nolosha saaxiibkooda keliya ee ay ku leeyihiin Carabta oo ahaa Boqor Xuseen. Isla farriintii ayaa aan mar labaad ku celiyey, saddex saac oo daqiiqad keliyi ka dhimantahay markii ay ka soo wareegtay, ayaa waxa i soo gaadhay farriin kale, oo aad iga fajacisay.

Waa MOSSAD oo iga dalbanaysa in aan soo helo habka ugu habboon ee aan ku geli karo guriga Cali Salaama, aniga oo ku dhuumanaya sheegashadii dhakhtarnimada iyo in aan daweynayo carruurtiisa. Illaa marka ay MOSSAD sidan igu lahayd, anigu ma' aan ogeyn in uu Cali Salaama carruur leeyahay, sida oo kale hore uma aan ogeyn in uu qabo gabadh minweyno ah oo ay qaraabo yihiin. Waxa ay ahayd gabadh uu dhalay muftiga guud ee Falastiiniyiinta Alxaaj Amiin Alxusayni. Inta ay maskaxdaydu shaqadiiba ka baxday ayaa ay mar keliya i xasuusisay gabadhii kale ee u qabay, oo ah tii aan anigu bilowgii ku bartay, Joorjiina Risqi oo ah boqoraddii quruxda ee aynu hore uga soo warrannay. Aniga oo naftayda la hadlaya ayaa aan idhi, "Oo boqoraddii quruxda ee aan arkay, ma waxa ay raalli ku noqotay in ay minyaro noqoto? Cali Salaama nasiib iyo cawo badanaa!!"

Afartii Dhagarqabe

Fikradda Falastiiniyiinta ee ah in la dilo boqor Xuseen, ma' ay ahayn fikrad si kedis ah uun laablakac ugu timid. Waxa ay ahayd arrin muddo ka dhex guuxaysay saraakiisha ammaanka ee Falastiiniyiinta oo doonayey in ay kaga aargoostaan siyaasadihii aanay filayn ee ay Falastiiniyiintu kala kulmeen Boqorka. Laga soo bilaabo sanadkii 1970 kii Boqor Xuseen waxa uu xidhiidh adag la lahaa dawladda Yuhuudda, iyada oo sababta ugu weyn ee ku kalliftay saaxiibtinimadani ahayd cabsi uu u qabay boqortooyadiisa. Dhowr jeer ayaa uu si qarsoodi ah ula kulmay wasiirkii difaaca ee Israa'iil oo ahaa Mooshe Dayan. Xilliyadaa qaxoontiga Falastiiniyiinta ee ku nool Urdun tiro ahaan waxa ay ku dhowaayeen kala badh dadka reer Urdun.

Falastiiniyiintu waxa ay boqor Xuseen ku hayeen cadaadis iyo diiqad badan, maadaama oo weerarro nafhurid ah ay ka fulinayeen gudaha Israa'iil. Yuhuuddu weerarradan inta ay kaga jawaabto weerarro ay ku qaaddo fadhiisimada Falastiiniyiinta ee Urdun ayaa ay ku dari jirtay cadaadis badan in ay boqor Xuseen ku saarto in uu wax ka qabto weerarrada dhulkiisa laga soo qaadayo. Boqor Xuseen oo u hoggaansamay cadaadiskii badnaa ee Yuhuudda oo dalal Maraykanku ka mid yahayna sii xoojiyeen ayaa ugu dambayntii keentay in boqorku uu Falastiiniyiinta ka hor yimaaddo bishii sagaalaad ee sanadkii 1970 kii.

Weerarro boqortooyadu ku qaadday fadhiisinnadii Falastiiniyiinta ayaa sababay in ciidamada Urdun ay dil gummaad lagu tilmaamay kula kacaan Falastiiniyiin aad u tiro badan oo isugu jiray kooxaha hubaysnaa iyo rayidkii xeryaha qaxoontiyada ku jiray oo ay jabhaddu dhex deggenayd. Dhacdadan waxa ay Falastiiniyiintu u bixiyeen Sabtembartii madoobayd, iyaga oo xusaya tobannaan kun oo ahaa Falastiiniyiin isugu jiray maato iyo rag hubaysan oo ku le'day xasuuqaas ciidamada boqortooyada Urdun geysteen.

Xusuusta nabarradaas xanuunka badan ee ka dhashay xasuuqa dhacay, ayaa ahaa sababta ay Falastiiniyiintu u sameeyeen garab sirdoon oo sida oo kalana leh ciidamo si gaar ah u tababaran, oo lagu magacaabo Sabtembarta Madow, waxa aana hoggaamiye looga dhigay Cali Salaama'

Yaasir Carafaat iyo ururka Xoraynta Falastiin ee uu hoggaaminayey oo iyagu isu dhigayey urur siyaasi ah oo wada xaajood iyo xidhiidho diblumaasi ah dunida la leh, ayaa iska ilaaliyey in ay sheegtaan in Garabka Sabtembarta Madow uu ka tirsan yahay ururkooda ama iyagu maamulaan, waana sababta dadka wax ka qoray iyo duniduba ay ugu dhici waayeen in Sabtembarta Madow ay si toos ah ugu sheegaan urur hoos taga Yaasir Carafaat, walow la ogaa in uu Cali Salaama gacantiisa midig yahay, isla markaana ururka xidhiidh la leeyahay. Masuuliyiinta sabtembarta Madow oo aanay cidi aqoon wejiyadooda iyo cidda ay yihiin, marka Cali Salaama lagu daro, ayaa iyaguna marar badan isu muujin jiray in ay yihiin urur madax bannaan.

Si kastaba ha ahaato ee Sabtembarta Madow waxa uu ahaa garab ka tirsan garabka sirdoonka guud ee ururka Xoraynta Falastiin oo uu dusha sare ka haystay Abu Iyaad oo ahaa ninka labaad ee ugu sarreeyey hoggaanka Falastiiniyiinta, marka Yaasir Carafaat laga yimaaddo Garabka Sabtembarta Madow ee Cali Salaama hoggaaminayaa waxa ay hawlgalkoodii ugu horreeyey ku khaarajiyeen Wasfi Tal oo ahaa raysalwasaarihii Urdun oo booqasho ku joogay magaalada Qaahira ee dalka Masar. Waxa kale oo ay fuliyeen hawlgallo badan oo ay qaarkood ahaayeen falal ay caasimadaha Yurub dhexdooda ku khaarajiyeen masuuliyiin Yuhuud ah.

Dagaalkii Carabta iyo Yuhuudda ee dhacay bishii tobnaad oo caan ku noqday magaca dagaalkii Oktoobar markii u dhammaaday, shir madaxeedkii Carabta ee ka dhacay dalka Aljeeriya waxaa lagu go'aamiyey in ururka xoraynta Falastiin (PLO) uu yahay ururka keliya ee sharciga ah ee ay leeyihiin Falastiiniyiintu. Arrintani waxa ay dhalisay khilaaf uu obocdiisa ahaa Boqor Xuseen oo isagu ku doodayey in Falastiiniyiinta arrimahooda isaga looga dambeeyo maadaama oo intooda badani asal ahaan ka soo jeedeen Urdun isla markaana ay hadda deggenyihiin qaxoontigooda ugu badani. Sababta kale ee uu ku diidanaa waa isaga oo ogaa colaadda adag ee ka dhexeysa isaga iyo ururka PLO ee uu hoggaaminayey Yaasir Carafaat. Colaaddaas oo uu isagu sababteeda lahaa ayaa ka dhalatay weerarkii uu sida ba'an ugu gumaaday Falastiiniyiinta.

Sanadkii 1974 kii ayaa si loo dejiyo Boqor Xuseen, isna uu uga soo noqdo mawqifkiisii adkaa waxa ay isaga iyo madaxweynihii Masar ee Saadaat, soo saareen qaraar kale oo kii hore wax yar ka beddelen, "Ururka xoraynta Falastiin (PLO) waa ururka keliya ee metela Falastiiniyiinta oo dhan marka laga reebo kuwa deggen Urdun" ayaa uu ahaa go'aankoodu.

Go'aankan dambe waxa uu aad uga cadhaysiisay ururkii PLO ee uu hoggaaminayey Yaasir Carafaat, oo awooddiisii la koobay, waxa aanay u arkeen boqor Xuseen cadaw khatar ku ah. Waa taas sababta keentay in sirdoonka Falastiiniyiinta ee uu Cali Salaama hoggaamiyaa in ay go'aansadaan khaarajinta Boqor Xuseen.

Boqorka badbaadadiisa waxa sabab u noqday dawladda uu martida u ahaa ee Marooko oo gacanta ku dhigtay laba unug oo ah Falastiniyiin sida Kamandoosta u tababaran, inkasta oo aan la garanayn halka ay Marooko ka heshay xogtan.

Labada Unug ee sirdoonka Falastiiniyiintu u diray dilka boqorku waxa ay dalka Marooko ka soo galeen dhinaca badda ee dalka Isbayn. Dawladda Marooko ee qabatay kooxdan dilka fulin lahaa aad ayaa ay u qarisay qabashadooda si aannu kulanka Carabtu u carqaladoobin maadaama oo uu Yaasir Carafaat qudhiisu ka qaybgalayey shirmadaxeeda Carabta ee la doonayey in lagu dhex khaarajiyo Boqor Xuseen.

Yaasir Carafaat waxa uu ku guulaystay in uu shirkan Carabta ka helo taageero aad u weyn oo ay ku garab istaageen sharcinnimada ururkiisa PLO. Shirmadaxeedkaasi waxa uu ururka PLO u oggolaaday in uu isagu xaq u leeyahay in uu ka taliyo ama qorsheeyo istaraatijiyadda ugu habboon iyo qaabka ugu fiican ee uu filanayo in xaqii Falastiiniyiinta lagu soo celin karo, taas oo ay ka mid ahayd in PLO xaq u leedahay in ay go'aan ka gaadho in dhulka Yuhuuddu ka haysato oo dhan loo soo celiyo iyo in badhkii loo soo celiyo iyo weliba in ay PLO xor u tahay go'aan ka gaadhista in raadinta dhulka Falastiin ay ku xidho raadinta dhulka kale ee ka maqan Carabta gaar ahaan Suuriya iyo Masar iyo in ay dhulka Falastiin ka maqan si madax bannaan u raadsanayso.

***

Warkii ay dirtay ee la xidhiidhay qorshaha Sabtembarta Madow ee ahaa dilka boqor Xuseen, waxa uu keenay in xarunta Talaabiib ee MOSSAD ay soo siiso amarro cusub. Waxaa ka mid ahaa in shirkan ay xog dheeraad ah ka hesho iyo in ay xidhiidh la samayso guddiyada shirkani dhiso si ay u hesho xogta dhabta ah ee waxa ay Falastiiniyiinta iyo guud ahaan Carabtu ka yeelayaan dhulka ay Yuhuuddu xoogga kaga haysato. Waxa kale oo laga dalbaday in ay xog ka keento ilaha dhaqaale ee PLO iyo goobaha ay hubka ku kaydsadaan ee gudaha Falastiin iyo aragtida dhabta ah ee hoggaanka sare ee reer Falastiin ka qabaan arrinta Alquddus.

Maalmahaas Amiina waxa ay u mashquushay si aan hore loo arag, waxaana si weyn u caawiyey Maaruun iyo Maanowel oo si weyn uga gacan geystay dhegeysiga taleefannada. Marka laga tago in ay ahayd qof aad u furfuran dabeecad ahaan isla markaana ahayd afmiishaarad soo jiidan karta dad badan, waxa ay sidoo kale ahayd qof jecel shaqadan ay hayso, arrimahaas ayaa u fududeeyey in ay hesho dad badan oo si toos ah ama si dadban uga caawiya hawlaheeda basaasnimo. Dadka ay ku guulaysatay in ay shaqadeedan ku soo darto waxaa ka mid ahaa, Khadiija Sahraan oo ay mar hore isku barteen diyaarad ay ka soo wada raaceen dalka Usteri, markii dambana uu dhexmaray xidhiidh adag oo saaxiibtinimo, iyada ayaana is bartay Amiina iyo Maanowel oo isna markii dambe ku sii xidhay Xaayik.

Khadiija waxa ay kala tageen laba nin, oo markii ay kan dambe isfureen ay ahayd intii Amiina ay joogtay Lubnaan, wax badanna waa ay ka ogeyd sheekadooda. Maalmahaas ay Khadiija Sahraan ku jirtay murugada iyo werwerka burburka qoyskeedii oo ah maalmo ay u baahnayd gacanqabasho iyo garab istaag ayaa ay Amiina ka faa'iidaysatay oo soo dhoweyn talo iyo caawimo dhaqaalaba la garab istaagtay, sidaa awgeed Khadiija waxa ay Amiina u aragtay saaxiibbad garasho iyo garaad badan oo uu Rabbi maal siiyey. Saaxiibbad la isku hallayn karo oo maalin adag garab istaagtay in ay tahay ayaa ay abaal ugu haysay.

Basaasnimadii Amiina waa ay ballaadhatay oo waxa aynu arkaynaa in ay abuurtay shabakad afarran oo si adag isugu xidhan; waa Iyada, Khadiija, Xaayik iyo Maanowel oo dhammaantood ay ka go'nayd in ay u adeegaan basaasaddan saaxiibka la' ah oo ay markan ogaayeen in ay xogta si toos ah ugu gudbiso sirdoonka Yuhuudda ee MOSSAD.

Qaladkii dhimashada ahaa

22[kii] bishii kow iyo tobnaad 1974 kii ayaa uu Yaasir Carafaat markii ugu horreysay galay xarunta Qaramada Midoobey ee New York. Khudbad xamaasad badnayd oo uu ka jeediyey waxyaabaha uu ku dalbadayna waxaa ka mid ahaa, 'In Israa'iil la baabi'iyo, deegaankana laga dhiso dawladda Falastiin oo noqota dawlad dimuqraaddi ah oo midaysa dadka aaminsan saddexda diinood ee Islaamka, Masiixiga iyo Yuhuudda. Yaasir Carafaat waxa uu ku hanjabtay in haddii aan sidaa la yeelin ay sii wadi doonaan halgankooda hubaysan.

Ergadii Israa'iil ee ka qayb qaadanaysay shirka ayaa cadho kaga baxay madasha shirku ka socday. Safiirkii xilligaa qaramada midoobey u fadhiyey Israa'iil oo aad u cadhaysan ayaa mar uu warbaahinta la hadlay waxa uu ku cawday, "Carafaat oo dilay carruur Yuhuud ah, ayaa maantana isku deyaya in uu muquuniyo dawladda Yuhuudda isaga oo ku andacoonaya in la dhiso dawlad Falastiin oo dimuqraadi ah"

Toddobaad haddii laga joogay khudbaddan Carafaat, ayaa Amiina ay MOSSAD u dirtay farriin culus oo sheegaysa in saacado gudahood ay koox Falastiiniyiin ahi weerar ku qaadi doonaan mid ka mid ah magaalooyinka ku yaalla dhulka Falastiin ee ay Yuhuuddu haysato, gaar ahaan dhanka woqooyi ee Israa'iil. Laakiin ciidamadii ammaanka ee Israa'iil intii aanay ka tabaabushaysan weerarkan, ayaa kooxdan naftood hureyaasha ahayd oo si qarsoodi ah uga soo tallaabay xadka dhinaca dalka Urdun waxa ay galeen magaalada Bet Shean. Waxa ay dileen afar Yuhuud ah, oo inta ay madaxa ka jareen ay dhiiggoodii ku qoreen, ereyo afka Cibriga (Afka Yuhuudda) ku qoran oo ay ka midyihiin, "Ubadkiina ka rara dhulka Falastiiniyiinta, haddii kale waxa aad ku dambayn doontaan sida kuwan in qoorta la idinka jaro"

Isla maalintan, koox Falastiiniyiin ah ayaa garoonka diyaaradaha ee magaalada Dubaay dhexdiisa ku rasaasaysay diyaarad uu Ingiriisku lahaa. Diyaaraddan oo u socotay magaalada Kalkata ee Hindiya iyo dalka Singabuur, waxaa ay gegida diyaaradaha ee Dubaay u fadhiisatay in ay ka qaadato shidaal. Qof Hindi ah ayaa ku dhintay weerarkan oo ay kooxda Falastiiniyiinta ahaa ee soo qaaday ku guulaysteen in ay diyaaradda u afduubaan dhanka Tuuniisiya. Markii ay dhaceen falkan iyo kii ka horeeyey ee ay ku wargelisay MOSSAD, xilli uu dareenka ammaanku aad u sarreeyo, ayaa waxa hadallo lama filaan ku noqday dunida oo dhan jeediyey Abu Iyaad oo sida aynu soo barannay ahaa gacanyaraha Yaasir Carafaat, "Waxa aan idiin ballanqaadayaa in dhacdadani (Afduubka diyaaradda) noqon doonto tii ugu dambaysay ee aannu fulinno" Hadalkan Abu Iyaad uu ku sheegayey in Falastiiniyiintu beddelayaan qorshahoodii hore ee ahaa qoriga caaradiisa, waxa ay Falastiiniyiintu raaciyeen in si iyaduna lama filaan noqotay ay markiiba u kala diraan garabkii ammaanka iyo wardoonka Falastiiniyiinta ee Sabtembarta Madow.

Waqtiyadaas waxaa isaguna bilowday dagaalkii sokeeye ee Lubnaan oo dhiig badani ku daatay, sidaa awgeed waxa ay Amiina is tustay in aanay faa'iido kale oo badani ku jirin sii joogitaankeeda Lubnaan. Farriin ay u dirtay xarunta MOSSAD ee Talaabiib ayaana ay ku wargelisay in la gaadhay xilligii ay Beyruut uga kicitami lahayd dhinaca Talaabiib, laakiin lama soo siinin jawaabtii ay sugaysay oo ahayd in loo fududeeyo bixitaanka.

MOSSAD waxa ay soo xasuusiyeen in shaqadeedii aanay weli dhammaan, gaar ahaan in ay qabyo tahay shaqadii dhowaan la faray ee ahayd in ay gasho guriga Cali Salaama, isla markaana ay isku daydo soo helista liisaska sirta ah ee ay ku qoranyihiin magacyada xubnaha sirdoonka reer Falastiin ee ku filiqsan dalalka Yurub, oo la filayey in ay iyagu qorshayn doonaan wixii weerarro mustaqbalka lagu qaadi doono Yuhuudda.

Iyada oo fulinaysa amarkan loo soo cusboonaysiiyey waxa ay Cali Salaama kula kulantay hudheelkii ay awalba ku arki jirtay ee Coral Beach. Sidii caadiga ahayd ayaa ay u kulmeen oo uu Cali Salaama u soo dhoweeyey, laakiin Amiina waxa ay gashay qaladkii ugu weynaa ee ay gasho tan iyo intii ay hawshan ku jirtay. Waxa ay Cali Salaama si toos ah u weydiisay xaaladda carruurtiisa "Soo carruurtii kuuma fiicna?" Cali Salaama oo ah Ruugcaddaa ku xeeldheer arrimaha Sirdoonka, xasuustiisana geliya cid kasta oo uu la kulmo iyo nooca sheeko ee dhexmarta ayaa markiiba dareen galay, waxaa ka yaabiyey in gabadhan oo aanay weligoodba ka sheekaysan in uu ubad leeyahay iyo in kale ay weydiiso su'aal ku saabsan xaaladda carruurtiisa.

Waxa markiiba maskaxdiisa buuxiyey dareen shaki oo uu ka qaatay. Su'aasha sidii ay rabtay ugama uu jawaabin, kulankiina waxa uu ku dhammeeyey jewi aan dareen shaki ah ku abuurin. Isla markii ay kala tageen waxa uu Cali Salaama amar ku siiyey saraakiishii Sirdoonka Falastiin ee ku sugnaa caasimadda Urdun ee Cammaan oo ah halka ay Amiina asal ahaan ka soo jeedday in ay baadhaan taariikhda iyo guud ahaan qofka ay tahay dhakhtaradda reer Urdun ee Amiina Daa'uud Almufti. Jawaabta ay saraakiisha Sirdoonku ku soo celiyeen Cali Salaama may noqon mid u daran Amiina, Waxa ay u soo sheegeen in ay jirto dhakhtaraddaas reer Urdun oo ka dhalatay qoys caan ka ah Urdun oo ku nool xaafadda Suwaylix ee ay degaan dadka ugu martabada sarreeya bulshada reer Urdun, dhinaca siyaasadda iyo dhaqaalaha.

Waxa loo soo sheegay in ay dalka Usteri u joogi jirtay waxbarasho, markii ay soo noqotay buuq iyo isfahmi waa ka dhex dhashay qoyskooda awgiina ay u go'aansatay in aanay ku noolaan dalka Urdun. Cali Salaama aad ayaa uu ugu xasilay warka ay soo siiyeen raggiisa Urdun, waxaana mar labaad soo noolaatay kalsoonidii uu ku qabay Amiina. Laakiin, ma'ay waarin oo iyada oo aanay weli u suurtagelin hawsheedii, ayaa waxa Cali Salaama Yurub uga timid warbixin sirdoon oo sir culus ah. Warbixintani waxa ay bilow illaa dhammaad wax ka beddeshay xidhiidhkii Cali Salaama uu la lahaa Amiina iyo guud ahaan dadka aannu aqoonta tooska ah la lahayn.

Farriintii ugu dambaysay

Warbixin sir ah oo uu xafiiska sirdoonka Falastiiniyiinta ee Cali Salaama madaxda ka ahaa ka helay basaasiin u joogto Yurub ayaa sheegtay, in nin dhallinyaro Falastiiniya ah oo ku nool magaalada Frankfort ee dalka Jarmalku uu xubno qarsoodi ah oo ka tirsanaa Sirdoonka Falastiin u sheegay xog ah, "Mar aan tegey dalka Usteri waxa aan magaalada Fiyeena ku arkay nin Falastiini ah oo iiga sheekeeyey gabadh haysata jinsiyadda Usteri, laakiin asalkeedu Yuhuudiyad ahaa oo walaalkeed uu guursaday gabadh Carbeed oo muslimad ahayd .. Waxa uu ninkaasi ii sheegay in gabadha Yuhuudiyadda ahayd oo markii dambe u dhimatay daroogo ay isku tan dhaafisay, ay saaxiibbo aad isu jecel ahaayeen Carabiyadda uu walaalkeed gurusaday"

Warka uu Cali Salaama helay waxa uu intaas ku daray, "Gabadha Carbeed iyada oo ka cabsi qabta sirdoonka Carabta oo ku daba jiray awgeed ayaa ay Israa'iil ula baxsatay ninkeedan Yuhuudiga ah" Ninka warkan keenay ee Falastiiniga ahaa waxa uu sirdoonka Falastiin u sheegay in ninkan isaga u sii warramay ay isku barteen Fiyeena. Xogta kale ee uu u sheegayna waxaa ka mid ahaa in, "Gabadha Carbeed ee Yuhuudiga guursatay ay marka hore Usteri u timid waxbarasho" waxa uu warku intaas ku daray, "Markii ay muddo ninkeedan Yuhuudiga ahaa kula noolayd Israa'iil ayaa ninkeedii lagu waayey xuduudka Israa'iil iyo Suuriya oo ay Suuriya ku soo ridday diyaarad dagaal oo uu waday, wixii ka dambeeyey muddadaasna waxa ay gabadhii Carbeed u guurtay magaalada Beyruut ee dalka Lubnaan"

Inkasta oo aanay gabadha Yuhuudiyadda ah ee warka laga keenay aanay sheegin in gabadha Carbeed ee walaalkeed qabay ay basaasad noqotay, haddana markii uu warkani soo gaadhay sirdoonka Falastiiniyiinta waxa uu geliyey dareen xoog badan oo shaki ah. Sirdoonka Falastiiniyiintu markii uu xogtan helay, waxa uu bilaabay in uu si qotodheer u gorfeeyo, dhinacyo badanna ay khubaradiisu ka falanqeeyaan sheekadan iyo fasiraadaha kala duwan ee ay yeelan karto. Ugu dambayn waxaa u soo baxday in haddii warkani run yahay, ay noqonayso in ay jirto basaasad Carbeed oo ku dhex nool Falastiiniyiinta. Cali Salaama waxa uu ku amray xubnihiisii ku noolaa Jarmal in ay mar labaad sidii hore si ka sii xeeldheer waraysi uu la' yeeshaan ninka warkan keenay. Waxa uu faray in xitaa haddii ay ka fursan weydo, ay ninkan

Jarmalka jooga u soo duuliyaan magaalada Fiyeena si uu sirdoonka u tuso Falastiiniga warkan asalkiisu ka yimi ee la saaxiibka ahaa gabadha Yuhuudiyadda ah ee dhimatay.

Cali Salaama muddadii uu sugayey warbixinta uga imanaysay xubnaha ururkiisa ee ka hawlgala Yurub ayaa dhinaca kalana, waxa uu amar ku siiyey xubnihii gudaha Lubnaan ka hawgelayey in ay dabagal 24 ka saac ah iyo ka warhayn joogto ah ku sameeyaan dhaqdhaqaaqa afar dumara oo Carbeed oo dhakhtarnimada ku soo bartay magaalada Fiyeena sida ay sheegeenna Lubnaan u yimi in ay caawiyaan dadka tabaalaysan ee Falastiiniyiinta ah; dabcan Amiina waxa ay ka mid ahayd afartaa dumara.

Muddadii warka laga sugayey xubnaha sirdoonka Falastiin ee Yurub, masuuliyiinta sirdoonka ee Lubnaan ku sugani waxa ay ku jireen xaalad shaki iyo madaw badani ka galay dhammaan Shisheeyaha Carab iyo Cajamba leh ee la jooga, gaar ahaan dumarka.

Amiina Almufti oo marka laga tago maskax badnideeda iyo feejignida ay u dhalatay ahayd basaasad si weyn oo casri ah loo soo tababaray, isla markaana khibrad fiican ka heshay muddadii ay shaqada ku jirtay ayaa markiiba uu galay shaki. Waxa ay dareentay in ay jirto cid ku daba jirta oo dhaqdhaqaaqeeda ildheer kula socota, waxa ay aragtay in xorriyaddii ay haysatay soo ururayso. Inkasta oo uu Cali Salaama ahaa xeeldheere, haddana waa ay dareentay in wax uu qarinayaa jiraan.

Markii ay u kuurgashay dhaqdhaqaaqyada ku xeeran iyo dareennada ay ka akhrisatay indhaha Cali Salaama, waxa ay garawsatay in la gaadhay waqtigii la qaban lahaa. Arrimo badan ayaa maskaxdeeda ku soo degdegay oo ay ugu horreysay in meel aan cidi ogaan karin ay ku tuurto qalabka isgaadhsiinta ee ay xogta ugu lalin jirtay xarunta MOSSAD ee Talaabiib. Waxa ay ogeyd in qalabkan oo keliya oo lagu qabtaa uu noqonayo marag ku filan in ay basaasad tahay, si dhaqso ahna looga soo laalaadin doono xadhigga deldelaadda. Intii aanay qalabka tuurin, farriinteedii ugu dambaysay ayaa ay u dirtay xarunta MOSSAD, "Waxaa jira cid igu daba jirta, oo muddo 3 maalmood ah habeen iyo dharaarba la socota dhaqdhaqaaqayga .. Cabsi badan ayaa i haysa, naftaydana aad ayaa aan ugu werwersanahay .. Waxa aan ka baqayaa in, inta aan la isa soo gaadhinba aan argagax la dhinto .. Waxa aan idinka sugayaa talo iyo tusaale wixii i anfacaya" Ayaa ay ahayd farriinta ay dirtay iyada oo aad u baqanaysay.

Waa dhab in farriin tan oo kale ahi ay xeeldheereyaasha sirdoonka ku ridayso calool-dabac iyo naxariis ay u qaadaan basaaskoodan cabsidu ku habsatay. Waxa ay dhibtu sii badantahay marka qofkan soo qayshanayaa uu yahay basaas waxtar badan lahaa, dhulka uu ka hawlgalayaana yahay dhul cadaw oo cabsi badan.

Marka laga tago dhibaatada dhinaca ammaanka ah ee basaaska noocan ah haysata waxa barbar socda dhibaato nafsiyadeed oo kaga tagta saamayn xun. Waxa dhici karta in basaasku marka uu xaaladdan oo kale ku jiro ay maskaxdu isku daadato oo uu wax walba si fudud u qirto iyada oo aanay cidiba saarin cadaadis badan.

Xaaladaha noocan ahi marka ay jiraan, sirdoonku waxa uu xooggiisa iyo xeeladdiisaba isugu geeyaa in xubinta cabsidu soo food saartaa ay nolol ku baxsato ama is disho inta aan la qaban. Saacad nuskeed markii laga joogay farriintii ay dirtay, ayaa ay MOSSAD soo jawaabtay, "Qalabka isgaadhsiinta ee aad hayso waxa aad ku riddaa weelka qashinka lagu guro. Waraaqaha ay ku qoranyihiin lambarrada sirta ah ee aad isticmaalaysayna dhammaantood gub .. kaddib adiga oo aad u deggen, waxa aad safar dhulka ah ugu baxdaa dhanka magaalada Dimishiq ee caasimadda Suuriya .. Marka aad Dimishiq timaaddo, maqaaxida loo yaqaanno Al-Shaam ayaa aad ka heli doontaa farriinta wixii tallaabo dambe ah ee aad qaadayso"

Amiina aad ayaa ay warkan ugu faraxday. Waxa ay dhaqso u gudogashay fulinta waajibaadka ammaanee la soo siiyey. Waxa ay qorshaysay in aanay wax xidhiidh ah la samayn qof qudha oo ka mid ah shabakadii ay Samaysatay oo ay ka koobnayd Xaayik, Manoweel iyo Khadiija, laakiin waxa ay ogtahay haddii aanay wax uun iskaga jeedin in ay raadin doonaan kana soo warheli doonaan. Sidaa awgeed waxa ay qorshaysay in ay iska jeediso. Taleefan kuwa waddooyinka laga soo dirsado ah ayaa ay kala soo hadashay Khadiija waxaanay u sheegtay in maalmo yar ku maqnaan doonto dalxiis ay ku tegeyso Magaalada Dimishiq. Iyada oo cabsi la kurbanaysa ayaa ay qaadatay shandaddeedii yarayd ee garabka, gurigeediina ay faro madhnaan ka dhaqaaqday, waxa aana halkaas ka bilaabantay sheeko masraxiyad u eeg oo ah isku day baxsi oo basaas ku kaco iyo baacsasho sirdoon oo aad u xiise badan.

Inkasta oo ay u haysatay in ay ka soo baxsatay kooxihii ku daba jiray ee sirdoonka Falastiiniyiinta, laakiin taasi riyo beenowday ayaa ay noqotay. Isla markii ay soo kortay baskii ay u raaci lahayd Dimishiq, waxa ay ogaatay in baska ay la saaranyihiin laba nin oo ka tirsan ciidamada ammaanka ee sirdoonka Falastiin. Jidhidhico ay cabsiyi keentay ayaa tin iyo cidhib isku taagtay. Inta ay foorarsatay ayaa ay damacday in ay is mashquuliso, laakiin taas waa ay aamini weyday. Runta ay nafteeda u sheegtay waxa ay ahayd in maanta ay tahay maalintii nolosha adduun ugu dambaysay. Waxa ay xasuusatay tababarkii la siiyey ee ahaa yaan marnaba nolol laguugu qaban.

Faraha ayaa ay ku dhex baadhay timaheeda iyada oo raadinaysa kaabsoolkii geerida ee ballantu ahayd haddii ay aragto in la qabanayo in ay liqdo. Laakiin waxa taas kaga soo horreeyey gacmaha labadii nin ee dul taagnaa. Inta ay si dhaqso ah isugu jebiyeen ayaa ay kala soo degeen baskii. Waxa ay ku soo qaadeen baabuur nooca Peugeot Station ah. Baabuurkan oo ahaa nooca dusha sare bannaan, ayaa u taagnaa meel aan ka fogeyn baska ay kala soo degeen.

Baabuurka waxaa dhinac taagnaa laba nin oo wejigooda ay ka muuqato naxariisdarro iyo cadho. Amiina intii aanay gaadhiga soo gaadhinba baqdin ayaa ay labadeeda lugood awoodi kari waayeen in ay jidhkeeda sidaan. Baabuurkii ayaa sida dabaysha ula xawaareeyey dhinaca xaafad ay Falastiiniyiintu ku awood badnaayeen oo lagu magacaabo Alfukahaani, waxa aana hor socday baabuur yar oo ay saaranyihiin afar nin oo si weyn u hubaysani. Waxa ay geeyeen guri aanay hore u arag oo ka mid ahaa guryaha uu adeegsan jiray sirdoonka Falastiiniyiintu. Iyada oo labadible silsilad loogu xidhay ayaa ay ku tuureen qol aad u cidhiidhi ah oo ku yaallay dhulka hoostiisa. Markan la qabtay, weli sirdoonka Falastiiniyiintu ma' ay haynin wax caddayn ah oo ay dacwad kaga dhigaan gabadhan, waayo weli lama helin warbixintii kama dambaysta ahayd ee laga sugayey xubnaha sirdoonka Falastiiniyiinta ee Yurub. Keliya waxa loo soo qabanayey in laga hortago inay dalka ka baxdo iyada oo aan weli arrinkeeda la caddayn. Si kastaba ha ahaato ee shaki badan ayaa masuuliyiinta Falastiiniyiinta galay markii sirdoonku arkay baqdinta xad dhaafka ah iyo argagaxa ay qabto, oo ay ka qaateen tuhun ah in gabadhani khatar tahay, arrimo badanina u qarsoonaayeen. Waxa ay aamineen in haddii aanay basaasad ahayn ay jiraan dembiyo kale oo ay faraha kula jirtaa.

Tuhunka uu sirdoonka Falastiiniyiintu ka qaaday Amiina waxaa sii xoojiyey natiijada ka soo baxday shaybaadh ay sirdoonku ku sameeyeen xabaddii Kaabsoolka ahayd ee ay isku dayday in ay liqdo markii la qabanayey. Waxa caddaatay in ay kaabsoolkan ku jirto maaddo sun ah oo lagu magacaabo 'cyanide'. Sida ay xaqiijiyeen culimada saynisku sunta ku jirta kaabsoolkani waa mid awood badan oo dhibic yar oo ka mid ahi ilbidhiqsiyo gudahood ku dili karto Maroodi.

Masuuliyiintii Sirdoonka Falastiiniyiinta waxaa qasab ku noqotay in maalmo ay ku daayaan xabsigan iyaga oo aan haba yaraato ee wax waraysi ah la yeelan, ujeedada ay ka lahaayeenna ay ahayd in la sugo inta la helayo caddaymo sugan.

Koox ka tirsan baadhayaasha sirdoonka Falastiiniyiinta ayaa si adag u baadhay gurigii ay Amiina deggenayd. Laakiin Baadhitaan dhowr jeer ay iskaga daba noqdeen kumay helin wax keliya oo caddaynaya in ay ku jirtay hawlo basaasnimo.

Amiina waxa ay ahayd qof u tababaran in ay arrimaha noocan ah ka tabaabushaysato, waxa sidoo kale sii caawiyey taladii u dambeysay ee ay ka heshay xarunta MOSSAD. Waxa ay ahayd qof feejigan sidaa awgeed hore ayaa ay uga taxadartay in cid gurigeeda baadhaa ay wax caddayn ah ka hesho basaasnimadeeda. Taas macnaheedu maaha in ay ahayd qof ceeb la' oo wax kasta oo markhaati ku noqon karta basrisay.

Waxyaabaha ay dayacday waxaa ka mid ahaa kitaabkii Qur'aanka kariimka ah ahaa ee gudihiisa furayaasha sirta ah ee MOSSAD ugu qornaayeen.

Baadhayaasha Falastiiniyiinta oo si kedis ah u kala furay kitaabkan ayaa markii ay rogrogeen waxa ay ku arkeen arrin ka yaabisay. Waxaa Kitaabkan laga jaray gebi ahaanba bogaggii ay ku qornayd suuradda Qur'aanka ah ee Banii Israa'iil. Waxa kale oo kitaabkan laga jaray bog iyo badh ka mid ah Suuradda Alkahf.

Arrinta kitaabkani waxa ay hal-xidhaale ay furfuri kari waayeen ku noqotay baadhayaashii Falastiiniyiinta. Inkasta oo uu Cali Salaama ahaa maskax sirdoonka Falastiiniyiinta iyo daynabada wareejisa dhammaan hawlaha sirdoonka, waxaa isaguna jiray masuul uga sarreeya dhinaca maamulka oo ahaa Salaax Khalaf oo aad loogu garan ogaa Abu Iyaad.

Abu Iyaad oo masuul ka ahaa sirdoonka iyo amaanka guud ee Falastiiniyiinta nidaam ahaanna uu hoos tegi jiray ururka Sabtembarta Madow, ayaa lagu tilmaami jiray in uu yahay aabbaha ruuxiga ah ee garabkan la magac baxay Sabtembarta Madow. Waxa kale oo uu Abu Iyaad ahaa ninka isku xidha sirdoonka iyo hoggaanka sare ee ururka PLO iyo sida oo kale guud ahaan ururrada Falastiiniyiinta.

Garabka Sambtemarta Madow ee Cali Salaama uu maamulaa waxa uu waajibkiisa koowaad ahaa in uu la dagaalamo basaasiinta cadowga ee Falastiiniyiinta lagu dhex beero, waxa aannu xafiisyo ku lahaa Lubnaan, Masar, Urdun, Sucuudiga, Kuweyt iyo Suuriya. Lama aqoon tirada runta ah ee xubnaha sirdoonka ah ee ka tirsan xaafiiska Cali Salaama iyo wejiyadooda midna.

Abu Iyaad isagu waxa uu ahaa macallinka koowaad ee basaasiinta ururka xoraynta Falastiin. Waxa uu masuul ka ahaa ammaanka ururka iyo waaxda sirta, dhanka kalana waxa uu ahaa ninka isku xidha PLO iyo jabhadaha kale ee mucaaradka.

Abu Iyaad waxa uu aad uga dhex muuqday qorshihii iyo fulintii hawlgalkii Munikh, oo uu ahaa ninkii bixiyey amarkii ay koox Falastiiniyiin ahi ku qabsadeen safaaradda Sucuudigu ku leeyahay Khartuum oo lagu dilay safiirkii Maraykanka iyo ku xigeenkiisii oo safaaradda hawl shaqo u joogay. Waxa uu door weyn ka qaatay dhacdadii sanadkii 1976 kii lagu khaarajiyey safiirkii Maraykanka u fadhiyey magaalada Beyruut oo magaciisu ahaa Francis Miloy. Intaas oo keliya ma' ay ahayn hawlaha uu ku lug lahaa ee waxa uu si weyn u abaabulay tobanaan hawlgallo millateri ah oo guulo badan ay Falastiiniyiintu ka soo hooyeen. Sidii nidaamka maamul ahaa, Cali Salaama warbixin dhammaystiran oo ku saabsan qabashada iyo xogaha hordhaca ah ee Amiina laga helay ayaa uu qoraal ugu gudbiyey Iyaad. Inta uu qoraalkii dhaqso u dul maray ayaa uu dibintiisa hoose isaga oo cunaya madaxiisa dib ugu tiiriyey barkimada kursigiisa.

Xabbad sigaar ah oo uu gacanta ku hayey ayuu ogaal la'aan si yaab leh u jiiday. Cabbaar markii uu aamusnaa indhihiisuna kor ku maqnaayeen, sida in uu daawanayo qiiqa uu afkiisa ka soo buufinayo, ayaa uu sidii ruux soo baraarugay hore u soo fadhiistay, waxa aannu Cali Salaama ku yidhi, "Siyaasadeenna iyo sharafteennaba waa ku ceeb in aynu xidhno ama dabagal ku samayno gabadh Carbeed, innaga oo aan marag cad oo xoog badan u haynin in ay dembi gashay" Abu Iyaad Inta uu cabbaar aamusay ayaa uu Cali Salaama siiyey amar kale oo ereygiisii hore aad uga fog, "Inta ay warbixinta Yurub idiin imanayso haya, laakiin wax ciqaab ah iyo wax waraysi baadhitaan ah midna ha ku samaynina…"

Muddo ayaa ay ku jirtay qolkan mugdiga ah ee dhulka hoostiisa ku yaalla iyada oo isku qancisay in waxa ay sugaysaa yahay geeri, ilbidhiqsiyada soo maraana ay ula dhigmaan sannado. Nolosheedu waxa ay noqotay cadaab iyo saxariir. Iyada oo basaasiintii Falastiiniyiinta ee Yurub ay weli wadeen hawlihii ay ku ururinayeen xogta sheegaysa in ay jirto basaasad Carbeed oo u adeegta Yuhuuddu, waxa ay magaalada Frankfort ee dalka Jarmalka ka soo kaxeeyeen ninkii Carbeed ee sheegay warka, iyaga oo wada socda markii ay wada yimaaddeen magaalada Fiyeena. Waxa ay bilaabeen in ay raadiyaan ninkii Falastiiniga ahaa ee uu sheegay in uu saaxiib la'ahaa gabadhii Yuhuudiyadd ahayd ee Amiina u dumaashiga ahayd, muddo ka hor dhimatay.

Kooxdii sirdoonka ahayd iyo ninkii Falastiiniga ahaa ee ay ka soo kaxeeyeen Jarmalka si uu u tuso ninkii warka basaasadda soo bixiyey muddo maalmo ah ayaa ay dhex wareegayeen goobaha ay isugu yimaaddaan jaaliyadda Carabta ee magaalada Fiyeena, laakiin quus ayaa ay ka istaageen in ay ninkaas helaan. Talo ayaa ay isugu yimaaddeen, masuuliyiintan sirdoonka ahi, waxa aana ay go'aan ku gaadheen in jidka keliya ee u bannaan ee ay u mari karaan raadinta xogtani uu yahay in laga raadiyo ilaha rasmiga ah.

Waxa uu ahaa jid aad u halis badan oo ah in xogta loo doonto xafiiska guurka ajaanibka. Cabsida ugu badan ee ay qabeen kooxdan Falastiiniyiinta ahi waxa ay ahayd in ay ka warhelaan xubnaha sirdoonka Yuhuudda ee MOSSAD oo aad ugu badnaa magaalada, sidaa awgeed waxa ay u taxaddarayeen si aad u adag. Kooxdani waxa ay adeegsadeen warqad been abuur ahayd oo ay ka dhigeen in ay ka timid safaaradda dalka Urdun ee dalka Usteri. Warqaddan oo ah mid lagaga dalbanayo xafiiska guurka shisheeyaha in ay soo caddeeyaan guurka dhexmaray gabadh u dhalatay dalka Urdun iyo nin Israa'iili ah. Xafiiskii isaga oo warqaddan rumaystay ayaa uu soo dhiibay warbixin dhammaystiran oo ka warramaysa guurka Amiina iyo Mooshe, guriga ay degtay iyo qaabkii ay marka hore xafiiska isula yimaaddeen lammaanahani. Isla maalintii warqaddan ay heleen kooxdan sirdoonka Falastiiniyiinta ahi, mid ka mid ahaa ayaa ay u duuliyeen dhinaca Lubnaan, waxa aanay u soo dhiibeen sawirka shahaadadii guurka oo uu xafiisku ku soo lifaaqay warbixinta. Markii warbixintani u timid Cali Salaama waxa uu amar ku siiyey kooxdiisan joogtay Fiyeena in ay adeegsadaan cinwaanka guriga Amiina ee ku qoran warqadda ay xafiiska guurka ka heleen, oo ay u dhacaan guriga ay deggenaan jirtay.

Baadhayaasha sirdoonka Falastiiniyiinta ee u dhacay guriga Amiina ka deggenayd Fiyeena waxa ay heleen buug yare ah waraaqo gacanta ku qoran oo ay si ku meel gaadh ah ugu qoratay xusuuso muhiim ahaa si aanay u illaabin ka hor inta aanay ku wareejin xusuusqorkeeda rasmiga ah. Waxyaabaha ku qornaa waxa ka mid ahaa tafaasiisha hawsha ay u timid Lubnaan; waa ka hor intii aan sirdoonka Yuhuuddu sida rasmiga ah u shaqaalayn ee ay u timid raadinta ninkeeda. Nasiib wanaag kooxdan ka socotay sirdoonka Falastiiniyiintu wax waliba waxa ay ugu dhammaadeen sidii ay rabeen iyada oo aanay jirin wax dhib ah oo ka hortimid isla markaana ay si fiican uga badbaadeen sirdoonka MOSSAD ee halista badan. Wararkan iyo wixii faahfaahin dheeraada ahaa ee la hayey ayaa uu Cali Salaama hordhigay Abu Iyaad.

Warku hadda si weyn ayaa uu u caddaaday sirdoonka Falastiiniyiintu waxa ay raadinayaanna ma' aha in ay hubiyaan waxa ay Amiina tahay, laakiin waa ogaanshiyaha nooca ay tahay xogta ay MOSSAD u gudbisay iyo inta ay le'egtahay. Waxa ay doonayeen in ay ogaadaan illaa xadka ay dhexgashay kooxaha wax iska caabbinta ee Falastiiniyiinta iyo inta ay xog heli karto.

Baadhayaasha sirdoon ee Falastiiniyiinta waxaa u soo baxday in ku lug lahayd fashilaaddii ku dhacday dhowr hawlgal oo ay Falastiiniyiintu ka fulin lahaayeen gudaha dhulka ay Yuhuuddu haysato. Waxa kale oo ay aad u danaynayeen in ay ogaadaan cidda gudaha joogta ama dibaddaba ku maqan ee dhinaca Carabta kala shaqaynaysay Amiina.

Sirdoonka Falastiiniyiintu aad ayaa uu u tababarnaa, waxa aannu lahaa habab kala duwan oo ay ku baadhaan basaaska ay qabtaan, laakiin hadda xaaladdu sidaa hore waa ay ka yara duwan tahay, waayo basaaska ay waraysanayaan waa gabadh Carbeed, oo la ogyahay sida ay dhaqanka iyo caadada Carabtu u ilaaliyeen. Waa xaaladaha dhifta ah ee soo maray Cali Salaama iyo xeeldheerihii Abu Iyaad. Sidaa awgeed muddo ayaa ay arrintan go'aan kama dambays ah ka qaataan.

Kulamo badan markii ay yeesheen waxa ay xal ka gaadheen sida laga yeelayo basaasaddan. Cali Salaama ayaa soo jeediyey fikrad la qaatay oo ah, "Waa in aynu samaynaa farsamo aynu Amiina ku moodsiinayno in ninkeedii Mooshe uu nool yahay maxbuusna u ahaa dalka Suuriya. Waxa aynu samaynaynaa war sheegaya in Mooshe maalmo ka hor lagu soo daayey heshiis maxaabiis isdhaafsi ah oo dhex maray Israa'iil iyo Suuriya" Waa xeelad yaab leh oo uu Cali Salaama ku macneeyey in ay keenayso in Amiina uu ku dhaco niyadjab iyo quus ay cuqdad ka qaaddo nafteeda, iskuna qoomamayso sababta ay u sugi weyday ninkeeda inta la soo deynayo ee ay waxan oo hawl ah u gashay. Waxa uu Cali Salaama fikraddiisa ku soo xidhay, "Waxa ay tani fududayn doontaa in ay wax badan si fudud inoogu qirato"

Taladii Cali Salaama ayaa la isku raacay fulinteediina dhaqso loo gudogalay. Saraakiisha sirdoonka Falastiiniyiintu waxa ay dhiseen war loo ekeysiiyey xog sir ah, oo la xidhiidha duuliye Yuhuudi ah oo ay Suuriya maxaabiis laga hayey kaga beddelatay Israa'iil. Iyaga oo adeegsanaya saxafiyiin la shaqaysa ayaa ay warkii u gudbiyeen mid ka mid ah wargeysyada caanka ahaa ee ka soo baxayey magaalada Beyruut.

Sirdoonka Falastiiniyiintu waxa ay sidoo kale wargeyskan jidkaas dadban ugu gudbiyeen sawirro samays ah oo muujinaya Mooshe iyo askar kale oo Israa'iiliyiin ah oo ay hareero joogaan rag ka socda hay'adda Laanqayrta cas ee caalamiga ah.

Nuskhad wargeyska la khiyaameeyey ka mid ah oo uu warkii ku qoran yahay ayaa loo dhiibay askarigii sida gaarka ah u ilaalinayey Amiina, cuntada iyo biyahana siinayey, waxa aana loo sheegay xeelad uu wargeyskan ku gaadhsiinayey si aanay u dareemin dhagarta loo soo maleegay. Markii la gaadhay waqtigii uu askarigani cuntada u geynayey ayaa isaga oo iska dhigaya daacad waxa uu ula soo galay wargeyska oo sawir aad loo weyneeyey oo Mooshe ahina bogga hore ku yaallo.

Waxa ay markiiba isheedu ku dhacday sawirka Mooshe ee ku yaallay wargeyska uu sito ninkan askariga ahi. Waxaa ku dhacay argagax iyo u qaadan waa. Labada indhood ayaa naxdin ka soo dhici gaadhay, madax xanuun iyo wareer ayaa ay waxba kala garanweyday, waxa aanay askarigii wargeyska sitay kula hadashay cod cabsi iyo argagax badani ka muuqdo oo ay kaga codsanayso in uu wargeyska u dhiibo.

6
Warkii Wargeyska

Amiina oo iyada lafteedu inooga warramaysa sida wax u dhaceen maalintaas ay wargeyska aragtay ayaa waraaqaheedii xusuusqorka kaga warrantay, "6^{dii} bishii sagaalaad 1975 kii, waxa ay ii ahayd maalin dhib badan. Waxa aan ku mashquulsanaa sidii aan naftayda u maaweelin lahaa, si aan u illowsiiyo cid la'aanta qolka madaw ee aan ku jiro iyo ciirsi la'aanta aan hubo in aanay jirin gacan aan fishaa. Ma' aan nuuxsan karayn oo silsilad gacmaha laba dibble igaga xidhan ayaa gidaarka ii sudhnayd. Goor subaxnimo hore ah ayaa la furay albaabka qolkan silica badan ee aan ku jiray. Waxa soo galay waardiyihii hubaysnaa ee aan saacaddaas oo kale filan jiray in uu cunto ii keeno. Waxa uu ahaa nin shaarubo cufan leh, oo naxariisdarro badani wejigiisa ka muuqato. Waxa uu ii siday quraac ahayd, roodhi iyo gobol caano fadhi. Sidii horeba caadada ugu ahaan jirtay, markii uu quraacdii ii dhigay kursi ayuu agtayda soo dhigtay si uu afka igu guro quraacda, maadaama oo aan silsilad ku xidhanahay oo aanay ii suurtogelayn in aan gacmahayga ku cuno.

Wargeyskii ayaa uu la kala baxay, si uu isugu dhaafiyo waqtiga uu sugayo inta aan raamsanayo rudhmada uu afka iga buuxiyey si uu ta xigta afka iigu geliyo. Caadadiisa ayaa ay ahayd in uu subaxdii jariirad igu hor akhristo, laakiin maan danayn jirin waxa ku qoran .. Subaxdani waa ay ka duwanayd kuwii hore, waxa aan si aan ku talogal ahayn isha ugu dhuftay bogga ugu horreeya Wargeyska uu sitay, 'Alla .. Alla .. Alla .. Waa sawirkii Mooshe. Haa, waa sawirkii Mooshe"ayaa aan hoos naftayda ugu idhi aniga oo aad u naxsan. Dhalanteed ayaa aan mooday, markaasaan mar labaad ku celiyey daymadii. Waa Sawirkii Mooshe oo aad loo weyneeyey, oo ku yaalla halka ugu sarraysa bogga koowaad ee wargeyska. Sawirka hoostiisana waxaa ku qoran magaciisii oo dhammaystiran.

Hunguriga ayaa naxdin i qallalay, sanqadha iyo guuxa madaxayga gudihiisa ka baxaysayna waxa aan ka shakiyey in uu maqlo waardiyaha i ag fadhiyaa. Waxa aad i moodaysay in aan ka soo baraarugay suuxdin dheer. Markiiba waxa aan ka baryey askarigii in uu ii akhriyo waxa ku qoran wargeyska. Si quudhsi ah ayaa uu iigu hanjabay, mase' aan waaban ee inta aan kor u qayliyey ayaa aan ka baryaya in uu ii akhriyo. Afkii aan soo kala hayey ayaa uu gobol roodhidii uu afka igu gurayey ka mid ah ka buuxiyey, si uu u daboolo. Intaas kuma uu ekaan ee inta uu dhirbaaxo indhahayga bayl ka keentay igu dhuftay ayaa uu igu yidhi, "Maxaa wargeys iyo akhriskii kuu soo arkay maanta oo kale, waxyahay dhimatay? Rudhmadii roodhida ahayd inta aan afka ka soo tufay ayaa aan mar labaad ku celiyey baryadii ahayd in uu ii akhriyo, aniga oo weliba si dareen leh u ilmaynaya.

Dhulka oo hortayda ah ayaa uu wargeyskii ku kala bixiyey. Inta aan isagii ku kalsoonana waayey ayaa aan ku soo foorarsaday oo aan dhaqso u bilaabay in akhriyo warkan oo aan rumaysan kari la'ahay in ereyada aan akhriyayaa ay ku qoranyihiin.

Af kala qaad iyo naxdin ayaa xubin kasta oo jidhkayga ka mid ah meel ku qallajisay. Naxdin, amakaag iyo walaac aan horeba ii hayn ayaa ii kowsaday. Waxa aan ku rayn lahaa in aan cabbudhka ka baxo oo hal mar aan qayliyo si aan bal nafis uga raadiyo qaylada. Waxa aan filayaa haddii aannan gacmaha ka xidhnayn in aan wax uun samayn lahaa, in ugu yaraan aan wejigayga xagtin kaga dhiijin lahaa. Ciil iyo murugo dartood ayaa aan hoos u ooyey, qalbigaygu waxa uu qaadi kari la'aa culayska murugada ka buuxsantay oo sida folkaanaha in ay u qarxiso ku dhoweyd. Waxa aan markiiba bilaabay qoomamo iyo in aan naftayda ku canaanto aarsi doonkii iga keenay Usteri iyo Israa'iil oo ka sii horreysay. Waxaa iga gashay cabsi aan u malayn karo in ay tahay ruuxda boqollaalkii qof ee aan naftooda galaaftay oo igu soo noqotay rooxaan i cabsi gelisa" ereyadaas dareenka leh ayaa ay ka qortay subaxdaas yaabka badnayd.

Xeeladdii GESTAPO

Wakaaladda sirdoonka Jarmalkii Naasiga oo lagu magacaabi jiray GESTAPO xilligii uu socday dagaalkii labaad ee adduunku, waraysiga duuliyeyaasha iyo basaasiinta ay cadowga ka qabto waxa ay u mari jirtay hab aad u heersarreeyey oo ay adeegsanayaan cilminafsiga.

Baadhayaasha wakaaladdani waxa ay caan ku ahaayeen in qofka la waraysanayo ay qalbigiisa ka saaraan cabsida oo dhan, waxaa lagu abuuri jiray xaalad keenta in uu si saaxiibtinimo leh u warramo.

GESTAPO waxa ay maxbuuska ka dheerayn jirtay cadaadiska iyo wax kasta oo dareen cabsiyeed ku keeni karayey. Waxaa maxbuuska oo oodda lagaga qaadayaa kumaannaan xogood oo wada run ah oo laga soo ururshay hawlaha uu ku jiray iyo xogo laga dhex helay hadalkiisa, laakiin aannu dareensanayn, taas oo kallifaysa in uu si fudud u qirto wax badan isaga oo isku qancinaya in aanay muhiim ahayn in uu wax qariyo maadaama oo xogta intan le'eg laga hayo.

Si aynu u sii iftiiminno qaabka waraysi ee uu Abu Daa'uud maray, aynu in yar ku hakanno Kornayl Iskaraaf oo ahaa khabiir aad loo qaddariyo oo ka tirsanaa raggii saraakiishii sirdoonka Jarmalka ee xeeladdan adeegsaday xilligii ay waraysanayeen maxaabiistii ay ku qabteen dagaalkii labaad ee adduunka.

Sirdoonka Maraykanka ayaa baadhitaan ku sameeyey dhowr boqol oo duuliyeyaashii Maraykan ahaa ee Naasigii Jarmalku maxaabiis ahaanta u qabteen, laakiin markii dambe la sii daayey. Duuliyeyaashan Maraykanka ah markii Jarmalku soo daayey waxa dacwad ku soo oogay millateriga iyo sirdoonka Maraykanka oo ku eedaynayey in Jarmalka ay u qirteen siro dagaal oo muhiim ah. Duuliyeyaasha Maraykanka ahi waa ay diideen in wax sir ay faafiyeen. Waxa ay sheegeen in markii uu Jarmalku qabtay aanay garaacin ama ciqaab kale marin.

Waxa ay ku adkaysteen in xaaladdii ay kala kulmeen Jarmalku aanay ahaynba mid ku qasbaysay in ay xogo waaweyn oo sir ah sheegaan. Arrintan oo aad uga yaabisay sirdoonka Maraykanku waxa ay qasab ka dhigtay in ay u yeedhaan Kornayl Iskaraaf si baadhis loogu sameeyo, isla markaana wax looga weydiiyo warbixinno uu masuuliyiintiisa sare u gudbin jiray mar kasta oo uu waraysto duuliye Maraykan ah. Warka uu Iskaraaf siiyey sirdoonka Maraykanku waxa uu noqday mid beri ka dhiga duuliyeyaashii la haystay isla markaana xikmad iyo cilmi ay ka dheegtaan wakaaladaha sirta ee Maraykanku.

Iskaraaf waxa uu yidhi, "Marka aan soo galo qolka uu joogo maxbuuska aan waraysanayaa, si digtooni ah inta aan u istaago ayaa aan cagta dhulka ku dhufan jiray, oo aan weliba ku celcelin jiray digtoonida. Salaan diirran oo ta ciidamada ah, ayaa aan siin jiray. Duuliye kasta oo uu qaddarku gacantayada soo geliyo. Si furfuran oo asluub iyo anshax badani ku dheehan tahay ayaa aan ugu odhan jiray, "Mudane, Anigu waxa aan ahay Kornayl Iskaraaf, shaqadaydu waa in aan idin weydiiyo dhowr su'aalood, fadlan daqiiqado waqtigiina ka mid ah ii hibeeya iina oggolaada in aan idin ag fadhiisto? Inta aydaan ii jawaabin aan idin xasuusiyo xuquuqdiina uu idiin oggolyahay axdiga caalamiga ah ee Jeenefa. Waxa ka mid ah in aad ka jawaabtaan saddex su'aalood oo ah, Magacaaga, lambarkaaga ciidan iyo darajadaada…" Inta marka aan weydiiyo si saaxiibtinnimo leh ayaa aan ula macaamili jiray. Tusaale ahaan inta uu jawaabaha wado ayaa aan u soo saari jiray xabbad sigaar ah aniga oo ku leh, "Sigaarkan shido Mudane"

Sarkaalkan Jarmalka ahi waxa uu intaas ku daray, "Waxa aan mari jiray hab nafsi ah oo aan maxbuuska dareensiinayo in aan ogahay xogta ay hayaan oo dhan sidaa awgeed sheegisteedu aanay aniga wax badan igu soo kordhinayn, balse ay iyaga u dan tahay oo ay u muuqanayaan rag iskaashi sameeyey oo mudan in si aadamenimo ah loola dhaqmo.

Waxa xafiiskayga baadhis u soo maray dhammaan duuliyeyaashii Maraykanka iyo Ingiriiska ahaa ee ay qabteen ciidamada Jarmalku, sidii caadada ii ahayd ayaana ay marka hore ka wada jawaabeen su'aalahaas saddexda ah. Waana aan ku guulaystay in aan ka helo dhammaan xogihii looga baahnaa.

Waxa aan caddaynayaa in mid kasta oo ka mid ahaa duuliyeyaashaas qolkayga baadhista soo maray uu sheegay xogtii looga baahnaa iyada oo aanay cidi dullayn, ciqaab jidheedna aan la marin. Waxa aan ku dadaalay in aan maxbuuska dareensiiyo in aannu ahayn dembiile balse uu yahay keliya qof aannu ishayno oo iga gardaran. Marka hore maxbuusku waxa uu dareemayaa cabsi badan, waxa aanay naftiisu weydiinaysaa boqollaal su'alood oo mid waliba ta kale kasii daran tahay. Talow miyaa lagu dili doonaa? Ma xubnahaaga ayaa mid mid loo jari doonaa? Ma... Ma... Sidaas awgeed marka uu arko dhaqan kaa uu filayey aad uga duwan oo naxariis iyo saaxiibtinimo ku dheehan tahay isla markaana uu arko in aad og tahay wax badan oo ka mid ah xogta aad ka doonayso, si fudud ayaa uu kuugu sheegayaa siro waaweyn"

Xeeladdii Abu Daa'uud

Abu Daa'uud waxa uu ahaa saraakiisha tirada yar ee Sirdoonka Falastiiniyiinta caanka ku ahaa dejinta xaaladda nafsiga ah ee maxbuuska iyo in si deggen loo waraysto iyada oo aan wax xog ah lagaga tegeyn. Waxa uu qabay aragtida ah, sida ugu habboon ee basaas xog lagaga heli karaa in ay tahay iyada oo marka hore la dareensiiyo culayska iyo xumida dembiga uu galay, isaga oo qaba cabsida dembigaas, haddana la tuso dabacsanaan aannu filayn, iyo in la dareensiiyo in xogta la weydiinayo badankeeda la ogyahay.

8^{dii} bishii sagaalaad 1975 kii oo sagaal dharaarood laga joogo xadhigeedii, ayaa waxaa Amiina Almufti loo kaxeeyey xafiiskii Abu Daa'uud. Waxa aana u bilowday baadhis ay xeeldheereyaasha sirdoonka Falastiiniyiintu adeegsadeen xeeladdii wakaaladda sirdoonka ee Jarmalku adeegsan jirtay xilligii dagaalkii labaad ee adduunku uu socday. Laakiin habkan oo sida aynu hore u soo xusnay ah kii ay isticmaaleen baadheyaashii sirdoonka Jarmalka ee shaqeeyey dagaalkii labaad ee adduunku, waxba kama uu tarin waraysiga iyo xog ka helidda Amiina oo ahayd basaasad si heer sare ah loo tababaray. Waxaa loo diyaariyey in ay u adkaysan karto ciqaabta iyo xaaladaha adag ee laga yaabo in cadowgu mariyo, waxa ay ku tababarnayd in haddii toban jeer oo kala duwan la waraysto aan hadalkeeda laga arkin wax isburin ah, waana sababta uu Abu Daa'uud uga waayey qiraal ama xitaa xog shaki gelin karta berinimada ay ku dooddayso.

Abu Daa'uud waxa uu ka daalay farsamooyinkiisii uu damacsanaa in uu xog kaga helo, oo ahaa kuwaa aynu soo sheegnay ee marar badan oo hore u shaqeeyey. Inkasta oo uu Abu Daa'uud, Amiina soo hor dhigay xog badan, oo xitaa ay ku jirto xogtii laga helay waraaqihii ay ku qortay xusuusqorka ee laga soo qaaday gurigeedii Fiyeena, haddana wax walba waa ay dafirtay. Markii la weydiiyey xusuusqorkeedan ay ku caddayd in ay basaasad u tahay MOSSAD, waxa ay ku jawaabtay in ay tahay qof dhib badan iyo diiqadi soo martay, sidaa awgeedna ay qabto cudurro nafsi ah oo uu ka mid yahay cudurka Cilminafsigu u yaqaanno Delusion (Is-moodsiis), "Waxa uu ahaa qoraal maloawaal ah oo uu iga keenay xanuunka i haya oo i moodsiiyey in aan ahay basaasad ku nool Beyruut oo u adeegta Yuhuudda" ayaa ay tidhi.

Waxa kale oo ay ku marmarsootay in ay aad u xiisayso sirdoonka iyo qisaskooda sidaa awgeedna ay aad u akhriday qisada basaasaddii caanka ahayd ee reer Holland ee lagu magacaabi jiray Margaret Gertrude, laakiin ku hawlgeli jirtay magaca Mata Harry iyo inanteedii qudheedu basaasadda ahayd ee Banda MacLeod. Waxa kale oo ay sheegtay in maadaama ay jeceshay mihnaddan sirdoonka ay damacsanayd in ay buug ka qorto qisada filim malowawaalka ah oo sawirraya Amiina oo basaasad u ah Yuhuudda. Waxa kali ah ee aanay dafirin waxa uu ahaa in ay guursatay Mooshe oo ah duuliye isir ahaan Yuhuudi ahaa oo u dhashay dalka Usteri. Dhanka kale waxa ay ku cabatay in ay cadho badan u qaadday dadka Carbeed, oo sida ay ku doodday ay kala kulantay dhaqan qallafsan iyo macaamil aan u cuntamayn inan aqoon badan oo ilbaxnimada reer galbeedka wax badan ka aaminsan iyo in cadho ay ka qaaday dilkii ninkeeda Mooshe awgii ay ku hammiyi jirtay aargoosi, waxa ay waraaqahan ku qortayna yahay keliya hummaaggii sheekadaas iyo sida ay maskaxdeedu u sawirranaysay.

Qof kasta oo arka hadallada Amiina ee isku wada toosnaa, oo haddii ay tobanaan jeer ku celiso aan wax isburin ah laga dareemayn, isla markaana indhihiisa ku arka oohinta joogtada ah iyo diifta ka muuqata, waxa uu u dhowaa in uu u soo dabco. Abu Daa'uud oo sida aynu soo xusnay ahaa rug caddaa in badan ku soo gudo jiray hawlaha waraysiga dembiilayaasha tani may niyadjebin. Waxa uu caan ku yahay xeeldheeri iyo aqoon dheeraad ah oo uu ka helay tababarro adag oo ay siiyeen sirdoonka Masaaridu. Si kastaba ha ahaato ee waxa uu arkayey xaqiiqada hor taalla ee ah in gabadhani aanay ahayn mid uu si sahlan uu uga heli karo xogta uu raadinayo, gaar ahaan haddii uu ku sii socdo xeeladdii GASTAPO ee uu hore ugu soo faa'iiday.

18 Saac oo xidhiidh ah ayaa uu Abu Daa'uud waraysanayey Amiina laakiin waxba kama uu helin, kama' ay muuqan in yar oo dabac ah iyo in ay u muuqato qof nooc uun xog ah bixinaysa. Inkasta oo marmarka qaarkood uu Abu Daa'uud su'aasha keliya ku celinayey in ka badan toban jeer haddana erey keliya oo ay hore u tidhina ma' ay beddelin.

Abu Daa'uud waxa madax xanuun iyo wareer ku riday calooladayga Amiina, waxaa werwerku riday heerka ay gaadhsiisan tahay aqoonteedu oo uu dabcan ka dareemay adkaysigeeda iyo sida aanay hadalladeedu isaga hor imanayn. Hore uma' uu marin basaas ama dembiile kale oo sidan u calool adag. Abu Daa'uud dhan kasta kaga yimi waraysiga Amiina, laakiin faramadhnaan ayaa uu ka istaagay. Arrinta keliya ee ay u weyday jawaabta isku toosani waxa ay ahayd su'aasha Abu Daa'uud ku celcelinayey ee ahayd sababta ay u sidatay kaabsoolka sunta ah. Waxa ay ku adkaysatay in ay leedahay xanuun ah nooc waallida ka mid ah oo magaciisa la yidhaahdo Cyclothymia.

Cyclothymia waxa uu qofka ka dhigaa, qof iska daba wareegaya oo leh dabeecado gedgeddoomaya oo aad u kala fog; tusaale ahaan waxa aad arkaysa qofka oo niyaddiisu aad hoos ugu dhacday, walbahaar badan qaba. Qofkii oo daqiiqado ka hor aan qiiro iyo xamaasad lahayn, in uu far dhaqaajiyaana ay dhibayso, ayaa haddana aad arkaysaa isagii oo si firfircoon u shaqaynaya, oo xitaa ku talaxtegaya shaqada uu qabanayo oo mar keliya aannu ka nasanayn, daalna aannu ka muuqan. Marka uu muddo maalmo ah ku jiro xaalad iyo dabeecad lagu barto ayaa uu si kedis ah ula soo baxayaa dabeecad kale oo liddi ku ah gebi ahaanba taas hore.

Waxa ay kaabsoolkan ku macnaysay in cudurkan haya awgii, gaar ahaan marka uu aad u qabto ee ay u adkaysan kari weydo ay ku fikirto in ay is disho. Abu Daa'uud caddaymaha uu u hayo in Amiina ay tahay basaasad aad ayaa ay u badanyihiin, waxa ugu fudud inay sidato Kaabsoolka geerida ee ay ku jirto sunta Spainid, oo caadi ahaan aan laga helin suuqyada inta badanna lagu yaqaanno in hay'adaha sirdoonku u adeegsadaan in canaasirta laga qabtaa ay isku khaarajiyaan. Laakiin waxa uu aad u raadinayey in uu afkeeda ka helo xogtan si ay u sheegto siraha ay bixisay iyo noocooda isla markaana maxkamadda horteeda loogu helo caddaynta ah in ay basaasad tahay. Waxa uu arkay in aanay farsamada sabaalada iyo qunyar wax u weydiinta ahi soconayn. Lagama maarmaana ay tahayin uu beddelo farsamadii hore.

Cabsidii MOSSAD

Saraakiishii iyo masuuliyiintii sare ee MOSSAD aad ayaa ay u werwersanaayeen. Amiina warkeeda waxaa ugu dambeeyey intii aanay ka bixin Beyruut. Markii ugu dambaysay ee ay xidhiidheen aad ayaa ay u baqaynaysay argagax badan ayaana ka muuqday, waana ay ogyihiin in haddii basaaska xaaladdiisu sidan noqoto uu u dhowyahay in uu isku dhex yaaco wax badanna si fudud u fashiliyo. Xafiiska MOSSAD ee Talaabiib waxa uu helay xogta ah in Xaayik, Manoweel iyo Khadiija aanay wax dhib ahi gaadhin. Markii khubarada MOSSAD ay arrintan falanqeeyeen waxa ay aragtidoodii ku soo ururiyeen in la qabtay basaasaddii Amiina. Sababta aan illaa hadda loo xidhin saaxiibbadeeda kalena ay tahay laba qodob midkood uun, In aanay weli waxba qiran iyo in saddexdan qof (Xaayik, Manoweel iyo Khadiija) la doonayo in lagu ugaadhsado, oo dusha lagala socdo ciddii kale ee doonta in ay la soo xidhiidho, si loo qabto, haddii ay jirto shabakad intan ka ballaadhan oo isku xidhani.

Go'aanka ka soo baxay MOSSAD waxa uu noqday amar faraya dhammaan xubnaheeda basaasiinta ah ee jooga Lubnaan in ay ka fogaadaan saddexdaas xubnood. Waxa si fiican looga dheregsanaa khatarta sirdoonka Falastiiniyiinta iyo in ay gacan bir ah oo aan arxan ku jirin ay ku qabtaan basaas kasta oo ay gacanta ku dhigaan. Cabsida kale ee ay masuuliyiinta MOSSAD qabeen waxa ay ahayd iyaga oo og in haddii Amiina sidaa ku gacan gasho ay arrintani cabsi iyo isku dhex daadasho badan ku keeni karto dhammaan xubnaheeda ku filiqsan Lubnaan.

Waxaa cabsida ugu weyn ku haysay in warkani faafo oo uu warbaahinta galo, waayo taasi waxa ay bilow u noqon doontaa basaasiin dambe oo badan oo fashilma. Inkasta oo ay werwer badan qabtay wixii ka dambeeyey markii ay dareentay in Mooshe uu nool yahay iyo in xogteeda oo dhan la hayo, haddana wax dabac ahi kama uu muuqan.

Waxaa suurtagal ah in sababaha calool adayga iyo adkaysiga badan ku sii dhiirrinayey ay ka mid ahayd iyada oo doonaysay in jacaylkeeda Mooshe ee ay aaminsan tahay in la soo daayey, ay isu tusto, uguna muuqato geesiyad diyaar u ah in ay wax kasta oo nafteedu ku jirto u hurto jacaylka ninkeeda. Waxa ay rejo ka qabtay in masuuliyiinta ammaanka ee Lubnaan ay arrintan soo farogelin doonaan, isla markaana ay ku amri doonaan sirdoonka Falastiiniyiintu in Amiina iyo dacwaddeeda ay dawladda Lubnaan ku wareejiyaan, maadaama oo uu dalku yahay

Lubnaan gabadhanina u dhalatay dal Carbeed oo Lubnaan xidhiidh fiican la leh.

Wax kasta oo ay sameeyeen sirdoonka Falastiiniyiintu waxa ay waayeen wax caddayn ah oo basaasnimada Amiina ay markhaati uga dhigaan. Arrinta kale ee caqabadda ku noqotay Falastiiniyiintu waxa ay ahayd in Amiina ay dalka Lubnaan ku soo gashay sifo sharci ah, iyada oo sidata baasaboor Carbeed. Sidaa awgeed suurtagal uma ay ahayn in ay si fudud u khaarajiyaan oo waxa ay keeni karaysay in ay isku dhacaan masuuliyiinta Lubnaan iyo Falastiiniyiinta oo iyagu dalka dulsaar ku ahaa.

Cali Salaam iyo Abu Iyaad waxa ay talo kula noqdeen masuuliyiintii kale ee Falastiiniyiinta oo ay u sheegeen xaaladda. Markii ay sameeyeen falanqayn dheer oo aragtiyo aad u kala durugsanna la rogrogay, waxa ay taladii ku soo ururtay sidii ay niyadda ku haysay Amiina ee ahayd in gacanta loo geliyo masuuliyiinta ammaanka ee dalka Lubnaan.

Dooddii wasiirka iyo Abu Iyaad

Markii hore ee Amiina laga waayey wax xog ah, isla markaana wararkeedu noqdeen kuwo isku toosan oo aan dhayal lagu beenin karin, waxa ay sirdoonka Falastiiniyiinta ku noqotay caqabad dhib badan. Waa mawaadinad Carbeed oo si sharci ah dalka Lubnaan ku soo gashay, kuna soo gashay baasaboorka Urdun, sidaa awgeed nolosheeda iyo ka warhaynteeda waxa uu xil ka saarnaa safaaradda dalkeeda oo aan ku ogeyn wax dhib ah, haddii la ogaado in ay Falastiiniyiintu xabsi ku hayaanna waxa ay keenaysay in Urdun ay arrinta gabadhaa kala xisaabtanto dawladda Lubnaan. Taas oo iyaduna keenaysay in ay isku soo muruxsadaan dawladda Lubnaan iyo Falastiiniyiinta magangelyada kula jooga, waayo, dawladda Lubnaan waxa ay u arkaysaa in awooddeedii ay maroorsadeen.

Cali Salaama iyo Abu Iyaad oo aan markan rejo badan ku qabin in xog fiican laga helo Amiina ayaa talo kula noqday masuuliyiintii sare ee Falastiiniyiinta, waxa aanay ku wargeliyeen xaaladda. Markii ay taladii rogrogeenna waxa ay ku soo ururtay mar haddii xog laga waayey in sida ugu dhaqsaha badan loogu wareejiyo xukuumadda Lubnaan.

Masuuliyiinta sirdoonka ee Falastiiniyiintu waxa ay arkayeen in maadaama oo aan wax caddayn ah illaa hadda la haynin, aanay suurtagal ahayn in waqti intaas ka badan la sii hayo ama xitaa aan la khaarajin karayn sidaa awgeedna ay khasab tahay in loo dhiibo masuuliyiinta Lubnaan. Waxa ay isla garteen in dantu ku jirto dhiibistaas si Lubnaaniyiinta loo tuso in la ixtiraamayo dawladnimadooda. Loogana digtoonaado in khilaafka awalba u dhexeeyey Lubnaaniyiinta iyo Falastiiniyiintu uu sii xoogeysto, gaar ahaan xilliyadan oo xasaasi ahaa oo dagaalladii sokeeye ee markii dambe Lubnaan ka qarxay gufaacadooda la dareemayey.

Wax waliba waxa ay u dhaceen sidii ay Amiina niyadda ku haysay. Waxa u rumoowday riyadeedii ahayd in iyada oo guulaysatay ay ka soo bixi doonto xabsiga, ninkeedana nabad ugu tegi doonto, taas oo rumoobaysa marka uu sirdoonka Falastiiniyiintu ku wareejiyo masuuliyiinta Ammaanka ee Lubnaan, oo ay ogeyd in ay sii deyn doonaan. Cali Salaama iyo Abu Iyaad qudhooduna waa ay filayeen in ay sidaas u dhacayso. Amiina laba maalmood oo keliya ayaa ay ku sii jirtay xabsiga Lubnaan ee la geeyey markii Falastiiniyiintu wareejiyeen. Xorriyaddeedii oo buuxda ayaa loo soo celiyey. Weliba raalli gelin iyo xaal marin ayaa loo raaciyey, loona sheegay in haddii ay doonayso sii joogista Lubnaan loo oggolyahay, haddii ay doonto in ay ka baxdana aanay cidi ka hor istaagi karin. Iyada oo aad u faraxsan ayaa ay u sheegtay masuuliyiinta Lubnaan in ay u baxayso dhinaca dalka Usteri ee ay marka horeba kaga timi Lubnaan, laakiin maalmo dambe ayaa ay sii joogta. Maadaama oo aanay markan cabsiyi haynin, waxa ay doonaysay in ay si deggen hawlaha ka kala daadsan u dhammaystirato, iyada oo aanay waxba ka qabyo ahaynna ka ambabaxdo Lubnaan oo ay ogeyd in aanay ku soo noqon doonin. Sii deynta Amiina waxa ay saraakiishii sirdoonka Falastiiniyiinta ku noqotay u qaadan waa, taladii ayaa ku gudhay, oo muddo laba maalmood ah ayaa aanay Cali Salaama iyo Abu Iyaad shaqadoodii rasmiga ahayd sidii ay ahayd u qabsan. Niyadjab ayaa ku dhacay dhammaan saraakiishii sirdoonka ee arrintan ka soo shaqeeyey oo ay sida cadceedda ugu caddayd basaasnimada Amiina.

Abu Iyaad oo ka samri kari waayey sida fudud ee looga sii daayey, ayaa masuuliyiintii kale ee Falastiiniyiinta ka dalbaday in loo oggolaado in uu la kulmo wasiirka arrimaha gudaha ee Lubnana si uu ugala hadlo waxa dhacay, ugana codsado in mar kale la soo xidho, oo weliba sirdoonka Falastiiniyiinta fursad loo siiyo in ay baadhis si qarsoodi ah ugu sameeyaan. Isaga oo taladaas cusub ku socda ayaa uu Abu Iyaad u tegey wasiirkii arrimaha gudaha ee Lubnaan Sheekh Bahiij. Hadallo calaacal iyo canaan isugu jira oo aad u badan oo uu maalintaas ku yidhi wasiirka, waxa ka mid ahaa, "Mudane wasiir, waxa ay u dhacday sidii aan ka baqayey, mar labaad ayaa basaas dalka Lubnaan iyo ummadda Falastiinba boqonta gooyey si fudud la nooga sii daayey" Abu Iyaad waxa uu quus ka taagan yahay in uu wasiirku wax ka qabto arrintan, laakiin haddana taladiisu waa qof nool lagama quusto. Waxa uu u soo jeediyey wasiirka codsi uu ku dalbanayo in dib loogu noqdo arrinta Amiina. "Waxa aannu codsanaynaa in inta aanay ka bixin dalka la baajiyo, mar labaadna la mariyo baadhitaan rasmi ah. Waxa aannu kaa codsanaynaa in saddex maalmood oo keliya aad baajisaan safarkeeda, annaguna waxa aannu ballanqaadaynaa in aannu hortiina soo dhigno dhammaan caddaymaha muujinaya in ay basaasad khatar ah tahay" ayaa ka mid ahaa hadalladiisa.

Abu Iyaad si uu wasiirka u tuso illaa heerka ay xogogaal yihiin sirdoonka Falastiiniyiintu, una muujiyo in aanay gabadhan oo keli ahi ahayn cadawga dalka jooga ayaa uu yidhi, "Mudane wasiir waxa isaguna jira nin sita sharciga dalka Marooko mar aannu hoos u baadhnay waxa uu si buuxda u qirtay in uu yahay basaas u adeega MOSSAD. Ninkaasi in ka badan hal mar ayuu dalka yimi, si uu xog uga helo qorshayaasha ku aaddan Yuhuudda ee ururrada Falastiiniyiinta. Intaas oo qudha ma' aha ee waxa aannu haynaa xogo sir ah oo ku saabsan in ka badan 20 basaas oo Lubnaan u yimaadda si ay ugu adeegaan Yuhuudda, iyaga oo aan la dareemin shaqadoodan ayaa ay Lubnaan ka helaan soo dhoweyn ballaadhan, oo hudheellada ugu waaweyn dalka ay ku deggaan, si fududna hawlahooda u qabsadaan.

Mid mid ayaa aannu u garanaynaa magacyadooda ayaa aannu haynaa haddii loo baahdo, waana hubaal in ay basaasiin yihiin… Mudane wasiir kuma lihi xabsiga u taxaaba dhammaantood, kuma lihi baadhitaan ku sameeya oo maalmo haya, ee keliya waxa aan kaa codsanayaa in aad ka mamnuucdaan dalka, waa tallaabo fudud wasiir. Ma doonayno in aannu waxyeelno oo lanoo qaato in aannu qarannimadii dalka wax u dhimayno, laakiin waxa hubaal ah in ay nagu adag tahay in aannu daawanno arrimaha noocan ah annaga oo aan waxba ka qabanayn, waayo, xitaa noloshayada ayaa halis ku jiraysa"

Hore ayaa ay kulamo muhiim ahi u dhexmareen taliyaha guud ee sirdoonka Falastiiniyiinta Abu Iyaad iyo wasiirka arrimaha gudaha ee Lubnaan Sheekh Bahiij, laakiin kulankani waa uu ka waqti dheeraa kuwii hore oo dhan. Waxa uu Abu Iyaad u diyaar garoobay ma' ay ahayn keliya in uu wasiirka ku qanciyo soo qabashada Amiina, balse waxa uu uga faa'iidaystay in uu ka dhaadhiciyo in ay Lubnaaniyiinta iyo Falastiiniyiintu yeeshaan iskaashi ammaan oo buuxa, iyada oo weliba xilligaas Lubnaan ku jirtay xaalad coolaadeed oo ay iskaash noocaas ah aad ugu baahantahay. Waxa uu doonayey in uu dareensiiyo in basaasiinta ka buuxday Lubnaan ee sida xorriyadda ah u shaqaysanayey ay ka qaybqaadanayaan sii hurinta colaadaha sokeeye ee markaas ifafaalahoodu muuqday.

"Cadow isku mid ah ayaa labadeennaba (Falastiiniyiinta iyo Lubnaan) khatar innagu haya, sidaa awgeed waa lagama maarmaan in hay'adaha ammaanka ee Lubnaan iyo ururrada wax-iska-caabbinta Falastiin ay iska kaashadaan ka hortagista khatartaas" Abu Iyaad oo indhaha wasiirka ka akhristay in uu sidii hore ka soo dabcay wax badan oo hadalladiisan ka mid ahna uu ku waafaqsan yahay, ayaa sii watay hadalkii, "Mudane wasiir waxa aannu diyaar u nahay in aannu idinku wargelinno wixii aannu sir helno, weliba annaga sirdoonkayagu awood badan ayaa uu ku leeyahay Yurub oo xogo badan ayaa aannu ka helnaa. Haddii aynu iskaashanno waxa aynu jebin doonnaa qorsheyaal badan. Ogowna oo annaga iyo idinka midkeenna kelidii shaqo guul leh ma qaban karo ka kale la'aantii, sidaa awgeed aynu iskaashanno"

Abu Iyaad oo maalintan aad u badheedhayey waxa uu la gartamay wasiir Bahiij oo uu hor dhigay qaladaadka hore ee lagu sameeyey iyo cawaaqibka ka dhashay, si ay ugu noqdaan digniin uu iskaga ilaaliyo in maantana ay tii oo kale soo noqoto, waxa aana hadalladiisa ka mid ahaa, "Mudane Wasiir, intii ka dambaysay weerarkii Fardaan ee sanadkii 1973 kii[13] waxa aannu qabannay Iif Riineeh De

---

[13] Halwgalkii Fardaan oo sida oo kalana Israa'iil u taqaanno 'Hawlgakii Gu'ga dhallinyarada' waxa u ahaa hawlgal millateri oo ay ciidamada Israa'iil bishii Abriil 1973 kii ku qaadeen bartilmaameedyo iyo shakhsiyaad Falastiiniyiin ah.
Ciidamada sida gaarka ah u tababaran ee Israa'iil waxa ay goor habeen badh ah badhtamaha magaalada Beyruut ku dileen saddex ka mid ah hoggaamiyeyaashii dhaqdhaqaaqa waddaniga ah ee xoraynta Falastiin (FATAX). Waxa ay kala ahaayeen

Tores oo ahaa ninkii Faransiis ee Beyruut ku lahaa hudheelka Yves Le Michou (Iif Le Mishow), markii aannu qabanaynay waxa aannu haynay xog sugan oo caddaynaysa in uu ku lug lahaa hawlgalkaas Fardaan oo uu ahaa basaas Israa'iil uga shaqeeya Lubnaan.

Annaga oo ninkii gacanta ku hayna, ayaa waxaa si caadiya magaalada Beyruut u yimi Filim-soo-saare u dhashay dalka Aljeeriya oo ka mid ahaa dadka niyadda iyo qiirada badan u haya dhaqdhaqaaqa iska-caabbinta Israa'iil. Filim-soo-saarahan oo lagu magacaabi jiray Muxammed Abu Diyaa' waxa uu si fiican ugu hadli jiray afka Faransiiska, sidaa awgeed waxa aannu ka codsannay in uu naga caawiyo baadhitaanka ninkan aannu qabannay ee Faransiiska ahaa. Iyada oo uu ninkaasi wax badan qirtay, baadhistiina weli noo socoto ayaa mar keliya qiyaamahayaga la kiciyey, waxaa cadaadis aan loo adkaysan karin ayaa lana saaray iyada oo lanagu eedaynayo in aannu faraha la galnay shaqadii dawladda Lubnaan. Waxaa qasab noqotay in aannu ninkii sii deyno, oo aannu ku wareejinno dawladda, waxa se aannu sii raacinnay faylkii baadhistiisa oo dhammaystiran, si halkaas hawsha looga sii ambaqaado. Waxaa fajaciso nagu noqotay

---

Kamaal Cadwaan, Kamaal Naasir, iyo Abu Yuusuf Najaar. Waxa kale oo ay Israa'iiliyiintu qarxiyeen xarunta Jabhadda dimuqraaddiga ah ee xorraynta Falastiin.
Dhinaca waxaa weerarka lagu dilay laba ka mid ah ciidamadii Israa'iil ee weerarka soo qaaday oo ay dileen Falastiiniyiintii hubaysnaa ee ilaalinayey bartilmaameeddada ay ciidamada Israa'iil weerareen.
Weerarkan oo muujiyey daciifnimada ammaanka Lubnaan ayaa kallifay in raysalwasaarihii talada hayey Saa'ib Salaam uu xilka iska casilo, waxa kale oo uu weerarkani xumeeyey xidhiidhkii dawladda Lubnaan iyo kooxaha Falastiiniyiinta oo loo arkayey in hawlgalladooda ka dhanka ah Israa'iil ay sabab u yihiin in Israa'iil aargoosi ahaan u soo weerarto Lubnaan.

in ninkii markii aannu dhiibnay 24 saac gudahood lagu sii daayey, oo weliba loo oggolaaday in uu ka baxo Lubnaan oo uu Faransiiska u safro. Bil keliya markii uu sii maqnaa ninkii Faransiis, ayaa aannu warqad ka helnay Filim-soo-saarihii reer Aljeeriya ee naga caawiyey afka Faransiiska xilligii baadhista ninkaas Faransiiska ahaa.

Muxammed Abu Diyaa, waxa uu si kooban u soo qoray, 'Meel kasta oo aan tago waxaa i hortaagan oo igu daba jira ninkii Faransiis ee De Tores ee aan idiin kala afceliyey markii aad baadhista ku waddeen' laba maalmood markii ay ka soo wareegeen maalintaas aanu dhambaalkan ka helnay, ayaa Muxamed Abu Diyaa' lagu dilay magaalada Baariis ee xarunta Faransiiska. Qarax gaadhigiisa loogu rakibay ayaa dilay." Sheekadaas markii uu Abu Iyaad wasiirka xasuusiyey waxa uu ugu soo xidhay in dhacdadaas ninka Faransiis mid kale oo la mid ahi ay imikana haysato Falastiiniyiinta, isaga oo ka gartamaya arrinta Amiina iyo sida ay Lubnaan ka yeeshayna waxa uu yidhi, "Maalmo yar ka hor (Markan uu la kulmayey wasiirka) waxa aannu qabannay dhakhtarad u dhalatay Urdun, oo xogta aannu ka haynaa xaqiijinayso in ay u shaqayso MOSSAD. Mar kale ayaa buuq iyo qaylo lanagu kiciyey, illaa aannu iyada iyo faylkii baadhisteedaba ku soo wareejinnay dawladda Lubnaan. Nasiibdarro iyadiina markiiba inta la sii daayey ayaa weliba loo oggolaaday in ay ka bixi karto Lubnaan. Mudane wasiir waxa aannu codsanaynaa in gabadhaas gacantayada lagu soo celiyo, oo lanoo qabto waqti kooban oo aan saddex maalmood ka badan karin, si aannu xogteeda oo dhammaystiran u helno, idiinna soo hor dhigno"

Sheekh Bahiij si dhegraaricin badani ka muuqato ayaa uu u dhegeysanayey taliyaha guud ee sirdoonka Falastiiniyiinta. Markii uu warka u dhammeeyeyna waxa uu u sheegay in uu oggolyahay in mar kale gacantooda lagu soo celiyo Amiina. Wasiirka arrimaha gudaha Lubnaan waxa uu Abu Iyaad u ballanqaaday in uu isla maalintaas amar ku bixin doono in dib loo soo xidho Amiina, oo loo dhiibo sirdoonka Falastiiniyiinta, waana uu fuliyey. Waxa kale oo uu u ballanqaaday in uu dhaqso u baadhayo basaasiinta kale ee uu u sheegay in ay dalka soo galaan, isla markaana uu ka shaqayn doono sidii uu u soo saari lahaa, amar uu dadkaas kaga mamnuucayo dal-ku-galka Lubnaan.

Waa arrin yaab leh oo aan hore looga baran masuuliyiinta Lubnaan. Waa dhacdo ii nooceedu ugub ku yahay Falastiiniyiinta oo aan dawladda Lubnaan uga baran dhegeysi iyo in ay warkooda rumaysato. Abu Iyaad farxad ayaa uu dhulka ka kici kari waayey, si kalgacal leh ayaa uu u sii sagootiyey wasiir Sheekh Bahiij, oo dhaqso u fuliyey ballanqaadkiisii ahaa soo qabashada Amiina oo inta mar kale la soo xidhay, ay Lubnaaniyiintu dib ugu soo gacan geliyey waaxda sirdoonka Falastiiniyiinta, iyada oo weliba loo sheegay Falastiiniyiinta in masuuliyiinta Lubnaan aanay hawsha baadhitaanka ku soo farogelin doonin, laakiin laga rabo in ay ku soo dhammaystiraan saddexda maalmood ee uu Abu Iyaad qabsaday.

Godkii Sacraana

Amiina waxa mar labaad lagu celiyey qolkii dhulka hoostiisa ahaa ee ay hore ugu xidhnayd, balse ay ka maqnayd intii waraysiga loogula maqnaa xarunta Abu Daa'uud. Markan waxaa loo ilaalinayey si sidii hore aad uga taxadar badan, silsilad ayaa gacmaha iyo lugaha lagaga xidhay. Waxa ay masuuliyiinta sirdoonka ee Falastiiniyiintu bilaabeen in ay ka fikiraan sida ugu habboon ee sidii hore ka duwan, ee ay xog kaga heli karaan Amiina Almufti. Waxa ay raadinayeen hab soo dedejiya in ay qirato runta oo dhan, sirdoonka Falastiiniyiintana ay ku hagi lahayd shabakadda basaasiinta ah ee la shaqaynaysay. Masuuliyiinta sirdoonka Falastiiniyiintu waxa ay ku qanacsanaayeen, tabta keliya ee u hadhay ee xog lagaga raadin karo Amiina in ay tahay in la geeyo meelaha ka baxsan Beyruut ee ciqaabta loo geyn jiray dadka la rabo in xogta xoog lagaga soo saaro. Si kastaba ha ahaato ee waxa jirtay aragti ay qabeen qaar ka mid ah sirdoonka Falastiiniyiintu oo tilmaamaysaa khatarta ay ammaan ahaan leedahay in Amiina laga raro xabsigan ay ku jirto oo loo qaado magaalada Beyruut dibaddeeda, si loogala fogaado dhibaatooyinka kale ee hordhaca u ahaa dagaallada sokeeye ee xilligaa ka soo hurayey Lubnaan, iyo si looga taxaddaro isku day kasta oo ay Israa'iil ku doonto in ay ku soo furato.

Masuuliyiinta Falastiiniyiintu in ay sidaa u fikiraan waa ay ku qasbanaayeen, waayo waxa ay weli xasuusanyihiin in hawlgalkii khatarta ahaa ee Fardan oo ay Israa'iil ka fulisay gudaha Lubnaan.

Hawlgalkaas la baxay Fardaan oo ay Israa'iil ku magacawdo 'Gu'ga Dhallinyaradu' waxaa fuliyey cutubyo ka tirsan ciidamada sida gaarka ah u tababaran ee Israa'iil ayaa goor habeennimo ah 10[kii] bishii afaraad 1973 kii waxa ay magaalada Beyruut dhexdeeda ku weerareen shakhsiyaad iyo bartilmaameedyo Falastiiniyiin ah. Ciidankan Israa'iiliyiinta ahaa waxa ay ku guulaysteen in ay khaarajiyaan saddex masuul oo sare oo Falastiiniyiin ah, waxa aanay qarxiyeen xarunta ururka Xoraynta Falastiin (PLO) ee magaalada Beyruut.

Aynu ku noqonno Amiina e' Falastiiniyiinta waxaa ka go'nayd in aanay ka hadhin waraysiga iyo baadhista gabadhan inta ay ka helayaan xog, gaar ahaan xogta ay markan aad u danaynayeen oo ah in ay sheegto cidda kale ee la shaqaynaysay.

Muddo saacado badan oo habeennimo ah ayaa uu qaatay shirkii saraakiisha sirdoonka ee Falastiiniyiintu kaga wada xaajoonayeen arrintan. Kulankan waxa joogay Abu Iyaad, Cali Xasan Salaama, Abu Daa'uud iyo Abu Zaciim, waxa aannu ahaa shir aad u muhiim ah oo lagu go'aaminayo masiirka basaasaddan. Abu Iyaad sidii caadada u ahayd ayaa uu dib ugu fadhiyey kursiga oo uu cabbayey sigaar marka xabbadi dhammaataba uu shidayey ta ku xigta, indhihiisuna ay ku dhex wareegayeen daymada indhaha saddexda masuul ee hortiisa doodda adagi ku dhexmarayso. Waxa uu dhegeysanayey meelaha kala duwan ee marba midi soo bandhigayo in la geeyo.

Cali Xasan Salaama, waxa uu aaminsanaa in sida ugu habbooni tahay in halkeeda loo daayo, xaruntan ay ku xidhnayd oo uu ku xeerna deyr dheer iyo weliba xarumaha kala duwan ee ururka PLO oo dhan kasta ka xigay ayaa ku beeray dareen ah in godkani uu aamin ka yahay cadaw kasta oo isku dayi lahaa in uu Amiina la baxo. Laakiin Abu Zaciim ayaa isagu qabay aragti aad uga shakisan in goobtaasi Aamin la isku hallayn karo tahay. Waxa uu ku doodayey in MOSSAD ay isku dayi karto in ay fuliso hawlgal ay ku soo furanayso basaasaddan, si ay kor ugu qaadaan niyadda basaasiintooda kale ee Lubnaan jooga una tusaan in xitaa haddii la qabto aan la illaabi doonin. Waxa kale oo uu ku doodayey in Israa'iil ay mar kastaba diyaar u tahay in ay ka aarsato Cali Salaama (Amiirka Cas) oo raysalwasaaraddii xilligaas ee Israa'iil Golda Mair ay amar ku bixisay in loogu aaro hawlgalkii Munich, iyo weliba in la dilo saddexdii naftii hure ee Cadnaan, Jamaal Jaashi iyo Abu Ciisa oo ahaa geesiyadii fuliyey hawlgalkii Munich oo iyagu aan dhiman kuna noolaa xarunta jabhadda dimuqraadiga ah ee reer Falastiin oo si adag loogu ilaalin jiray lana deris ahayd halkan ay godka Sacraana.

Abu Daa'uud isagu waxa uu soo jeediyey in Amiina si dhaqso ah looga saaro xabsigan oo la geeyo toga lagu magacaabo Biqaac, oo uu ku doodayey in aanay MOSSAD hawlgal ka fulin karin. Waxa uu u arkayey in halkaas oo la geeyaa ay tahay in laga fogeeyey cid kasta oo warkeeda ogaan lahayd iyo weliba Falastiiniyiinta laga yaabo in si ay lacag uga helaan Yuhuudda ay sheegaan halkan ay ku xidhan tahay.

Markii dooddu dheeraatay dhowr jeerna ay adkaatay ayaa uu ugu dambaystii soo dhexgalay Abu Iyaad isaga oo leh, arrintani waxaas oo muran iyo khilaaf ahba uma qalanto. "In aynu Amiina ka rarno xabsigan hadda ee Beyruut gudaheeda oo aynu meel kale la tagno, ujeedadeedu maaha Yuhuudda oo laga baqayo, waayo kuma dhici karaan in ay mar labaad fuliyaan hawlgal Kamandoos oo kii Fardan la mid ah. Waxa ay garanayaan in aynu imika ka taxaddarayno oo aynu qaadanayno talaabooyin badan oo ammaanka khuseeya si aynu u ilaalinno xarumaheenna, basaasiintooda jooga Lubnaan jinsiyad kasta oo ay yihiinna warkaas waa ay u xaqiijinayaan.

Sida lagu yaqaanno adkaysiga haweenka iyo la qabsiga duruufaha soo waajaha, Amiina hadda waa ay la qabsatay xaaladda ay ku jirto iyo halka ay ku xidhan tahayba, mar haddii ay nafsiyan la qabsatayna waxa ay si fiican uga baaraan degi kartaa waxa ay isku difaacayso iyo qaabka ay ugu jawaabayso dadka waraysanaya. Sidaa awgeed haddii aynu meel cusub u rarno, inta aan waraysi iyo ciqaab kale la isla gaadhinba meeshaa cusub ayaa ku noqonaysa argagax iyo naxdin hor leh. Waxa ay noqonaysaa sidii qof hadda la qabtay, waxa ku beermaya dareen is weydiinaya, waxa lagu samayn doono iyo sida ay ula macaamili doonaan dadka jooga xarunta cusub ee la keenay, mar kasta oo ay baqdini qalbigeeda gashana waxa imanaysa in ay khalkhasho u fiirsiga iyo ka fikirkuna ku adkaadaan. Waxa aan aaminsanay in muddada ay ku jirto xaaladdaa xabsiga cusub aynu uga faa'iideysan karno in aynu xog dhaqso ah ka helno. Weliba waxa aan ku talinayaa in meesha cusub ee aynu u raraynaa noqoto meel cabsi badan, si gaar ah waxa aan niyadda ugu hayaa godadka ku yaalla koonfurta.

Mar kasta oo uu qofku cabsi dareemo waxa ku badanaya naf jacaylka, naf jacaylkaas ayaana keenaya in uu wax kasta u huro sidii uu naftiisa u badbaadin lahaa. Waxa aynu ku dadaali doonnaa in waxaa qaaliga ah ee ay rajaynayso inay nafteeda ku badbaadiso aynu ka dhigno inay qirato basaasnimadeeda Israa'iil, waayo waxa ay dareemi doontaa in xogtaasi aanay ka qaalisanayn nafteeda. Waxa aan jecelahay in aynu hadda isla guddoonsanno in laga raro xabsiga ay ku xidhan tahay, waxa aynu ka go'aan gaadhaynaana uu noqdo, keliya sidii aynu u rari lahayn iyo godka ugu fiican godadkaa koonfurta ee aynu geyn karno."

Dhammaantood waxa ay ku qanceen hadalkan dambe, wejiyadooda ayaana laga dareemayey sida ay ula dhacsanyihiin fikirka heerka sare ah ee hoggaamiyaha. Waxaa la soo qaaday khariirad weyn oo Koonfurta Lubnaan si tafaasiil leh u kala caddaynaysa. Inta miis weyn oo xafiiska yaallay lagu kala bixiyey ayaa uu midba dhan kaga soo foorarsaday. Dhowr meelood oo la is tusay, waxa laga doortay god dhanka bari ka xiga biriijka Alqaasimiya ee u dhexeeya magaalooyinka Sayda iyo Suur. Badda Dhexe (Mediterranean) waxa uu godkani u jiray qiyaas ah 19 km. Dadka deegaanku waxa ay u yaqaanneen godka Sacraanah, deegaanka ku xeeranna waxaa ku yaallay dhowr saldhig oo ay maleeshiyada Falastiiniyiintu leeyihiin.

Gabadhii Faransiis

Masaafad dhan 80 kiloomitir ama ka badan ayaa gaadhi noociisu Jiib yahay uu la guureeyey, si uu u geeyo xabsigeeda cusub. Amiina oo ku dhoweyd in ay cabsi awgeed miyir doorsoonto, waxa wax kasta kaga darnaa gaajo iyo harraad ay la indho madoobaatay dhowr jeer, laakiin aan naxariis loo gelin. Markii la saaray baabuurkan hareerahana ay ka fadhiisteen laba askari oo aad u muruqyo waaweyn, kal iyo kor waxa ku taagnaa jidhiidhico ka dhalatay cabsida ku xeeran. Markii ay muddadaas dheer saarnayd gaadhiga ayaa meel bannaan ah la joojiyey. Labadii askari ee hareero fadhiyey ayaa dhulka u soo dejiyey oo garbaha inta ay qabteen ula dhaqaaqay dhinaca buurta.

Waa dhul aan wax dhaqaaqaa dad iyo duunyo midina ka muuqan, jabaqda keliya ee u baxaysaa waa sanqadha ay samaynayaa kabaha ay xidhanyihiin, waayo goobtu waa buuraley. Hadba dhagax ay ku turaanturroonayaan, tallaabo kasta oo ay qaaddaa waxa ay ku sii kordhinaysay cabsida ay qabto. Iyada oo taag-darro la dhaqaaqi kari la' ayaa ay si bilaa rejo ah ugu sheegtay labadii askari ee garbaha hayey in ay gaajoonayso, laakiin jawaabta ay markiiba siiyeen waxa ay noqotay in aanay wax cunto ah sidan. Buur ayaa laga saaray iyada oo labada garab la jiidayo, waana hubaal in aanay ka bixi karteen haddii aanay labadan nin ee xoogga waaweyni hareeraha haynin.

Markii ay cabbaar buurtii fananayeen ayaa madaxeeda laga saaray kiishkii madoobaa ee ku jiray. Waxa ay mar keliya indhaha ku kala qaadday tiro saraakiil iyo askar ah oo horteeda taagan.

Waxaa indhahooda ka muuqatay cadaawad, markii ay eegtayba waxa soo gaadhay farriinta ay dirayaan indhaha sida arxan darrada ah u soo eegaya oo ay marmarka qaarkood uga fududaan lahayd in ay ku dhuftaan qoryaha garbaha ay ku sitaan. Inta ay kaxeeyeen ayaa ay ku dhaadhaciyeen god ay aqoonsatay in uu hoy u yahay ciqaabta dadka, nasiib darro se, ma' ay garan karayn halka uu godkani juquraafi ahaan kaga yaalla khariiradda Lubnaan. Woqooyi, koonfur iyo badhtamaha Lubnaan meel ay joogto ma garan karto. Waxaa hayey madax xanuun badan oo ku keenay in dawakhaad dhulku la wareego, miisaankii iyo isu dheellitirnaantiina ka lunto. Waxa ay garawsatay in aanay jirin meel ay u baxsato iyo cid ay miciinsato midina, sidaa awgeed duruufaha ku xeeran ayaa ku qasbay in ay si dhab ah isugu dhiibto gacmaha cadawga ku ah ee sida bilaa jixinjixa ah ugu tukhaantukhinaya godkan oo uu gudihiisu leeyahay muuqaalka qol aad u weyn oo afar geesood ah.

Qof kasta oo godkan galaa oo ay ku jiraan xitaa kuwa la qabsaday waxaa argagax iyo naf bax ku noqonaya muuqaalka dhagxaanta iyo dhadhaabaha soo lusha ee ilbidhiqsi kasta aad filan karto in ay kugu soo dhacaan. Waa muuqaal uu garan karo oo keliya qof caadaystay daawashada filimada argagaxa iyo cabsida lagu soo bandhigo, laakiin aan marnaba la rumaysan. Hadhka iyo hunaagga ay bixinayaan fallaadhaha qorraxda ee ka soo galaya daloollada yaryar ee godkan ayaa ay maskaxdu u sawirranaysaa muuqaalka jinka iyo noolaha cabsida leh ee khayaaliga ah.

Si lama filaan ah ayaa waxa dhegeheeda ugu soo dhacay cabaadka qof ay dareentay in uu kula jiro godkan. Markiiba waxaa galay shucuurta ah in dhawaqa sidaas u xanuunka badani aannu ka iman karin qof lagu samaynayo wax ka sokeeya xubnaha jidhkiisa oo mid mid loo jarayo.

Mar kasta oo uu codkaas argagaxa lihi ku soo dhowaado waxa ku sii badanayey cabsida, dhidid waweyn ayaa kal iyo kor jidhkeeda qooyay, kurbasho awgeed ayaana ay jidhkeeda xakamayn kari weyday. Rejadii yarayd ee ay qabtay iyo khayaaligii ay nafta ku maaweelin jirtay oo ahaa in la sii deyn doono ayaa si kama dambays ah qalbigeedu uga quustay, dhuunteeduna waxa ay qarka u saarnayd in ay la dildillaacdo qallal. Waxa ay baqdin la miyir doorsoomi gaadhay markii uu indhaheeda hor yimi muuqaal argagax leh, oo ku qasbay in ay iyada oo iskala garan la' dhawaq aad u dheer ku dhufato.

Waxa ay indhaheeda ku aragtay gabadh labada luugood gidaar loogu xidhay oo dusheeda iyo dharkii ay xidhnaydba dhiig qariyey. Amiina oo ku maqan muuqaalkan naxdinta badan ayaa mar keliya ku baraarugtay codka hoggaamiyaha oo aad moodday in dawankiisu ahaa dhawaq ciqaabeed oo durbaanka dhegeheeda qarxinaya. Waxa ay mar keliya ku warheshay codka Abu Daa'uud oo aad mooddo onkod roob wata danab. "Wax yahay dhimatay, xidho surwaalkan iyo jaakeetkan" ayaa uu ku yidhi, Waxa caado u ahayd Sirdoonka Falastiiniyiinta in ay dhar noocan ah u xidhaan maxaabiista ay doonayaan in ay u ciqaabaan si xun si inta ay daalaa dhacayaan aanay cawradoodu u muuqan.

Mid ka mid ah askartii la socotayna waxa uu amar ku siiyey in uu ka furo silsiladaha si ay ugu suurtagasho in ay lebiska iska beddesho. Amiina halka uu saacaddaas xaal marayey waxaa kaga filnayd in jidhkeedii isaga oo hu'gu saaran yahay ay aragtidiisa la milmi jireen caqliyada rag badan oo ay ku jiraan saraakiisha sirdoonka Falastiiniyiintu, uu maanta xitaa qaawanidii qiimo ku lahaan waayey. Oo xitaa aanay u dareen lahayn tobannaanka indhood ee dhinac kasta ka soo eegayey.

Iyada oo gaajo badani hayso, harraadna geeri qarka u saaran ayaa ay hoos nafteeda ugu tidhi, "Talow maanta dhabankaaga iyo quruxdaadii koob biyo ah iyo jab roodhi ah may kuu jari?"

Abu Daa'uud oo ku xeeldheeraa waraysiga maxaabiista, ayaa amar ku siiyey kooxdii askarta ahayd ee la socotay in ay gacmaha iyo lugaha is weydaar silsilad ugu jebiyaan, "Gacmaha iyo lugaha is weydaar uga xidha inta uu u imanayo Abul-hawl"

Abu Hawl waxa uu ahaa sarkaal ka tirsan sirdoonka Falastiiniyiinta oo ku xeeldheeraa ciqaabta iyo casharinta dhagar qabayaasha. Waxa ay xirfaddiisu ahayd sida ugu habboon ee maxbuuska xanuunjin lagaga soo saari karo xogta ku jirta uurkiisa iyada oo laga taxaddarayo in ciqaabta uu ku dhinto. Waxa uu ahaa nin aad looga baqo oo markii dambe madax ka noqday xafiiska sirdoonka ee ururka Fatax ee uu hoggaamin jiray Yaasir Carafaat[14].

Amiina waxa ay godka ku aragtay qof kale oo dumar ah oo si xun loo ciqaabayey, inkasta oo aanay wejigeeda ka bogan maadaama oo ay ka durugsanayd, haddana waxa ay garawsatay in ciddii bilowgii hore dhawaaqeedu ka sasiyey ay ahayd gabadhaas. Waqti yar markii ay ku jirtay, ayaa goor ay silsiladdii loogu xidhay gidaar si caddibaad ah uga lu'lato, waxa godkii soo galay nin leh muuqaal dhakhtar oo si toos ah u abbaaray halkii ay joogtay gabadhii kale ee ay ugu timid goobta. Markiiba waxa ay garatay in ninkani dhayayo nabarrada ciqaabtu ku samaysay gabadhaas. Ninkii dhakhtarka ahaa waa uu ka baxay goobtii, waxaana loo kala tegey iyada iyo godkii. Dabcan, waxa wehel aan lagu raynin u ahayd gabadha la ildarnayd nabarrada ciqaabta ay u geysteen sirdoonka Falastiiniyiintu.

Godkii aan ilayska lahayn ayaa looga tegey dareen cabsiyeed oo ay neefteedu u sanqadhaysay. Waxa cabsida ku sii xoojinayey taaha iyo jibaadka ka baxaya gabadha kale ee kula jirta godka.

---

[14] FATAX, oo ah magac laga soo gaabiyey xarfaha u horreeya ereyada uu ka kooban yahay magaca ururka waddaniga ah ee xoraynta Falastiin. Fatax waa urur Calmaaniya oo aqoonsan in Israa'iil ay tahay dawlad xaq u leh in ay ka jirto dhulkii ay Yuhuuddu qabsatay 1967 kii, waxaa aasaasay Carafaat oo tan iyo dhimashadiisii hoggaaminayey, waxa aanay qayb ka tahay ururka Xoraynta Falastiin (PLO).
PLO oo isagana uu aasaaskiisa wax ku lahaa Carafaat isla markaana uu hoggaamin jiray, waa urur dallad ah oo ay ku bahoobeen ururro badan oo FATAX ka mid tahay, waana ururka illaa hadda haya talada maamul hoosaadka Falastiiniyiinta.

Waa wajahaadda hore ee Guriga Amiina ay ka degnayd Fiyeena (@Khadar C. Cabdilaahi

7
Ku Dhicistii Dabinka

Habeenkii oo dhan Amiina waxa ay ku jirtay noloshan yaabka badan oo aanay abid sawirran in uu jiri karo, xitaa aanay ku daawan filimada cabsida. Goor waabberi ku dhowaad ah ayaa ay gabadhii kale ee godka kula jirtay u hadshay sidii waxa soo baraarugay. Ereyo ah luuqadda Faransiiska oo ay Amiina si fiican u taqaannay ayaa ay gabadhii si dirqi ah ugu taahday.

Mar keliya ayaa uu dareenkeedii booday, waxa ay u muuqatay qof wehel iyo cid ay ugu yaraan la hadasho. Muddo laba saac ku dhaw ayaa ay Amiina gabadhan hadalka ku celcelinaysay iyada oo doonaysay in ay xog ka hesho, laakiin tacabka ciqaabta iyo xanuunka nabarrada ay gaadhsiiyeen kuwii ciqaabayey ayaa sababay in ay muddo dheer erey soo rogan kari weydo. Markii ay hadalka ku celcelisay ayaa gabadhii mar keliya inta ay af labadiisa daan qaylisay waxa ay luuqadda Faransiiska ku tidhi, "- Soit. . Oh dear .. Je pensais que vous citoyen arabe comme moi" oo macnaheedu yahay, "Uuuw, qaalidaydiiyeey, waxa aan ku moodayey in aad sidayda tahay Carabiyad"

Godku aad ayuu u madoobaa, sidaa awgeed ma' ay arki karayn wejiga gabadhan, laakiin waxa ay u jeedsatay dhanka ay ka xigtay. Cabbaar markii ay jawaab ka sugaysay ayaa ay gabadhii cod uu ka muuqdo xanuun badan iyo ciqaab la mariyey waxa ay ku tidhi, "Adigu ma Carabiyad ayaa aad tahay?" Amiina ayaa ugu jawaabtay, "HAA.. Waxa aan u dhashay dalka Urdun."

Amiina jawaabteeda kuma koobnaan ee iyada oo hadalkeedii sii wadata ayaa ay weydiisay gabadhii, "Maxaad gashay ee ciqaabta intan le'eg aad ku mutaysatay?" Daqiiqado markii ay jawaab ka sugaysay ayaa ay cod dirqi ku soo dhaafaya debnaha ku tidhi, "Ayaandarradayda iyo balaayada i wadata ayaa godkan i keentay .." Inta ay cabbaar aamustay ayaa ay tidhi, "Nasiibkayga ayaa godkan igu soo hoggaanshay" Amiina waxa ay gabadhii weydiisay deegaankeeda Faranasiiska waxa aanay ugu jawaabtay, "Waxa aan u dhashay deegaanka Cherbourg ee xiga dhinaca xeebta badda uu Faranasiisku la wadaago Ingiriiska"

Amiina waxa ku beermay dareen faraya in ay ogaato waxa ay dhab ahaan tahay gabadhani iyo dembiga ay gashay. Waxa ay mar labaad ku celisay su'aashii ahayd, "Maxaad samaysay ee godkan iyo ciqaabtan aad ku mutaysatay"

Gabadhii ayaa ku jawaabtay, "Waa sheeko dheer oo aannan hadda lahayn awooddii aan kaga sheekayn lahaa… waxa keliya ee aan kaa baryayaa waa in aad xafiddo lambarkan aan kuu sheegi doono, oo aan kaa codsanayo in aanad illaabin oo haddii lagu sii daayo aad garaacdo si aad hooyaday ugu sheegto warkayga iyo halka aan ku dambeeyey. Waa lambarka taleefanka hooyaday oo ku nool dalka Faransiiska. Waxa aan filayaa in aanay war iyo wacaal toona iga haynin illaa hadda"

Amiina oo ka yaabban sida ay gabadhani nolosha uga quusatay una go'aamisay in la dili doono ayaa gabadhii ku tidhi, "Maxaad uga rejo dhigtay in lagu sii daayo?" Laakiin gabadhii ayaa cod tacbaan ah oo aan rejo ka muuqan ugu jawaabtay, "Ilama aha in ay i sii deyn doonaan.. Waa dugaag aan naxariista aqoonin"

Amiina oo marka laga tago xirfaddeeda basaasnimo ee ka dhigtay qof xiiseeya xog ururinta, ayaa sideedana u ahayd qof aad u jecel inay warhesho. Waxa ay tidhi, "Fadlan, waxa aan kaa baryayaa in aad ii warranto inta aanay inoo imanin .. Ugu horreyn, magacaa walaal?" Gabadhii ayaa ku jawaabtay, "Simon. . ." inta ay cabbaar aamustay ayaa ay tidhi mar kale, "Simon Duperville .. Adigana magacaa? Amiina ayaa ugu jawaabtay, "Magacaygu waa Amiina .. Amiina Almufti. Waxa aan ahay dhakhtarad Lubnaan u timid in ay ka fuliso shaqo dhakhtarnimo oo tabarruc ah .. Waxa la igu soo xidhay tuhun ah basaasnimo iyo in aan u shaqeeyo MOSSAD"

Gabadhii ayaa inta ay hadalkii ka boobtay tidhi, "Aaaaax .. Ayaandaranidaa! Adigana ma kiiskayga oo kale ayaa ay kugu haystaan?" Inta ay gabadhii cabbaar aamustay ayaa ay hadalkii sii waday, "Ragga MOSSAD ee qudhunka iyo doqonnimadu biyo dhigtay ayaa mar aan dalxiis ku tegey

Israa'iil waxa ay iga codsadeen in aan sawirro uga soo qaado dekedda Sayda ee dalka Lubnaan iyo xeryaha ay deggenyihiin qaxoontiga Falastiiniyiintu ee gudaha Lubnaan.

Waxa ay horumar ahaan ii sii siiyeen 500 oo doollar iyo kamarad nooceedu yahay Telescope. Aniga oo ku gudo jira hawshii ayaa ay i qabteen koox Falastiiniyiin ahi. Waxa ay ii ciqaabeen si arxan darran, waxa ay igu yidhaahdeen, haddii aad doonayso in aannu ku sii deyno waa in aad noo sheegtaa xubnaha kale ee kula shaqaynayey ee jooga gudaha Lubnaan"

Amiina inta ay soo boodday ayaa ay tidhi, "Oo ma tustay..?" laakiin gabadhii ayaa si deggen ugu jawaabtay, "Maya, waxa aan kun jeer ugu dhaartay in aannan cid ka aqoonin dalka Lubnaan, laakiin waa ay i rumaysan waayeen.. Toban habeen ayaa aan ku jiray godkan, waxaana tobankaa habeen isu kay weydaartay oo i kufsaday, 30 Ey oo ka mid ah ragga Falastiiniyiinta ah ee ina haysta.

Koob biyo ah iyo jab roodhi ah oo maalintii hal mar ah oo keliya ayaana ay i siiyaan. Doqonniimo ayaa marka horeba i gelisay hawsha MOSSAD, sida aan ka dareemay ama aan ka maqlayna, waxa ay doonayaan in ay i dilaan..."

Gabadhii intaa kuma koobnaan ee inta ay oohin qaylisay ayaa ay si murugo leh u bariday, "Waxa aan kaa baryayaa... In aad hooyaday la hadasho oo aad uga warranto waxa igu dhacay iyo halka uu xaalkaygu ku dambeeyey" Gabadhii markii ay intaas tidhi, waxa ay mar labaad u jeedsatay dhinaca calaacalka, "Waan hubaa in hooyaday murugo la dhiman doonto marka aad warkayga u sheegto"

Maxbuusaddii aan wejigeedu u muuqan, madowga godka awgeed ayaa u yeedhisay lambarkii taleefanka. Amiina oo naxdin iyo baqdin ay ka qaaday hadalka gabadhan la ilmaynaysa ayaa si quus ah u tidhi, "Kuuma ballanqaadi karo in aan warkaa gaadhsiiyo hooyadaa" waayo aniga qudhayda ayaa aan ogeyn waxa aan ku dambayn doono, rejadayda mustaqbal sida godkan aynu ku jirno ayaa ay u madawdahay" Gabadhii ayaa ku tidhi, "Adigana miyey kaa shakisanyihiin, inaad ka qarinayso cid kale, waa dad shakii iyo fulaynimo dishay'e"

Amiina ayaa inta ay kalsooni iska baadhay ku tidhi gabadhii, "Haa shaki ayaa ay iska qabaan, laakiin caddayn keliya iguma hayaan"

Gabadhii ayaa inta ay hoos u hadashay sidii wax xashaashaqaya waxa ay mar labaad weydiisay, "Adiga ma MOSSAD ayaa sidayda bad ku gelisay oo ku khiyaamaysay?"

Intii aanay Amiina ka jawaabin su'aashan ayaa ay gabadhii hadalkii sii wadatay, "Masuuliyiinta MOSSAD waa beenaalayaal, anigaba waxa ay igu yidhaahdeen, Falastiiniyiintu waa dad hurda oo aan lahayn sir iyo wax u qarsoon, sidaa awgeed kuma ogaan karaan." Waxa ay ii ballanqaadeen in haddii ay Falastiiniyiintu i qabtaan ay si fudud ii soo furan karaan. Waxa ay igu samirsiiyeen oo ay iga sheekeeyeen in ay dalka Argentina oo leh dawladnimo iyo nidaam ka adag Lubnaan iyo ururka Falastiiniyiinta ay si fudud uga soo dhex afduubeen Ekhman oo ka mid ahaa NAASIGII Jarmalka.

Markii ay gabadhii uga sheekaysay sheekooyinkan ayaa ay Amiina waxoogaa soo dabacday una aragtay in maadaama oo ay gabadhan isku duruufo yihiin isku cidna u shaqaynayeen ay qasab tahay in ay iyaduna dhankeeda u warranto, si haddii loo khaarajiyo warkeeda ay ugu sheegto MOSSAD iyo ciddii kale ee danaynaysa oo dabcan uu ku jiro ninkeeda Mooshe ee ay filayso in uu nool yahay sidii ay wargeyskii ka akhrisatay.

Wax badan ayaa iska beddelay go'aankeedii ahaa in aanay cid u warramin, gabadhan oo ay u aragtay in ay isku duruuf yihiinna aad ayaa ay ugu soo dabacday. Markii ay Amiina u diyaargarowday in ay hadalka bilowdo sheekadeedana si faahfaahsan ugu soo dul marto, ayaa ay gabadhii mar labaad hadalkii ka boobtay, "Anigu waxa aan hadda noqday waayo'arag, duruufaha meesha ka jira iyo dhaqanka saraakiishan sirdoonka ah ee Falastiiniyiintaba waan bartay, maadaama oo sida aan filayo aynu isku kiis nahay ama ugu yaraan la innagu wada tuhmayo in aynu isku cid u adeegaynay, waxa aan kuugula talinayaa in aanad wax xog ah siinin, waxa aad ogaataa in mar kasta oo aad xog siiso ama u sheegto mid ka mid ah dadkii kula shaqaynayey ay kugu sii kordhinayaan ciqaabta si aad u sheegto cidda kale ee aad ku xidhan tahay ama xog kale oo aad bixisay.. Waa hubaal in ay si naxariis la'aan ah kuu ciqaabi doonaan, raggooda eyda ahna jidhkaaga u qaawin doonaan, laakiin calooladayg ayaa aan kugula talinayaa, weliba waxa aan aad uga cabsi qabaa in aanay kuu naxariisan doonin.. Ha ku luggo'in ballanqaadyada ay ku siin doonaan oo ha is odhan haddii aad wax u sheegto waa ay ku sii deyn ama ugu yaraan kuu naxariisan waayo, waa beenaalayaal"

Amiina ayaa baqdin is hayn kari weyday, iyada oo gariiraysana ku calaacashay, "Hoogaygii maanta ayaa aan cagahayga ku soo doontay" Amiina waxa ay gabadhan uga sheekaysay xogteeda oo dhan, in ay tahay basaasad, cidda la shaqaynaysay, badh ka mid ah xogaha muhiimka ah ee ay

MOSSAD u gudbisay iyo in ujeeddadeeda oo dhammi ahayd cadho ka kacday nin Yuhuudi ah oo ay jeclayd oo Carabtu soo ridday diyaaraddii uu waday iyo wiilkii hore ee ay yarida ku jeclayd, laakiin kaga baxay oo isna ahaa Carab Falastiini ah. Iyada oo ilmo indhaheeda ku soo taagan tahay ayaanay ku calaacashay, "Waxa aan filayaa in noloshaydii adduun gebogebo ku dhawdahay"

Bidhaantii Rejada

Hadalladaas kooban markii ay is dhaafsadeen Amiina iyo gabadhii ay godka ugu timid, waxa ay galeen xaalad aamus ah oo mid weliba gaar ay nafteeda ugu mashquushay. Goor ay dhaqaaq iyo dhawaqba joojiyeen, jawigii godkuna uu jabaq la'aan la xasilay, ayaa waxaa soo yeedhay sanqadh hor leh, waa jabaqda kabo culus oo marba marka ka dambaysa ku soo dhowaanaysa. Waxaa soo galay saddex sarkaal iyo tiro askar ahaa oo sitay qashaafad aad u iftiimaya. Markii ay soo galeenba inta ay soo dhaafeen Amiina oo dhinaca afaafka xigtay ayaa ay soo dul istaageen gabadhii kale ee Faransiiska ahayd, oo gudaha hore ee godka ku jirtay. Masaafad aan ka badnayn Afar tallaabo ayaa ay u istaageen gabadhii.

Sida ay kaga warrantay waraaqaheeda xusuusqorka ee la helay, nin u muuqday in uu yahay sarkaalkii watay kooxdan ayaa inta uu ku jeestay mid ka mid ah raggii la socday waxa uu ku yidhi, "Waa fursaddeedii ugu dambaysay ee bal waxa aad weydiisaa in ay sheegayso kuwa ay isku xidhanyihiin ee Lubnaan jooga" Jawaabtii ay gabadhu bixisay waxa ay noqotay cid ila shaqaynaysay oo Lubnaan joogtaa ma jirto.

Ismaba uu lurin isna ee inta uu si kibir badani ka muuqdo u tallaabsaday ayaa uu madaxa u gundhiyey raggii askarta ahaa ee la socday. Waxa ay ahayd afgarasho ay fahmayeen, inta ay iftiinkii demiyeen ayaa ay markiiba inta ay soo rogteen qoryihii ay siteen ku foorariyeen gabadhii, ilbidhiqsiyo gudahoodna iyada oo u muuqata in rasaastii laabteeda shaandho ka dhigtay ayaa ay dhiig dhex dabbaalanaysay.

Amiina oo waxa dhacaya oo dhan indhaheeda ku arkaysay ayaa naxdin iyo argagax khalkhashay qaylo ayaana ay afmuggii la sara kacday, dhawaaq naxdin badan oo gidaarradii godkuna isku celiyeen ayaa ay ka wadhay.

Waa goor habeen badh ah oo aanay jabaq kale jirin.

Mid ka mid ah askartii ayaa inta uu ku jeestay, sarkaalkii amarka dilka bixiyey ku yidhi, "Taliye, Abu Hawl[15], tanna ma raaciyaa" isaga oo u jeeda Amiina, oo iyaduna inta ay kor u boodday tidhi, 'Maya ee ha i dilina, waxa aad doontaan i weydiiya, jawaab waafi ah ayaa aan idinka siin doonaa", Ayaa uu taliye Abu Hawl ugu jawaabay askarigii, "Haddii inti aka horreysa duhurnimada berri, ay bixin weydo war buuxa, xal kale oo aan kaas ahayn innooma furno, balse aynu sugno fursadeedaa ugu dambaysa..." Ereyadaasi waxa ay Amiina u noqdeen kaarjebin iyo rejo ah in maalmo kale weli u hadheen nolosheeda.

Abu Hawl markii uu intaa yidhi, inta uu ilbidhiqsiyo aamusay ayaa uu askartii u sheegay sida laga yeelayo maydka

gabadhan ay dileen, "Madaxa ula dhaca dhadhaabta waaweyn, oo inta aad figta sare ee buurta u qaaddaan ka shalwiya jarka"

Amiina indhaheeda ayaa ay ku arkaysay waxa dhacaya oo dhan. Waxa ay arkaysay askarta sida arxan darrada ah uu walqinaysa maydka gabadhii ay daqiiqado ka hor sheekaysanayeen. Iyada oo aan cidi la hadal, wax su'aal ahna aan la weydiin ayaa iyada oo kor u dhawaaqaysa ay ka daba qaylisay Abu Hawl oo ay tidhi, "Waan hadlayaa .. Wax kasta waa aan idiin sheegayaa .. Waxa keliya aan

---

[15] Abu Hawl, waa naanays afCarabi ah oo marka afka hooyo loo rogo noqonaysa 'Hoogga aabbihii'

idinka baryayaa in aad godkan iga saartaan. Dhiigga ayaa aan sas ka qabaa oo aragtidiisa ayaa aan ku dawakhaa... Waxa aan idinka baryayaa in aad godka iga saartaan isla imikana aad i weydiisaan waxa aad iga doonaysaan oo dhan"

Ereyadan ayaa ay ku dhawaaqaysay iyada oo ay ka dhab tahay, waayo, niyadjab ayaa soo food saaray noloshana quus ayaa ay ka istaagtay. Markii ay ereyadan iyo kuwo kale oo baryo iyo gargaar dalab ah ku qaylisay ayaa uu soo istaagay Abu Hawl. Weji cabsi geliyey oo indhihii arkaa ay hubaal tahay in ay baqdin awgeed uga foorarsan lahaayeen inta uu ku eegay Amiina ayaa uu cod dheer ku yidhi, "Beenaleey, erey run ah weligaaba maa aad sheegin. Khaayimad ayaa aad tahay oo waqtigayaga ku lumin mayno beenahaaga iyo hadalladaada aan meelna jirin..." Inta kuma uu aamusin Abu Hawl ee waxa uu amar ku siiyey askartiisii la socotay, "Waar gacmaha iyo lugaha silsilado inta aad kaga xidhaan tiirkaa qabadsiiya. Garaaca, biyo iyo oomatana afka ha u saarina illaa aan idinku soo noqonayo berri duhurka.

***

Abu Hawl iyo raggiisii dibadda ayaa ay godka uga soo baxeen, waxaanay kadinka ugu yimaaddeen inantii Faransiis oo taagan, weji furanna ku dhoolla caddaynaysa. Abu Hawl ayaa inta uu qosol gaaban ka dhag siiyey yidhi. "Waar bal eega saaxiibaddeen Francoise. Wallee hawl mucjiso ah ayaa ay fulisay, waxa innagu waajib ah in aynu uga abaalgudno daacadnimo iyo kalgacal ay qaddiyaddeenna ugu adeegtay. Waa halgamaa qayb libaax ka qaadatay hawsheenna. Mahadsanid Francoise." Inta uu si kalgacal leh garabka uga dhirbaaxay ayaa uu u gacanqaaday.

Gabadha Faransiiska ah ee la dilay, waxa ay ahayd jilid been ah oo ku socota Amiina. Waxa meesha ka dhacay waxa uu ahaa masraxiyad ay hal-abuurkeeda iyo jiliddeedaba lahaayeen saraakiisha sirdoonka Falastiiniyiintu, xiddigta koowaad ee masraxiyaddu waa Francoise.

Waxa ay ahayd gabadh da'yar oo Faransiis ah oo ka tirsan sirdoonka Falastiiniyiinta kana shaqaysa arrimaha ajaanibka. Francoise waxa laabta loogu soo xidhay baco lagu dhaamiyey maaddo dhiigga u eeg urtiisiinaa leh, sidoo kale qoryaha ay askartu siteenna waxa ay ahaayeen kuwo la geliyey walax qarxaya balse aan ahayn rasaas (Dheemish) markii ay godka soo galeen Abu Hawl iyo raggiisu waxa ay siteen qashaafado bixinaya ilays aanay indhuhu xejisan karin, cabbaar markii ay qashaafadahani baxayeen, ayaa la baqtiiyey, taas oo keentay in Amiina indho daraandarto oo ay arki kari weydo waxa dhab ahaan dhacaya iyo qaabka loo dilayo gabadhan oo dabcan ka durugsanayd.

Markii qaraxyada qoryuhu si darrandooriya u dhaceen gabadhani inta ay dillaacisay bacihii dhiigga ahaa ayaa ay dhulka isku tuurtay. Isla markiiba waxa Amiina soo galay qulqulka maadadii dhiigga u ekayd, oo ay u qaadatay, dhiigii maydka gabadhan, godkii oo dhanna urtii dhiiga ayaa isku xidhay. Francoise waa ay dhammaysatay gudashada waajibkeedii sidaa awgeed waa in ay sagootidaa kooxdan oo iyagu shaqada sii wadi doona, iyaduna ay fooftaa waajibaadkeeda kale.

Jidkii ka takhalusidda

Markii Kornayl Abu Hawl uu ka sii tegeyey aagga godka Sacraanah isla markaana ay garab socoto Francoise Casteman, waxa dhegahooda ku soo dhacayey cabaadka Amiina oo qof kasta oo maqlaa uu dareemi karayo illaa xadka ay gaadhsiisan tahay ciqaabta iyo dhibta la marinayo.

Ereyada sida gaarka ah dhegahooda ugu soo dhacayey waxa ka mid ahaa, "Iga saara godka... waan hadlayaa.. Waan qiranayaa wax kasta..." cidi ma dhegeysan, askartii godka ku hadhay waxa ay sii wadeen fulinta ciqaabtii iyo garaacii uu amray taliyahoodii Abu Hawl. Waxa ay la dhacayeen jeedal iyo suuman maas ah oo qaro leh, waxa ay ka soo lulatay saqafka sare ee godka oo silsilado ugu soo xidhnaayeen.

Waxan oo dhammi waxa ay ahaayeen nidaam iyo hab qorshaysan oo ay dejiyeen saraakiisha Sirdoonka Falastiiniyiinta. Waxa uu ahaa habkii keliya ee ay isku qanciyeen in ay si fudud sirta ugala soo bixi karaan gabadhan ku adkaatay ee basaasadda ah. Waxa uu qorshahani ahaa, tallaabada koowaad oo ah in gabadhan Faransiiska ah la adeegsado niyadjabinta Amiina, ta labaad oo ahayd, in si ba'an loo ciqaabo, oo la gaadhsiiyo heer inta ay isku dhex daadato ay ku hadaaqdo xogo badan.

Sirdoonka Falastiiniyiintu waqtiga ayaa uu baratan kula jiray, waayo masuuliyiinta Lubnaan oo uu hormuud u yahay wasiirka arrimaha gudaha, ayaa ka sugayey in ay keenaan xogta ay sheegeen in ay ka heli doonaan Amiina. Dhanka kale waxa jirtay ballan u taallay Abu Iyaad iyo wasiirka arrimaha gudaha Sheekh

Bahiij Taqqiddiin oo ahayd in muddo saddex maalmood ah ay ku soo dhammaystiraan baadhista Amiina, kaddibna ay ku soo celiyaan gacanta masuuliyiinta Lubnaan. Waqtigu waa sida hillaaca, marka la tirinayana waxa aad mooddaa in uu si gaar ah u xawaareeyo.

Haddii waqtigaas ay Falastiiniyiintu ku soo dhammaystiri waayaan baadhista, waxa ay noqonaysaa in Amiina ay si nabadgelyo ah dalka uga baxdo iyada oo guulaysatay, cidina aanay la hadal. Abu Hawl waxa uu raacay nidaam ah in uu u muujiyo in aannu dan badan ka lahayn qirashadeeda arrimaha lagu tuhmayo. Waxa uu ka cabsi qabaa in haddii uu si degdeg ah ugu soo dabco una dhegeysto ay u sheegi doonto beenaheedii uu hore uu uga bartay. Waxa uu qabay aragti ah in hab ciqaabeedkani uu soo gaabin doono waqtiga ay ku qaadanayso in ay runta u soo dhaadhacdo. Waayo, waa hab ku beeraya dareen ah in waxa keliya ee ay ku fikirta uu noqdo badbaadada nolosheeda, oo ay ka door biddo khasaare kasta oo kale oo dhaca marka ay sheegto xogaha khatarta badan ee ay hayso. Waxa niyadjabka ku sii kordhinaya iyada oo ay u caddaatay in ballanqaadkii MOSSAD ee ahaa in la badbaadin doono meel kasta oo ay joogtaa uu ahaa hadaltiro. Waxa ay markan aamintayba in aanay suurtagal ahayn in MOSSAD ay dhayal kaga badiso xeeladaha sirdoonka Falastiin ee iyada gacanta ku haya.

Abu Hawl labadan hab baadhiseed iskuma uu koobin ee waxa soo ururiyey dhammaan xogihii laga keenay Amiina, gaar ahaan sirtii laga helay waraaqihii ay xusuusqorkeeda ku ururisay ee uu sirdoonka Falastiiniyiintu ka soo qaadeen gurigeeda magaalada Fiyeena.

Xaaladdeedu aad ayaa ay u adkayd, ciqaabta iyo dhibta haysata waxa u dheeraa ama kaga darnaa quusta ay ka qaadatay dhacdadii godka ka dhacday ee ay u arkaysay in indhaheeda hortooda lagu khaarajiyey gabadh Faransiis ah oo qudheedu u shaqaynaysay MOSSAD (Sida ay iyadu Aaminsanayd).

Waxaa ku dhacay niyadjab, waxa aana ay garawsatay in sheekada saraakiisha MOSSAD ku maaweelin jireen ee ahayd in sirdoonka iyo kooxaha ammaanka ee Falastiiniyiintu aad u liitaan oo aanay suuro gal ahayn in ay abid ogaadaan, iyo in ay diyaariyeen jidkii ay ku badbaadi lahayd haddiiba ay dhacdo in ay arrinteedu fashilanto.

Waxa quus ku sii riday hadalladii ay ka maqashay gabadhii Faransiiska ahayd ee ahaa in MOSSAD ay been u sheegeen, oo ay caddaatay in uu been ahaa ballanqaadkoodii ahaa in ay soo badbaadin karaan.

Waa ballanqaad la mid ah kii Amiina lafteedana loo qaaday, sidaa awgeed waxa ay u aragtay in aanay xaaladdeedu waxba ka duwanaan doonin ta gabadhan Faransiiska ah. Markii ay dhan walba ka eegtay arrintan iyada oo xasuusan hadalladii gabadha Faransiiska ah ee ahaa in ay halis dhaba ku jirto, isla markaana maskaxdeeda ay ka dhex guuxayaan talooyinkeedii ahaa in aanay waxba sheegin, oo marka ay erey sheegtaba ku dheeraada la weydiin doono, waxa ay go'aansatay in ay ka baydho jidka gabadhaa Faransiis sheegtay ee ahaa wax walba qari, iyada oo isku qancisay, haddii calooladayg iyo wax qarini ay wax badbaadinayaan in ay gabadha Faransiiska ah badbaadin lahaayeen, sidaa daraadeedna ay iyadu dhanka kale marto, oo runta oo dhan ay sheegto, bal in ay ku badbaaddo.

Hadaaqii niyadjabka

Sidii ballantu ahayd habeenkii oo dhan Amiina waxa ku socday ciqaabtii iyo garaaci aanay cidina dhegeysanayn ballanqaadyadeeda ahaa in ay runta ka wada warrami doonto. Markii waagu beryey iyada oo aan biyo iyo cunto midna la siin ayaa lagu sii waday ciqaabtii iyo garaacii illaa laga gaadhay duhur ku dhowaad.

Waxa ay tirsanaysay ilbidhiqsiyada oo ku ahaa sanado iyada oo hammigeeda keliyi ahaa, "Duhurkii uu Abu Hawl sheegayey in la gaadho si marka loo waraysto ay runta u wada sheegto" Gaadhi noociisu yahay Jeep ayaa goor duhur ah soo istaagay godka afaafkiisii, waxaana ka soo degey sarkaal iyo laba askari oo midkood sido shandad kuwa dhukumantiyada lagu qaato ah. Waxaa shandadda ku jiray qalabka duubista codka iyo sawirka oo ahaa qalab aad u casriyeysan. Saddexdii nin gudaha ayaa ay godkii u soo galeen, Amiina oo qolyihii ciqaabayey inta ay ka soo fureen saqafkii ay ku xidhnayd iyada oo bas beel ah ay dhulka fadhiisiyeen ayaa ay soo agjoogsadeen. Askarigii ayaa shandaddii uu qalabku ku jiray saaray, dhagax aan ka fogeyn goobta ay Amiina yuururto. Askarigii kale ayaa inta uu soo jiiday laba xadhig oo dhaadheer, oo ahaa kuwa qalabkan dabka u qaadaya, waxa uu la doontay baytarigii gaadhiga dibadda godka taagnaa si uu ugu tallaalo. Sarkaalkii; isagu inta uu godkii hore u galay, ayaa uu kor joogsaday Amiina. Iyada oo aad mooddo in aannu dhaadsanayba ruux hoos fadhiya ayaa waraaqo uu sitay rogrogay, cabbaarna ku mashquulsanaa.

Markii qalabkii la rakibay, goobtiina iftiin noqotay, ayaa sarkaalkii oo quudhsi awgeed aan indhaha siinayn gabadhan, waxa uu cod dheer ku yidhi, "Sheeg taliyahaaga MOSSAD ee aad sida tooska ah adigu u hoos tagto hawlahaagana kugu maamula?"

Cod u muuqda in uu dirqi ku soo dhaafay dhuunteeda xidhan ayaa ay ku xashaashaqday, "Harraad ayaa ay naftu iga sii baxaysaa... i waraabiya..." Laakiin intii aanay dalabkeedii dhammaystirin, ayaa uu sarkaalkii farta ku dalbaday askari dhabarkiisa dambe la taagnaa shaabuug xasaw iyo taar ka samaysnaa, askarigiina inta uu laba tallaabo hore u soo qaaday ayaa uu isla kala jiiday oo dhabarkeeda ku hubsaday. Markii kii hore ku dhacay indhaheedana ay ku arkaysay in kii labaad ku soo maqan yahay ayaa ay si deg deg ah u tidhi," Ojetoof. .." Inta ay aamustay il bidhiqsi ayaa ay haddana hadalkii ku noqotay si ay u dhammaystirto magaca ninkan booska u ahaa iyada ee Yuhuudiga ah, "Eryaal Ojetoof"

Sarkaalkii ma naxaanka ahaa, isaga oo weli ku foorara waraaqihii uu gacanta ku sitay ayaa uu weydiiyey su'aal labaad, oo laba qaybood ka kooban, "Mee qalabkii aad warka ku lalinaysay? Sheeg lambarrada iyo afgarashada sirta ah ee aad isticmaalaysay?" Waxa indhaheeda ka muuqda cabsida ay ka qabto askariga indha ku soo gubaya ee isaga oo gacanta ku haya karbaashkii ay xanuunkiisa hore u dhadhamisay daba taagan sarkaalkan waraysiga qaadaya, degdeg yaab leh ayaa ay ku tidhi, "Markii aan MOSSAD u sheegay in xaaladdaydu khatar ku jirto, ayaa amar la igu soo siiyey in qalabkaas aan ku rido, weel qashinka lagu guro oo yaallay dabaqa sare ee guriga aan deggenaa.

Waxa kale oo ay i fareen in aan gubo waraaqaha ay ku qoranyihiin tirooyinka iyo ereyada afgarashada sirta ah ee aan isticmaalayey, Waraaqahani waxa ay ku yaalleen kitaab Qur'aan ah oo ay ii soo dhiibeen gudihiisa."

Sarkaalkii: "Immisa lacag ah ayaa aad MOSSAD kaga qaadatay in aad na basaasto?"

Amiina: "Afar Kun oo doollarka Maraykanka ah oo keliya ayaa MOSSAD iga soo gaadhay, kharashaadka kale aniga ayaa bixinayey. Waxa aan isticmaalayey lacag badan oo ahayd magdhaw ay dawladda Israa'iil iga siisay ninkaygii oo ahaa sarkaal duuliye diyaaradeed ahaa oo lagu waayey hawada dalka Suuriya."

Sarkaalkii: Isaga oo aad u qaylinaya ayaa uu yidhi "Wax yahay jidhkeeda ka ganacsataa, ma beentii ayaa aad dib ugu noqotay? Ma aniga ayaa aad igu leedahay hawsha MOSSAD aan u waday jeebkayga ayaa aan ka maalgelinayey?"

Amiina: Iyada oo aad u argagaxsan ayaa ay qaylisay, "Mudane, Sarkaal! Waa runtay in aan hawshan lacagtayda u huray, waxa igu kallifayna waa qiso dheer…" Intii aanay hadalkii dhammaystirin ayaa ay oohin bilowday. Sarkaalkii kama uu qasin oohintii ee waqti ayaa uu siiyey oo uu waraaqihii iskaga mashquulsanaa, markii ay oohin dhammaysatay ayaa ay hadalkii ku soo noqotay, "Taliye ma' aad i weydiin bilowgii sheekadan oo lahayd qiso dheer … [Inta aannan bilaabin] waxa aan kaa baryayaa in aad koob biyo ah i waraabiso, si aan sheekada bilowgeedii hore kaaga soo bilaabayaa, wax kasta oo jirana waa aan qiranayaa .. harraad ayaa aannan hadli karayn"

Sarkaalkii: Inta uu baastoolad ka soo saaray guntigiisa ayaa uu dhafoorka ka saaray isaga oo qaylinaya oo leh "Waxa aan amar adag ku qabaa in aan degdeg kuu dilo, haddii aad waxyar la dib dhacdo jawaabta su'aalaha aan ku weydiinayo, waan kuu digayaa ee hadallada iyo ereyada aad ku dhawaaqayso ka fiirso. Waxa aad ogaataa in beentuna ay tahay waxa ugu weyn ee aan kaaga digayo…" Cabbaar ayaa uu aamusay isaga oo weli baastooladda uu keebka hayo uu ku xejinayo dhafoorkeeda. Mar labaad ayaa inta uu neef dheer qaatay, hadalkii uu sii waday, "Mar labaad ayaa aan kuu digayaa ee qudhun yahaw beenta iska ilaali.. Xogtaada dhammaanteed waa aannu haynaa… bilow illaa dhammaad ayaa aannu warkaaga haynaa, xitaa laga soo bilaabo markii uu Mooshe ku khiyaamaynayey ee uu jacaylka beenta ah kugu guursaday. Waxa aannu ognahay in markii aad Israa'iil u guurteen adiga iyo ninkaagu, uu ninkaagu ku socday qorshe hore looga soo shaqeeyey, oo uu adiga kugu khiyaamaynayey. Doqon baa aad tahay, ma waxa ay kula tahay in uu Mooshe dhab kuu jeclaa?

Bilaa garaad ayaa aad tahay haddii aad rumaysatay in Yuhuudigaa Mooshe ku jeclaa, waayo nin sidiisa daacad u ah diintiisu, dadka uu jecelyahay ee tolkii ah kuma beddesho mid sidaada oo kale liidata"

Ereyadan uu sarkaalku sida dhibicda roobka ugu dul hooriyey Amiina, waxa ay ka mid ahaayeen qorshe ay ka soo shaqeeyeen sirdoonka Falastiiniyiintu oo ay ku doonayeen in ay qalbigeeda ku beeraan shaki iyo inay rumaysato in ay jirto ujeeddo daahsoon oo bilowga horeba MOSSAD u shaqaalaysiisay.

Waxa ay doonayeen in iyada oo ku jirta xaaladdan adag ee niyadjabka iyo burburka nafsiga ah ay ka faa'iidaystaan. Sarkaalkani waxa uu Amiina ku dul akhriyey xogo iyo qodobbo muhiim ah oo uu ka soo qaatay waraaqaheedii xusuusqorka ee laga soo qaaday Fiyeena oo aanay iyadu ogeyn in ay Falastiiniyiintu gacanta ku hayaan. Hadalkii ayaa uu hoos u dhigay oo inta uu ku soo foorarsaday, ayaa uu sidii qof nasteex u ah ugu yidhi, "Doqonyahay waxa aad ku dhacday dabin si heer sare ah looga soo shaqeeyey" Inta uu mar kale sida ruux xan u sheegaya hoos u sii xanshaashaqay ayaa uu yidhi, "Dabinka waxa kuu dhigtay Saarah, oo iyadu asalkeeda horeba ahayd xubin ka tirsan sirdoonka MOSSAD. Laakiin nasiibwanaag, raggayaga Fiyeena ayaa ku guulaystay inta ay xogta oo dhan kala baxaan in ay nafta ka dhammeeyaan."

Markii aad Israa'iil tagtay mar labaad ayaa haddana lagu khiyaameeyey; Waa markii ay ku andacoodeen in diyaaraddii Mooshe waday ay ku qaraxday hawada dalka Suuriya" ayaa uu yidhi.

Xaaladdeedu aad ayaa ay u liidatay sidaa awgeed awood badan uma ay lahayn in ay ka baaraan degto ama kala shiisho hadalladan sarkaalkan reer Falastiin si ay u kala garato runta iyo beenta warkan uu ku dul akhriyayo. iyada oo aad u niyadjabsan dareen badanna uu ku yeeshay hadalka uu sarkaalkani u sheegay ayaa inta ay kor u qaylisay tidhi, "Suurogal ma' aha..., ma dhici karto in Mooshe sidaa igu sameeyo, ma rumaysan karo.. (Diidmada Amiina ay khiyaamada u diidayso Mooshe kama' aha kalgacal, balse waa ka khalkhal iyo cadho, waxa aanay u muuqataa in ay qaadatay dareen rumaynaya waxa uu u sheegayo sarkaalkan Falastiiniga ahi). Ilbidhiqsiyadani waxa ay Amiina ula qiimo ahaayeen sanado, waxa ay xasuusanaysay qisadii saaxiibtinimo ee ka dhaxaysay Saarah bilow illaa dhammaad. Waxa ay xasuusatay qaabkii ay ku bilaabantay iyo qisadii dheerayd ee saaxiibtinimada iyada iyo Saarah oo ahayd dumaashideedii sababta u ahayd in ay is guursadaan Mooshe. Inta ay illawday laydhii geerida ee ku wareegaysay iyo urtii dhimashada ee u baxaysay ayaa waxaa mar keliya ku soo degay xasuusta jacaylkii Mooshe iyada oo barbardhigaysa hadalladan loo sheegayo ee ah in uu khiyaameeyey.

Sida ruux maskaxdu dhaawacantay ayaa ay nafteedii su'aal kula noqotay, "Talow Moosheeyoow Jacaylkaagu dhab ma kaa ahaa .. Mise qisadu gebi ahaanteed waxa ay ahayd khiyaamo macaan oo basaasnimo, in ay dhimasho kuu horseeddana dan lagama laha?" Inta ay illawday dhibtii haysatay iyo sarkaalka naxariista daran ee dul taagan ayaa ay mar labaad maskaxdeeda ka shaqaysiisay iyada oo baraad la' ayaanay cod dheer oo la maqlayo ku tidhi, "Markaa Saarah waa ay ku khiyaamaynaysay... Mooshe isna waa ninka khiyaamada si rasmi ah kugu socodsiiyey"

Farsamadii uu watay sarkaalkan Falastiiniga ahi waa ay dhabawday, ku talogalkiisii ahaa in uu Amiina niyadjebiyo waa uu ku guulaystay oo watan is dhiibtay ee durba ka shakiday xidhiidhkii Saarah iyo jacaylkii ninkeedii hore ee Mooshe. Waxa ay weyday kalsoonidii ay ku qabtay shaqadeeda iyo u adeegista Yuhuudda.

Waxaa galay dareen ah in ninkii ay dartii hawshan oo dhan u gashay uu ahaa khaayin, imikana si caadiya ugu nool Israa'iil. Waxaa galay qoomamo ay nafteedu ku canaananayso sababta nin aan jeclaynba ay dartii dad u dishay, dad u khiyaamaysay, bulsho u burburisay, diinteedii uga tagtay, waddankeediina u xaraashtay.

Ifafaalihii Geerida

Amiina waxa ay ku jirtay xaalad aad u adag, sarkaalkii waraysanayey waxa uu gaadhsiiyey heer ay ka shakido shaqada basaasnimo ee ay muddada ku soo dhex jirtay iyada oo ku raaxaysanaysa. Mar ay waraaqaha xusuusqorkeeda ahaa kaga warrantay godkan lagu ciqaabay ee Sacraana iyo guud ahaan sida ay maalmahaas xaaladdu ahayd waxa ay qortay, "Noloshaydu waxa ay ugu xumayd uguna adkayd, markii hortayda ay ku toogteen gabadhii Faransiiska ahayd, dilkaasi waxa uu ahaa nabar aan abid iga go'in da'daydana tobanaan sano dib u celiyey .. Markii aan dhacdadan indhahayga ku arkay ayaa aan naftayda la faqay, oo aniga oo la xanshaashaqaya aan ku idhi, 'waa sidan sida ay u dhintaan dadka khaayimiinta ahi...' Waxa aan sawirtay in aan aniguna jidkaas mari doono. Markaas ayaa aan xasuustay duruufahayga shakhsiga ah oo ay ugu horreyso ubad la'aanta iyo in aan ciddaydii ka go'ay.. Marka godkan la igu dhex dilana waxa aan noqon doono dameer bakhtiyey. Waxa aan ku dambayn doonaa ma dhalays aan dib loo xasuusan.

Waxa aan ka wareeray sarkaalkan bahalka ah ee i dul taagan. Abu Hawl, magaciisaaba argagax igu riday, dareenka aan kala kulmayna waxa uu ii sii rumeeyey dabeecaddii qallafsanayd iyo naxariisdarradii aan ka filayey markii aan magaciisa maqlay. Waxa aan u arkayey nin aan diyaar u ahaynba in uu dhegeysto waxa aan qiranayo. Sida ka muuqatay hadalkayga waxba ka ma' uu rumaysanayn, waayo saaxiibkii Abu Daa'uud oo hore ii waraystay ayaa igu daalay oo ku fashilmay in uu wax xog ah igala soo baxo .. Abu Daa'uud waxa uu ahaa nin dabacsan, laakiin Abu Hawl aad ayaa uu uga duwanaa, kelmadihiisa iyo ereyadiisu sida rasaasta ayaa ay kuu dhaawacayeen .. Baqdin ayaa aan gariirayey marka uu ila hadlayo, aniga oo hanan kari la' jidhkayga kurbasho awgeed. Markii aan wax badan u qirtay ayaa uu iga tegey .. Waxa aan jeclaan lahaa in uu mar labaad isagii igu soo noqdo si uu ii waraysto, aniga oo rejaynayey in sidii hore aan ka duwanaan doono maadaama oo aan la qabsaday habdhaqankiisa iyo hannaankii waraysi.

Waxa aan go'aansaday marka dambe ee uu igu soo noqdo in aannan ka sugin su'aal iyo in uu wax i weydiiyo, ee aan markaba u bilaabo hadalka, oo aan bilow illaa dhammaad u soo maro sheekadayda oo dhan. ... Waxa aan wadnaha farta kaga hayey in, inta uu cadhoodo, uu hore ii dilo .. Taasi ma dhicin oo markii uu cabbaar iga maqnaa waxa ii yimi sarkaal kale oo ay tahay in uu isna i waraysto. Waxa uu Abu Hawl ii soo diray sarkaal kale oo aad arxandarrada iyo bahalnimada mooddo in ay uur wada jiifsadeen .. Maya, waabu ka darnaa Abu Hawl oo kani ciqaab nafsiya oo quudhsi iyo ku jeesjees ah ayaa uu niyadda igaga dilay.

Waxa aan u arkay in kani yahay kii i dilayey .. Waxaa ii quus goysay sida uu ugu haliilayo baastooladda dhinaciisa sudhan. Waxa aan garwaaqsaday in kani aannu ahayn kii aan ku dheeldheeli lahaa, ama been iyo warwareeg ku deyi lahaa, waayo waxaa ii muuqata in aannu igala waaban doonin dilka. Aniguna markan waxa aan nafsi ahaan ku jiray xaalad ka duwan tii hore ee aan geerida jeclaysanayey, maanta in aan noolaado ayaa aan doonayaa. Waxaa niyaddayda ku jiray dareen rumaystay in warka Abu Hawl wax badani ka jiraan oo aan ahaa miskiinad ku dhacday dabin ay xidhay wakaaladda sirdoonka ee MOSSAD. Waxa aan ku qancay in saaxiibtinimadii Saarah iyo guurkii Mooshe ay lahaayeen ujeeddooyin ka fog kana siyaasadaysan sidii aan anigu moodayey. Naftayda ayaa aan ciilkambiyey. Rabbigii aan caasiyey ee aan ka gaaloobay ayaa aan duco ula jeestay aniga oo ka baryaya in uu badweynta aan dhex muquurtay mar uun iga samatasaaro. Waxa aan doonayey in aan la xisaabtamo Mooshe oo sida uu sarkaalkani sheegay ahaa ninka dabinkan igu riday, isla markaana ay been ahayd in diyaaraddiisii la soo riday.

Dareenka jacayl ee qalbigaygu u qabo Mooshe iyo warkan aan rumaystay ee uu sarkaalkani ii sheegay ayaa cabbaar isku kay dhex haystay. Waxa uu damiirkaygu i weydiinayey, "Haddii aad nabadqab kaga baxdo godkan oo marka aad Israa'iil ku noqoto aad ugu tagto Mooshe. Maxaa aad ku samayn doontaa?" [16]

Xaaladda maalintaas ay Amiina ka warrantay, ayaa sabab u noqotay in ay si sax ah uga jawaabto su'aalo badan oo uu sarkaalka Abu Hawl weydiiyey. Waxa ay diyaar u ahayd in ay si caadi ah wax kasta ugu sheegto sirdoonka reer Falastiin, taas beddelkeedana ay ka barido in aanay dilin. Sarkaalka dembi-baadhaha ahaa ee soo weydaartay Abu Hawl waxa uu bilowgiiba ku guulaystay in uu wada hantiyo maskaxdeeda. Isaga oo kor u qaylinaya ayaa uu weydiiyey su'aal aanay haba yaraato ee marnaba ka filayn, "Intii aad hawshaada u joogtay Lubnaan imisa qof ayaa aad jidhkaaga ku casuuntay?"

Amiina: Cod baqdin darteed iska daba dhacaya ayaa ay ku jawaabtay, "Sagaal qof..." Inta ay cabbaar aamustay ayaa ay sii ambaqaadday jawaabtii oo uu weli dhammaystirkeeda ka sugayo ninkan dul taagani, iyada oo sii caddaynaysa tirada sagaalka ah ee ay jidhkeeda u hibaysay kuwa ay kala ahaayeen ayaa ay tidhi, "Laba nin oo reer Lubnaan ah oo ii shaqaynayey, oo magacyadoodu yihiin Marwaan Xaayik iyo Manoweel Casaaf oo labadooduba ka shaqaynayey shirkadda taleefannada. Waxa isaguna ka mid ahaa sarkaal Falastiini ah oo aan ku guul darraystay in aan MOSSAD uga dhigo basaas u

---

[16] Amiina waxa ay illaa markan rumaysnayd warkii wargeyska ay ka akhriday ee sheegayey in Mooshe uu noolyahay.

adeega, sarkaalkani waa Abu Naasir. Waxa kale oo aan xidhiidh jinsi ah la wadaagay shan qof oo shisheeye ahaa oo dhammaantood jooga Lubnaan. Iyaga shaqo nagama dhaxayn ee waxa aannu si caadiya isugu barannay hudhaallada waaweyn ee dalxiiseyaashu aad u yimaaddaan"

Sarkaalkii: Isaga oo aad u dhegeysanayey, wixii muhiim ah ee ay ku hadashana qoranayey, ayaa uu ku yidhi, "Inta aad hadda sheegtay tiradoodu waa siddeed ee sheeg ka sagaalaadna."

Amiina inkasta oo ay ahayd qof damiir ahaan dhimatay, dhaqankii wacnaa iyo akhlaaqdaa waalidkeed ku soo ababiyeenna ka tagtay, haddana markii ay sheegaysay qofkan sagaalaad, qof kasta oo wejigeeda arkayey waxa uu dareemayey in ay waxoogaa ka jidhidhicootay ama ka khajilsan tahay in ay magacawdo. Sidii ruux baqanaya iyada oo hareeraha eegaysa ayaa ay tidhi, "Qofka sagaalaad waxa uu ahaa Khadiija Sahraan. Waa qofkii ugu horreeyey ee aan ka barto Lubnaan. Beyruut ayaa ay ku haysataa dukaan weyn dharka casriga ah iibiya. Waa dukaanka caanka ah ee lagu magacaabo Loire"

Qulqulkii dhiigga

Leonid Yukov oo ahaa xeeldheere sirdoon oo u dhashay dalka Ruushka, si gaar ahna waayoaragnimo iyo aqoondheer u lahaa waraysiga iyo imtixaanidda dadka cadowga basaasiinta u ah, ayaa buug xiise badan oo uu qoray waxa uu ku yidhi, "Marka ugu horreysa ee basaaskii aad waraysanaysaa uu qiraalkiisa bilaabo, waxa aad ogaataa in waxa uu kuu sheegayaa yahay keliya bilow, intii badnaydna ay hadhay .. sidaa awgeed kulamo badan oo dambe loo baahan yahay" Sarkaalka waraysanayey Amiina waxa uu wax badan ka qaatay waraaqaha xusuusqorkeeda. Warkan ay siisay waxa uun uu u qaatay in uu yahay bilowga xog badan oo ay hayso, haddii ciqaabta jidhka iyo nafsiga ah lagu sii wadana ay wax badan oo dambe sheegi doonto.

Xeeladda yaabka leh ee uu sarkaalkan dembi baadhaha ahi maray ayaa ah in uu weydiiyey shan su'aalood oo keliya, laakiin jawaabta ka dhalatay shantan su'aalood ay noqotay xog badan oo laga yaabo in boqollaal su'aalood aan lagu heleen, waxa ay caddaysay in ay la shaqaynaysay MOSSAD. Waxa ay si faahfaahsan u sheegtay magacyada iyo meelaha laga helayo shakhsiyaadkii ku jiray shabakaddeedii basaasiinta ee Lubnaan gudaheeda. Waa jawaabo ay xog badani ku duugan tahay oo aannu mid qudha si toos ah u weydiinin.

Xogta uu sirdoonka Falastiiniyiintu hadda ka helay Amiina waa mid lagu qanci karo, waa xog muhiim ah oo ay ku kaaftoomi karaan. Si arrintaa loo sii gorfeeyo ayaa ay kulan degdeg ah isugu yimaaddeen koox saraakiishii sirdoonka Falastiiniyiinta ah oo uu shir guddoon u yahay Kornayl Abu Hawl. Dood muddo socotay, ayaa go'aankii ka dhashay uu noqday in Amiina waxoogaa laga sii guro warka, laguna dadaalo inta aanay ka soo kaban xaaladda nafsiga ah ee ay ku jirtay, in darandoorri lagaga dhigo su'aalaha.

Waxa ay dareensanaayeen in haddii ay Amiina hesho fursad nasasho ay dib isu habayn doonto, oo ay suurtagal tahay inay xasuusato duruustii la siiyey wax badanna sheegistooda ay ka noqon doonto.

Arrintan dhammaystirkeeda waxa loo xil saaray Abu Hawl. Oo markii uu shirku dhammaaday toos u soo abbaaray godkii ay Amiina ku jirtay. Isla markii uu kadinka ka soo galay godkii ciqaabta ayaa ay indhaha qac ku siisay waxa aanay garatay in uu yahay Abu Hawl.

Waa ninkii ay u aragtay ma naxe aan qalbi aadamenimo ku hadhin, waxa ay weli si fiican u xasuusan tahay dilkii gabadha Faransiiska ahayd oo uu Abu Hawl ahaa ninkii amray.

Waxaa ay xasuusantahay amarkii uu siiyey askartii dishay gabadhii faransiika ahayd, oo ahaa in maydkeeda buurta figteeda laga shalwiyo. Markii ay Amiina aragtay Abu Hawl oo ku soo jihaysan si cadho iyo aargoosi ka muuqdana u soo tallaabsanaya ayaa ay qaylo ku dhufatay.

Abu Hawl dheg uma dhigin qayladeedii ee markii uu soo dul istaagay waxa uu amar ku siiyey laba askari oo la socday in la qaawiyo dhabarkeeda. Isla markiiba jaakeetkii ayaa laga tuuray. Abu Hawl inta uu aad u eegay dhabarkeeda oo si naxdin leh ay uga muuqdaan nabarrada yo gardoofooyinka dhiig roorka ah ee uu kaga tegey shaabuuggii sida naxariis la'aanta ah loo la' dhacay, ayaa uu intii karaankiisa ahayd kor u qayliyey isaga oo canaan iyo cay kula jeestay askartii u xil saarnayd ciqaabteeda,

"Waar miyaa duugayseen...? Ma koolkoolin ayaa aan idinku soo diray...? Weli miyeydaan dhaafin bilowgii hore ee ciqaabta ee xannaanaynta ahaa?"

Abu Hawl intaa kuma uu joogsan ee inta uu dhirbaaxo isla kala jiiday ayuu ku hubsaday dhabanka mid ka mid ah askartii ciqaabaysay, isaga oo cay iyo haddidaad isu raacinaya ayaa uu yidhi, "Waar gabadhii Faransiiska ahaydba waa idinkii dhiigga ka hooriyey e', mee tan dhiiggeedii?"

Abu Hawl oo iska dhigaya qof warmoog ayaa inta uu ku jeestay sarkaalkii kale ee waraysanayey waxa uu ku yidhi, "Wax kasta ma qiratay?" Sarkaalkii, isaga oo xaalad digtooni ciidan ah ku jira ayaa uu si feejigan u yidhi, "Mudane, taliye, weli wax ay qiratay ma jiro, waa beenaley"

Amiina markii ay hadalladan maqashay waxa ay u aragtay in haatan la gaadhay dhammaadkii nolosheeda. Inta ay wixii tamar ku hadhay isu geysay ayaa ay si liidnimo iyo dullinimo ka muuqato u tidhi, "Waan qirtay .. Waan qirtay .. Xitaa waxa aan idiin sheegay magacyada kuwii ila shaqaynayey ee reer Lubnaan .. Welina diyaar ayaa aan idiin ahay ee i su'aala waxa aad u baahan tihiin, waxa iga ballan ah in aan si cad oo run ah idinku jawaabo .. Ii naxariista, ma doonayo in aan dhinto .. In aan dhinto ma doonayo." Ilmo ayaa soo boobtay indhaheedii waayada qaar quruxda badnaan jiray.

Abu Hawl oo ilbidhiqsiyo aamusnaa, sidii oo uu dhuuxayo hadalka gabadhan ayaa ku dhawaaqay hadalkiisii amarka ahaa. Waxa uu askartii ka dalbaday in ay ka furaan silsiladaha ay ku soo daldalan tahay, "Waar bal dejiya..." Ayaa ka mid ahaa hadalladii uu yidhi.

Mid ka mid ah xaafadaha qaddiimiga ah ee magaalada Westendorf oo ah halkii uu deggenaa qoyska Moshe ee ay Amiina isku barteen

Amiina Almufti

Dhismaha koowaad ee jaamacadda Fiyeenna oo ah tii ay Amiina wax ka baratay

8
Qiraalkii Amiina

Markii xadhigii laga furay ayaa Abu Hawl iyo saraakiil kale oo uu ku jiro kii hore u waraystay, ay ku fadhiisteen kuraasi loox ahayd oo aad u duugoobay, kuraastan oo qaab wareeg saddex jiho ah loo dhigay ayaa badhtamaha oo dhulka ahna waxa la fadhiisiyey Amiina oo saraakiishan ku xeerani ay su'aalo jiho kasta kaga keeni doonaan. Saacaddaas ayaa ay wax kasta qiratay. Ka soo bilow; tegitaankii koowaad ee Fiyeena iyo waxbarashadii, illaa saacadda ay kooxdan saraakiisha sirdoonka ah dhex fadhido.

Sida ka muuqatay waxaa u qorshaysnaa in ay si cad runta oo dhan u sheegto iyada oo rejaynaysa inay ku badbaadi doonto. Qoraal sir ah oo laga helay faylka Amiina ee waaxda sirdoonka Falastiiniyiinta ayaa lagu sheegay in maalintan waraysiga dheer laga qaaday ay ahayd 12[kii] bishii sagaalaad 1975 kii, goor ay saacaddu tahay kowdii iyo shan daqiiqo ee duhurnimo (1:05pm).

Waxa kale oo warqaddan sirta ah ku xusan in Kornayl

Abu Hawl uu isagu kala horayey su'aalaha maalintan la weydiinayey.

Dhukumantiga sirta ah ee laga helay sirdoonka Falastiiniyiinta waxa kale oo ku qornaa su'aalaha maalintaas la weydiiyey Amiina iyo waxa ay kaga jawaabtay; oo ahaa sidan hoos ku xusan:

Magacaaga oo dhammaystiran?

Amiina: "Amiina Daa'uud Muxamed Almufti."

Dalka aad u dhalatay, goorta aad dhalatay iyo goobta aad ku dhalatay?

Amiina: "Waxa aan u dhashay dalka Urdun, sanadkii 1939 kii ayaa aan ku dhashay magaalada caasimadda ah ee Cammaan."

Waxbarashadaada?

Amiina: "Sanadkii 1963 kii ayaa aan shahaadada heerka koowaad ka qaatay jaamacad ku taalla magaalada Fiyeena. Waxa aan bartay cilmiga daweynta xanuunnada nafsiga ah."

Shahaadada PhD da ah ee aad sidatana?

Amiina: "Waa shahaado been-abuur ah, maan dhammaysan waxbarashada sare ee PhD da."

Goorma iyo halkee ay MOSSAD kaa shaqaalaysiisay?

Amiina: "Si rasmi ah cidi iima shaqaalayn, laakiin

sanadkii 1972 kii aniga oo jooga magaalada Fiyeena ayaa ay mar ii hanjabeen xubno MOSSAD ahi."

Sidee ay kuugu hanjabeen... War faahfaahsan ayaa aannu kaa rabnaa?

Amiina: "Marka hore ujeedada aan u imi magaalada Fiyeena waxa ay ahayd in aan ku diyaariyo waxbarashada PhD da, laakiin markii aan ku fashilmay, waxa aan iska guursaday duuliye sita jinsiyadda Usteri oo isir ahaan Yuhuudi ahaa.

Duuliyahaas oo magaciisu ahaa Mooshe Biraad, waxa ay walaalo ahaayeen gabadh aannu saaxiib ahayn oo iyadana magaceedu ahaa, Saarah Biraad, isaga ayaana ka weynaa da' ahaan. Aniga iyo Mooshe waxa na dhexmaray xidhiidh jacayl oo aad u adkaa."

Ma adiga oo Muslimad ah ayaa aad guursatay Yuhuudi mise horteed ayaa aad ka baxday islaamka?

Amiina: "Xilligaa waxa aan ku jiray xaalad nafsadeed oo aad u xun. Waana sababta aan u aqbalay dalabkii guurka ee uu muddo igu celcelinayey. Maan ahayn qof diinta ku fiican sidaa awgeed maan garanayn in guurka noocan ahi Muslimiinta xaaraan ka yahay."

Markii aad aragtay nin Yuhuudi ah oo ku adkaysanaya in aad guursato miyaanad ka shakiyin?

Amiina: "Maya! Haba yaraato ee wax shaki ahi ima gelin .. Aad ayaa uu ii jeclaa Mooshe, mar walbana waxa uu isku hawli jiray in uu i raalli geliyo igana farxiyo."

Qoyskiina cidi ma ka og tahay in aad guursatay Yuhuudi?

Amiina: "Maya. Intii aannan guursan Mooshe ayaa aan mar la hadlay qoyskayaga, oo aan u sheegay in aan guursanayo nin u dhashay dalka Usteri, aniga oo been uga sheegay ciddiisa runta ah. Waxa aan u sheegay in uu yahay Muslim. Waxa kale oo aan ka qariyey isirkiisa Yuhuudda ah, oo aan ugu sheegay in uu asalkiisu Turki yahay. Aniga oo warkaas oo dhan ka qariyey, haddana weli qoyskaygu kuma uu qancin guurkayga ninkan, si aad u adag ayaanay uga hor yimaaddeen. Sidaa awgeed ayaa aan Mooshe ugula baxsaday Israa'iil. Waxa aan ka baqanayey in Qoysku i soo raadsado marka uu maqlo warka Mooshe."

Bal ka sheekee u baxsigiinii Israa'iil?

Amiina: "Intii aannu Usteri joognay, gaar ahaan mar aannu ku noolayn tuulada, Westendorf ayaa maalin maalmaha ka mid ah uu Mooshe duhurkii guriga ku soo noqday isaga oo sita wargeys ka soo baxa magaaladaas. Waxa uu igu yidhi, bogga sagaalaad ee wargeyskan waxaa ku qoran qiso yaab leh oo ka warramaysa dhakhtar Talyaani ah, oo qolka qalniinka ku dhex kufsada dumarka uu daweynayo, marka uu suuxiyo. Wargeyskii ayaa uu ii dhiibay si aan u akhriyo.

Markii aan qisadan akhriyey, ayaa waxa kale oo indhahayga soo jiitay xayeysiis far aad u waaweyn oo qurux badan lagu qoray oo sheekada garabkeeda ku dhignaa. Waxa uu ogeysiiskani odhanayey, 'Waxa loo baahan yahay laba duuliye oo millateri, oo Yuhuudda Yurub ah in ay u soo haajiraan Israa'iil.' Markii aan xayeysiiskii sii akhriyeyna waxa aan arkay in labada duuliye loo ballanqaaday waxyaabo aad u badan oo qof kasta xiise gelinaya.

Markiiba waxa aan arrintan kala hadlay muddana kala xaajoonayey Mooshe. Waxa aan aad uga yaabay sida aannu u danaynayn arrintan. Aad ayaa aan uga cadhooday, waayo waxa uu ogaa in aan aad uga cabsi qabo in qoyskaygii i soo raadsado, isaguna waa uu ogaa sakatiga iyo isku buuqa aan qabay habeen iyo maalinba, tan iyo markii aannu is guursannay.

Muddo ayaa aan arrintan ku celcelinayey kuna dadaalayey in aan ku qanciyo Mooshe inuu ka mid noqdo labada nin ee Israa'iil looga baahan yahay. Marka aan arrintan ka baryayey horteed yar uun waxa uu ii sheegay in aannu xiisaynayn inuu noqdo millateri, "Waxa aan doonayaa in aan noqdo duuliye madaniya oo aan u shaqeeyo shirkadaha duulimaadyada ee ganacsiga ah" Ayaa uu ku celcelin jiray. Annaga oo aan weli go'aan ka gaadhin dooddan, ayaa aannu u soo guurnay magaalada Fiyeena. Illaa markan, anigu aad ayaa aan ugu cadhaysnaa Mooshe, niyadjab badan iyo cidhiidhi nafsadeedna waa ay iga muuqdeen cabsida aan ka qabo in qoyskaygii iga daba yimaaddo darteed. Waxaa dhici jirtay marmarka qaarkood marka aan seexdo in aan hurdada ku saso. Marmar ayaa aan keliday iska ooyi jiray. Arrintani waxa ay Mooshe ku abuurtay in uu ii soo dabco murugadayduna ay dhibto. Waxa uu oggolaaday in aannu ka doodno tegista Israa'iil."

Markii uu i weydiiyey sababta aan u jeclaaday Israa'iil waxa aan ugu jawaabay, "Israa'iil waa goobta keliya ee aan ammaan ku dareemayo, waayo waxa aan hubaa in qoyskayagu aannu imanayn weligii. Mooshe waxa uu igu yidhi, 'Waxa aan ka baqayaa in la inoo diido dal-ku-galka Israa'iil, waayo waxa aad tahay Muslimad Carbeed. Waxa aan Mooshe weydiiyey sida ugu fudud ee ay la tahay in aannu ku heli karno fiisaha waxa aannu igu jawaabay, waxa keliya ee aynu ku heli karnaa waa adiga oo qaata diinta Yuhuudda.' Sidii uu sheegay ayaa aan ka oggolaaday. Inta uu i kaxeeyey ayaa uu i geeyey bet Kenesset[17] ka lagu magacaabo Shemodat oo ku yaalla magaalada Fiyeena. Halkaas ayaa la igu laqimay diinta Yuhuudda, oo inta la i diiwaangeliyey, la isugu kaaya guuriyey Mooshe."

Maxaad ku nacday Carabnimadaadii?

Amiina: "Carabnimada ma necbi e' waxa aan necebahay dib u dhaca iyo badawnimada ka jira dalkayga."

Imika marka aad xasuusato sidii aannu Mooshe u danaynayn xayeysiiska ku qornaa wargeyska, arrintaasi dareen ma ku gelisaa?

Amiina: "Waa laga yaabaa in aannu diidanaynba

---

[17] Bet-kenesset oo sida oo kale lagu magacaabo Synagog waa macbadka ay Yuhuuddu ku cibaadaysato.

qudhiisu, ee uu keliya doonayey in uu ku raaxaysto baryada aan ku celcelinayo ee aan sida dabacsan uga codsanayo in aannu u guurno Israa'iil .. Waxa kale oo laga yaabaa in sababtu ay tahay isaga oo aad u jeclaa in uu noqdo duuliye rayid ah oo u shaqeeya shirkadaha rayidka ah.

"Mooshe diinta Yuhuudiyadda sidee uu ku ahaa? Ma jeclaa Israa'iil?

Amiina: "Maya, ma' uu ahayn qof diintiisa ku dhaqma, dhif ayaa uu tegi jiray bet Knesset ka. Lakaiin dalkiisa Israa'iil aad ayaa uu u jeclaa, waa uu ku faani jiray wixii horumar iyo sarrayn u soo kordha."

Saarah iyada ka warran?

Amiina: "Israa'iil aad ayaa ay ugu waalanaysay, jacaylka ay u qabto ayaa keenay in ay sanad kasta u xagaa baxdo."

Intii aydaan adiga iyo Mooshe u guurin Israa'iil waaxda ammaanka ee Fiyeena cidi ma idin kala soo xidhiidhay?

Amiina: "Maya." ... Inta ay cabbaar aamustay ayaa ay mar kale hadalkii ku noqotay, waxa ay xasuusatay dhacdo la xidhiidha jawaabta su'aasha la weydiiyey, "Markii aannu Israa'iil tagnay ayaa ay maalin maalmaha ka mid ah ii yimaaddeen laba sarkaal, waxa aanay i geeyeen mid ka mid ah xarumaha ammaanka oo ku taalla Talaabiib laakiin ma garanayo halka ay toos u hoos tegeysay"

Markii halkaa lagu geeyey maxaa dhacay?

Amiina: "Muddo ayaa ay ii sheekaynayeen. Waxa ay cudurdaar u samaynayeen dagaalka ay ku hayaan Carabta, oo ay iigu sheegeen keliya in ay is difaacayaan, dalkoodana ilaashanayaan, balse aanay cidna duulimaad ku ahayn, Carabtana u haynin colaad gaar ah. Waxa ay igu celceliyeen in ay mar walba diyaar u yihiin nabadda."

Ma ku qanacday hadalladoodaas?

Amiina: "Dabcan, waa ay ku qanacday hadalladan ay Yuhuuddu u sheegtay, waxa aanay hadda isu arkaysay in ay tahay Israa'iiliyad, oo ay ku qasbantahay in ay difaacdo dalkeeda cusub." Si kastaba ha ahaato ee iyada oo ka baqanaysa cadhada saraakiisha sirdoonka Falastiiniyiinta ee waraysanaya ayaa ay dafirtay farxaddaas, waxa aanay ku jawaabtay, Afka waxa aan uga sheegayey in aan ku qancay laakiin, dhab igama ay ahayn"

Immisa jeer ayaa lagaaga yeedhay xafiiskaa ammaanka?

Amiina: "Mar keliya… Laakiin sarkaal lagu magacaabo Abu Yacquub ayaa mar walba guriga nagu soo booqan jiray, in badanna ii sheekayn jiray, isaga oo ku celcelinaya uun hadalladii aan hore u soo sheegay."

Sheeg magacaaga rasmiga ah ee kugu yaalla dhukumantiyadaada Israa'iil?

Amiina: "Aani .. Aani Mooshe Birad."

Goormaa laguu sheegay in ay dhacday diyaaraddii uu waday ninkaaga Mooshe? Yaa kuu sheegay?

Amiina: "Waxa la ii sheegay 11ᵏⁱⁱ Bishii afaraad 1972 kii. Waxa warka dhicista diyaaradda ii sheegay Abu Yacquub."

Ma waxa uu kugu yidhi, waa uu dhintay Mooshe?

Amiina: "Maya… Waxa uu ii sheegay in Suuriya ay soo ridday diyaaraddii uu waday Mooshe, illaa haddana aanay ku dhawaaqin in ay gacanta ku dhigeen duuliyahaas iyo geeri iyo nolol waxa ay ka ogyihiin, taas oo macnaheedu noqon karo in uu baxsaday."

Ma waxa lagaa dalbaday in aad tagto Suuriya iyo Lubnaan si aad u raadiso Mooshe raq iyo ruux?

Amiina: "Si cad taas la igama dalban, laakiin waxa ay marar badan dhegaha iigu rideen, ereyo ay ka mid tahay, 'waxa suuro gal ah in Mooshe ku gabbanayo god ka mid ah godadka dhulka buuraleyda ah ee Suuriya, isaga oo sugaya bal in cid uun badbaadiso. Waxa kale oo suurtagal ah in mid ka mid ah kooxaha Falastiiniyiinta ee ka go'ay ururka xoraynta Falastiin PLO ay qafaasheen Mooshe si qarsoodi ahna meel ugu hayaan si ay ugu gorgortamaan. Waxa ay dhegaha igu rideen in ay raadinayaan cid ay qarsoodi u diraan oo ka war doonta, markaas ayaa aan anigu isu bandhigay, kana codsaday in ay aniga i diraan raadinta warkan.

Markiiba waa ay aqbaleen dalabkaygii waxa aanay gudo galeen qabanqaabadii iyo bilowgii hawshan. Baasaboor Israa'iili ah ayaa ay i siiyeen waxa aanay ii sheegeen in aan ka tago Talaabiib oo aan ku noqdo Fiyeena oo marka aan tago inta aan baasaboorkayga Israa'iiliga ah u dhiibo nin ay safaaradda Israa'iil ee Fiyeena ii soo diri doonto. In aan dib ula soo baxo baasaboorkaygii Urduniga ahaa si aan ugu safro Lubnaan."

Miyaa aan wax tababar ah lagu siinin intii aanad hawshan u bixin?

Amiina: "Maya, keliya waxa la ii sheegay in aan is ilaaliyo aadna u taxadiro."

Haddaa goorma ayaa lagaa dhigay xubin ka tirsan MOSSAD sideese lagaaga dhigay?

Amiina: "Si rasmi ah cidi iima' ay shaqaalayn .. Maalin maalmaha ka mid ah aniga oo jooga Fiyeena ayaa waxa la iga yeedhay xarunta safaaradda Israa'iil oo si qarsoodi ah aan ku tegey. Waxa aan la kulmay saddex nin oo ka tirsan sirdoonka MOSSAD. Waxa ay igu qanciyeen in ay u yimaaddeen sidii ay igu fududayn lahaayeen helidda dhaxalka ninkayga, waxa kale oo ay ii sheegeen lacag magdhow ah oo ay sheegeen in dawladda Israa'iil ay iga siinayso dhimashadii ninkayga oo maadaama aan raadkiisa la helin ay u aqoonsanayaan in uu dhintay.

Haddiiba laguu sheegay in dawladdu ninkaagii ku qortay dhimasho, maxaa kugu kallifay in aad u safarto Lubnaan? Dhanka kale, maadaama halka loo tuhmayey in ay ku dhacday diyaaradda uu ninkaagu waday ay ahayd Suuriya maxaa keenay in laguu diro Lubnaan?

Amiina: "Runtii ma garan karo waxa dhab ahaan dabada iga waday ee xiisaha badan arrintan ii geliyey, laakiin waxa aan is leeyahay waxaa ka mid ahaa sababaha i dhiirrigelinayey talo ay i siiyeen saraakiisha MOSSAD oo ahayd in aan war ka raadiyo ururrada Falastiiniyiinta ee saldhigyadoodu yihiin Beyruut. Waayo Lubnaan ayaa ka furfurnayd Suuriya kana sahlanayd sidaa awgeed ujeeddadu waxa ay ahayd in aan xogta ka raadiyo suuriya aniga oo sii maraya ururradan deggen Lubnaan."

Goorma ayaa aad qaadatay tababarka aad ku fulinayso hawl noocan u ballaadhan?

Amiina: "Muddo afar bilood iyo afar habeen ah ayaa aan qaadanayey tababarro. Waxyaabaha la i baray waxa ka mid ahaa, sida loo adeegsado khadka sirta ah ee lagu qoro waraaqaha, sida loo akhriyo waraaqaha ku qoran ereyada iyo tirooyinka afgarashada ah iyo qoraallada maldahan ee ay adeegsadaan sirdoonku. Waxa la i baray sida ugu habboon ee aan qarsoodi waxa aan doono ugu sawiri karo, sida kelmadaha sirta ah loo jebiyo (Passwords) iyo sida loo garto sawirrada. Waxa la i baray habka la isu ilaaliyo iyo feejignaanta iyo sida warka aad ugala soo bixi karto xogta ku hoos qarsoon ee aan sheegnayn markaa. Waxa Israa'iil la iga keenay sarkaal takhasus ah oo ka shaqeeya xoojinta maskaxda, maskaxda sida loogu kaydiyo macluumaadka, lambarrada, magacyada iyo sawirrada"

Waxa hadalkaaga nooga cad in waxa laguu soo diray aannu ahayn in aad ninkaaga xog ka hesho, balse ay ahayd in aad si qarsoodi ah u basaasto Falastiiniyiinta?

Amiina: Markan runtii waa ay ka baydhay, waxa aanay ku adkaysatay in waxa ay u socotay ahaa keliya raadinta xogta ninkeeda. Iyada oo majaro habaabin waddana waxa ay ku jawaabtay, "Waxa aan u socday in aan Falastiiniyiinta ka helo xog, laakiin waa xog ku saabsan keliya Mooshe"

Ma jirtaa shaqo si gaar ah laguugu igmaday ama amarro ku saabsan xog raadin oo si gaar ah laguu siiyey intii aad ku jirtay hawshan?

Amiina: "Haa, waxa jirtay mar ay iga dalbadeen in aan galo xogna ka raadiyo xarumaha ay deggen yihiin masuuliyiinta sare iyo hoggaamiyeyaasha Falastiinyiintu.

Waxa kale oo ay i fareen in aan dhex galo kooxaha wax iska caabbinta si aan war uga helo."

Caddee xogta ay toos u doonayeen?

Amiina: "Waxa ay doonayeen in ay xog ka helaan xeeladaha ay kooxaha naftood hurayaasha ahi ka galaan gudaha Israa'iil iyo dhulka ay haysato ee Carabta, tirada hadba hawlgal u soo baxda ee naftood hurayaasha ah, noocyada tababar ee ay qabaan iyo inta ay gaadhsiisan tahay aqoontooda arrintan la xidhiidhaa, halka ay ku qaataan wacyigelinta iyo tababarka, hubka ay adeegsadaan iyo ballamaha xilliyada ay qorsheynayaan in ay weerarro qaadaan. Waxa kale oo ay xog ka doonayeen goobaha hubka ay ku kaydsadaan kooxaha wax iska caabbintu."

Waa adigii yidhi, mar aniga oo jooga Fiyeena ayaa ay ii

hanjabeen kooxaha sirdoonka Israa'iil. Halkaa ku noqo oo faahfaahin dheeraad ah naga sii?

Amiina: "Maalin maalmaha ka mid ah ayaa waxa ii yimi nin ka tirsan sirdoonka MOSSAD. Waxa uu igu yidhi, xoog iyo xeelad toona ma haysid adduunkana maanta keli ayaa aad ku tahay. Sirdoonkii Urdun oo ogaaday in aad qaadatay diinta Yuhuudda kuna noolayd Israa'iil ayaa ku raadinaya si ay kuu khaarajiyaan. Markii ay cabsi badan igu beereen ayaa ay haddana ii ballanqaadeen in wax kasta oo ay ku qaadanayso ay ilaalin doonaan ammaankayga. Waxa aan u fahmay in ujeedadooda ugu weyni ahayd sidii ay uga faa'iidaysan lahaayeen baasaboorkayga Urduniga ah maadaama marka aan tago Lubnaan aanay cidi iga shakiyahayn."

Hawshan aad u qabanayso beddelkeeda ma waxa aad dhaafsatay fududaynta in aad hesho dhaxalka iyo magtii ninkaaga mise in lagu ilaaliyo maadaama oo laguu sheegay in laguugu daba jiro?

Amiina: "Waxa ugu weyn ee aan ka doonayey waxa uu ahaa in ay i ilaaliyaan… Waxa aan aad uga baqanayey in uu sirdoonka Urdun i khaarajiyo.

Markaa waxa aad leedahay afar kun oo doollar oo keliya ayaa iga soo gaadhay MOSSAD hawsha inteeda kale kharashka ku baxayey muddadaas dheerna jeebkayga ayaa aan ka bixinayey?"

Amiina: "HAA."

Xaggee aad ku baratay isticmaalka qalabka warlalinta ee aad isticmaalaysay? Gorma ayaa aad baratay?

Amiina: "Waxa aan ku bartay magaalada Talaabiib. Waxyaabaha la i baray waxaa ka mid ahaa, koorsooyin tababar oo aan qaatay intii u dhexeysay 20^{kii} bishii sagaalaad illaa 3^{dii} bishii tobnaad 1973 kii."

Yaa ku siinayey tababarka? Mase kugu filnaa tababar 13 maalmood oo keliya ahi?

Amiina: "Waxa i tababaray sarkaal injineer ah oo magaciisa la yidhaahdo, Yuusuf Bin Boraat. Qalabkan aan isticmaalayey waxa uu ahaa mid aad u horumarsan, isticmaalkiisuna uu aad u fudud yahay .. Waxaa fududaa sida uu warka u lalinayo iyo qaabka farriinta loogu dirayo."

Kitaabkii Qur'aanka ahaa ee laga helay gurigaaga waxa ka maqnaa bogag. Waa maxay sirta ku jirtaa?

Amiina: "Waraaqahaa ka maqan kitaabka, halkooda waxa igu jiray waraaqo loo ekeysiiyey kuwa kitaabka oo ay igu qoran yihiin lambarro sir ah iyo xarfaha afgarashada ahi. Laakiin markii dambe ee aan baqay ayaa aan warqadihiina ka jaray kitaabka si aan u gubo."

Sidee aad isku barateen Maaruun iyo Maanowel? Sidee ayaanay kuugu suurogashay inaad uga shaqaalayso MOSSAD?

Amiina: "Khadiija Sahraan ayaa marka hore iskaaya bartay Maanowel Casaaf, isaguna waxa uu i sii baray

Maaruun Xaayik oo ahaa maamulihiisa."

Labadoodaba ma waxa idin dhexmaray xidhiidh jinsi ah?

Amiina: "Haa, laakiin waxa ay ahayd ka hor intii aannan ku qancin in ay u shaqeeyaan MOSSAD iyaguna aanay i ogaan in aan ahay basaasad u adeegta sirdoonka Yuhuudda."

Ma saraakiisha MOSSAD ayaa kuugula talisay inaad la samayso xidhiidh jinsi?

Amiina: "Maya, aniga ayaa keliday go'aankaa gaadhay, waxa aan doonayey in aan ku beero kalsooni badan si ay daacad iigu noqdaan.

Illaa bilowgii hawshaadan markii aad Lubnaan ka bilowday, Khadiija Sahraan miyaa ay kugula jirtay hawsha basaasnimada?

Amiina: "Maya.. Ma' ay garanayn waxa aan ka shaqeeyo iyo hawsha dhabta ah ee aan u joogo Lubnaan, wixii ka horreeyey muddo dhoweyd oo aan anigu u sheegay. Laakiin wax badan ayaa ay iga caawisay hawshayda iyada oo aan is lahayn waxa aad caawinaysaa basaasad u adeegaysa MOSSAD."

Immisa lacag ah ayaa kaaga baxday saddexdan qof?

Amiina: "Runtii tiradeeda ma wada garan karo, laakiin Maaruun ayaa aan hubaa intii aannu hawshayda ka mid noqon mar uu iga qaatay saddex kun oo Liire[18], lacago kale oo aan si kala gaar gaar ah waqtiyo kala duwan u siiyeyna waa ay jireen."

Ma waxa aad u jeeddaa in uu lacagtan kaa qaatay ka hor intii aannu ogaan in uu MOSSAD u adeegayo? Laakiin lacagtaa aad siisay muxuu kuugu beddelay? Midda kale wax ka sheeg waxa uu kuu qabtay Maaruun?

Amiina: "Waxa uu i baray Cali Xasan Salaama, waxa uu ii keenay lambarrada sirta ah ee hoggaamiyeyaasha sare ee Falastiiniyiinta. Maanowel qudhiisu wax badan ayaa uu iga caawiyey. Waxa ka mid ah in uu i barayba Maaruun oo ah ninka ka madaxda ah shirkaddan is gaadhsiinta ee uu ka shaqaynayey."

Khadiija iyada ka warran?

Amiina: "Waxa ay ii keeni jirtay xogo muhiim ah oo ay ka soo hesho dumar ay saaxiibbo ahaayeen oo ay qabeen saraakiil iyo masuuliyiin sare oo Falastiiniyiin ahi.

Meheradda ay haysatay oo ahayd mid caan ah aadna u camiran oo dadka ladani aad wax uga iibsadaan ayaa u fududaysay in ay is bartaan dumar badan oo ay qabaan madaxda sare ee Falastiiniyiintu."

MOSSAD amar ma kugu siisay in aad khaarajiso Cali Salaama?

---

[18] Liira waa lacagta dalka Lubnaan

Amiina: "Maya .. Haba yaraato ee amar noocaas ahi ima soo gaadhin. Laakiin waxa ay igu amreen in aan la sameeyo xidhiidh aad u adag, si aan xog uga helo iyo in aan sawirro qarsoodi ah ka soo qaado."

Taas ma ku guulaystay markaa?

Amiina: "Haa, markii hore MOSSAD ma ay garanayn wejiga iyo xitaa hummaagga guud ee muuqaalka Cali Salaama, baahi badan ayaana ay u qabeen cid uga soo hesha sawir uun ama tilmaam fiican ka bixisa sida uu u eeg yahay."

Abu Naasir muxuu kaa qaatay?

Amiina: "Abu Naasir keliya saaxiibbo ayaa aannu ahayn, laakiin waxba kama uu ogeyn shaqadayda iyo hawsha aan dhab ahaan u joogo Lubnaan."

Marna gogol ma wadaagteen?

Amiina: "Haa, saddex jeer ayaa aannu wadaagnay gogol, annaga oo aad isugu fiican ayuun baa aan hal mar waayey, mar dambe ayaa aan ogaaday in uu hawl shaqo ugu baxay dalka Qubrus."

Ragga kale ee shisheeyaha ahaa ee aad xidhiidhka jinsi wadaagteen yaa ay ahaayeen?

Amiina: "Waxa ay ahaayeen dhowr jinsiyadood, waxa ay ka mid ahaayeen shaqaalaha MOSSAD. Marar badan ayaa ay igu yimaaddeen Beyruut si ay iga qaadaan filimo iyo khariidado aan diyaariyey oo loo gudbinayey MOSSAD."

Raggaas ma na tusi kartaa?

Amiina: "Magacyadooda dhabta ah ma garanayo, waxa ay igula macaamili jireen magacyada sirta ah ee ay ugu shaqeeyaan sirdoonka, aniga oo aan garanayn halka ay joogaan ayaa ay ila soo hadli jireen."

Halkee aad ku kulmi jirteen?

Inta badan waxa aannu ku kulmi jirnay guriga aan deggenaa.

Wax Carab ahi raggaas ma ku jireen?

Haa, nin ka mid ah ayaa u dhashay dalka Marooko waxa aannu magaciisa igu sheegay Caasaar.

Xafiiska Yaasir Carafaat ma waxa aad ku dhejisay qalabka wax lagu dhegeysto?

Amiina: "Markii aan Israa'iil joogay MOSSAD aad ayaa ay u danaynaysay in qalabkan lagu xidho xafiiska Carafaat laakiin ima suuro gelin in aan ku rakibo."

Kaalin intee le'eg ayaa aad ku lahayd isku daygii dil ee Israa'iil ay ku doonaysay inay ku khaarajiso Abu Iyaad bishii tobnaad 1973 kii?

Amiina: "Haa, Aniga ayaa MOSSAD u gudbiyey xeradii millateri ee uu kormeerka ku joogay. Maalintan waxa aan shandadayda ku sitay qalabkan war laliska. Meel aan ka fogeyn goobtii ay diyaaradaha Israa'iil ku duqeeyeen ayaa aan ka soo hagayey diyaaradaha Israa'iil. Waan arkayey wixii dhacayey oo dhan. 'Markii ay hadalka halkaas marinaysay ayaa inta ay oyday waxa ay tidhi, "Mudane Abu Hawl, waxa aan ahaa doqon maangaab ah, waxa aan meel kaga dhacay, dhagar iyo dembina aan ka galay dalkaygii iyo Carabnimadaydii .. Waxa aan iibsaday diintaydii, laakiin waxa aad ogaataa in demiyadaa iyo qaladaadkaa foosha xun ee aan galay waxa igu kallifay keliya ahaa aniga oo isu arkay in noloshayda iyo mustaqbalkaygu halis ku jiraan .. Waxa aan is arkay aniga oo noqday dibjir aan lahayn waddan, aniga oo aan fikirin oo aan ka baaraandegin ayaa aan iska rumaystay oo aan aaminay wixii ay igu lahaayeen. Hadda ayaa aan dareemayaa in an ka weecday jidkii toosnaa, laakiin xilligii aan hawshan gelayey ma' uu jirin jid kale oo ii furan oo aan ka ahayn in aan u hoggaansamo amarradooda, noloshaydaaba halis ku jirtay oo aan u baqanayey.. In badan ayaa ay igu cabsi geliyeen in sirdoonka Urdun i raadinayo marka ugu horreysa ee ay i qabtaanna i khaarajin doonaan .. Urdun oo keliya ma' aha e' waxa ay igu cabsi geliyeen in wakaaladaha sirdoonka Carbeed dhammaantood igu daba jiraan, tii ugu horreysa ee i soo gaadhaana ay i khaarajin doonto, iyada oo aan waxba i weydiin. Waxa aan dareemay in halka keliya ee aan ku nabadgeli karaa tahay Israa'iil, cabsidaa ayaa ay igu beereen maskaxdaydana ku xadeen .. Waxa aan ku jiray duruufo adag oo miyirkaygii la tegey, waxa iga lumay runtii iyo xaqiiqadu halka ay jiraan iyo jidkii aan u mari karaayey.

Mudane, xogta aan siinayey MOSSAD iguma uu kallifayn jacayl aan u qabo Israa'iil ama nacayb ii galay Carabtu, laakiin keliya waxa aan raadinayey dal hoy ii noqda oo aan kaga nabadgalo cabsida aan qabay..." Amiina markii ay calaacalkaas dheer taxday, ayaa inta ay cabbaar aamustay, ay iyada oo dibinta qaniinsan tidhi, "Doqonniimadayda ayaa naftayda galaafatay" Mar kale ayaa ay yara aamustay. Waxa aad mooddaysay in uu roob qaaday, laakiin ma'ay ku sii jirin aamuskii ee inta ay neef dheer qaadatay ayaa ay hadalkii sii ambaqaaday, "Waxa aan ku dhacay dabin mu'aamaradeed oo Israa'iil ii xidhay, waxaa ii qariyey Saarah iyo Mooshe"

Ha u qaadan in Amiina ay waxaas ay sheegtay oo dhammi run ka yihiin, iyo in ay soo dabacday, waa nidaam Sirdoon oo ay ku tababarantahay, waa hab ay doonayso in ay ku hanato qalbiga iyo naxariista saraakiishan reer Falastiin, si ay in uun ugu calool dabcaan. Waa farsamo aad u sarraysa oo ay ugu talagashay in ay ku badbaaddo.

Xogtan waxa aynu ka soo xiganaynaa, faylkii uu firdoonka Falastiin ku ururiyey xogta Amiina, oo isugu jirta sirihii iyada laga helay iyo tii ilaha kale laga helay ee iyada khusaysayba. Waa waraysigii la' la yeeshay oo si weyn loo soo koobay, lagana tegey faahfaahintii iyo hadalladii ay sida waafiga ah ugu sharraxaysay hawlaheeda basaasnimo. Si aynaan u soo celcelin xogo iyo dhacdooyin aynu hore u soo marnay, aynu si kooban u guud marno xogaha ay ka sheekaysay ee uu sirdoonka Falastiin ku kaydiyey faylkan.

Waxa ka mid ah oo ay ka sheekaysay, magacyada madaxdeedii MOSSAD iyo kaalinta uu mid waliba ku lahaa amarrada la siinayey iyo hawlaha loo dirayey, hawlagalladeedii Beyruut iyo gacanta ay ka heshay saddexdii qof ee gudaha kala shaqaynayey oo dabcan ahaa, Xaayik, Maanowel iyo Khadiija.

Waraysigani waxa uu socday muddo lix iyo toban saac ah, oo aan la isu nasan. Sirdoonka Falastiin waxa ay doonayeen in ay ka faa'iidaystaan waqtiga yar ee ay haystaan. Waa tii uu wasiirka arrimaha gudaha ee Lubnaan waqtiga kooban u qabtay ka gungaadhista iyo soo caddaynta warka gabadhan.

Wasiirku waxa uu Abu Iyaad ka sugayey faahfaahin dhammaystiran oo ku saabsan xogta iyo warka gabadhan reer Urdun si maxkamad loo horgeeyo, haddii kale xorriyaddeeda dib loogu soo celiy.

Hadallo uu Kornayl Abu Hawl ku qoray warqad ka mid ah dhukumantiyada ku jira Faylka Amiina ee laga helay sirdoonka Falastiiniyiinta, ayaa uu kaga warramay, sida ay ciqaabtii Amiina ugu qasabtay in ay joojiso is adkayntii iyo wax qarintii, waxa aana ka mid ahaa hadalladiisa, "Is adkayntii basaasnimadu si weyn ayaa ay u jabtay, maamulka nafteeda iyo maskaxdeediiba waxa ay si buuxda ugu dhaceen gacanta baadhayaasha Falastiiniyiinta .. Amiina waxaa sii jebiyey warkii ay rumaysatay ee ahaa in ninkeedii Mooshe weli nool yahay iyo in dhimashadiisa iyo asalka hore ee jacaylkiisuba ay ahaayeen dabin uu doonayey in Amiina uu gacanta u geliyo sirdoonka MOSSAD. Arrintaas ayaa ku ridday niyadjab weyn iyo inay soo tanaasusho oo ay si fiican ugu warranto baadhayaasha."

Soo qabashadii Dhagarqabeyaasha

Abu Hawl waxa uu qaaday qoraalkii iyo xogtii waraysiga Amiina Almufti, waxa aannu hor dhigay Abu Daa'uud, oo isagu qayb libaax ku lahaa qorshahan lagu jebiyey gabadhan, ee keenay in ay wax badan qirato. Abu Daa'uud sidii shaqadiisu ahayd ayaa uu yeelay oo warbixintan xasaasiga ah waxa uu hor dhigay Yaasir Carafaat iyo gacanyarihiisii koowaad Abu Iyaad si ay go'aan uga gaadhaan tallaabada labaad ee ay tahay in la qaado. Abu Iyaad oo sida aynu hore u soo xusnay marar badan ka shakiyey basaasnimada markii uu si fiirsi ah u akhriyey warbixintii, cadho ayaa uu is madaxmaray, sida ku cad qoraalka ay sirdoonka Falastiiniyiintu ka qoreen qaddiyada Amiina. Hadalladii Abu Iyaad maalintan ka soo dhacay waxa ka mid ahaa, "War gabadhu shar badanaa, ma inta ay ku kaaftoomi weyday xogtii ay gudbisay iyo wixii ay fashay oo dhan ayaa ay doontay in ay igu soo hoggaamiso diyaaradaha Yuhuudda si la ii khaarajiyo…"

Abu Iyaad inta uu garabka ka dhirbaaxay madaxii sirdoonka Falastiiniyiinta Cali Salaama oo garab fadhiya ayaa uu yidhi, "Alle ayaa aannu ugu mahadnaqaynaa inaad fashilisay gabadhan" Abu Iyaad cabbaar inta uu aamusay ayuu si u muuqata baraad la'i waxa uu u yidhi,

"Abeeso noocan ah oo innagu dhex jirtaa khasaare ballaadhan oo aynu ku hoobanno ayaa ay inoo horseedi kartaa"

Yaasir Carafaat oo naxdin iyo af kala qaad ay ku noqotay warbixinta sirdoonka ee Amiina iyo faallada ka dambeysay ee ay kaga hadleen Abu Iyaad iyo raggii kale, isla markaana xasuusan Amiina Almufti iyo sidii uu u soo dhoweeyey ee xafiiskiisa aan looga ilaalin jirin, waraaq meesha ay doonto ay ku gashana uu u siiyey, ayaa hadalkii soo galay oo yidhi, "Israa'iil kama hadhi doonto in ay innagu dhex beerto khayimiin tan oo kale ah .. Ha aaminina qof kasta oo idiin sheegta in uu tabarruc iyo walaalnimo idinkula shaqaynayo... Waa in aanay ina hodin qiirada dadka aynaan aqoonta u lahayn ay inoola imanayaan"

Wax yar ka hor intii aannu dillaacin waaga subaxdii, saddex iyo tobnaand ee bishii sagaalaad 1975 kii, waxa shaaracyada Beyruut lagu arkay saddex baabuur oo kuwa dhoolliga loo yaqaanno ah. Mid kasta gudihiisa waxa ku jiray shan nin oo aad u hubaysan oo ka tirsan sirdoonka Falastiiniyiinta. Dabcan waxa ay u socdeen hawlgal aad u khatar ah.

Dhoolligii koowaad waxa uu maray jidka loo yaqaanno Shaarac Al-khartuum, isaga oo u sii jeeda dhinaca uu guriga Maaruun kaga yaallay magaalada. Dhoolliga labaad waxa uu abbaaray jidka Araa'uud, gaar ahaan suuqa loo yaqaanno suuq Addawiilah. Waxa uu ahaa jidka loo maro guriga Casaaf. Gaadhigii saddexaadna waxa uu u dhaqaaqay dhinaca deegaanka loo yaqaanno Babu Idriis si ay u soo qabtaan Khadiija Sahraan. Askartan oo tiradooda guud ahayd shan iyo toban waxa ay u adeegsadeen baabuurta dhooliga si aan cidi uga shakiyin hawlgalkoodana si nabad ah ay ugu soo dhammaystaan, gaar ahaan xilligan oo ahaa xilli magaalada Beyruut iyo guud ahaan dalka Lubnaan uu ka jiray ifafaalaha dagaal sokeeye.

Beyruut oo caan ku ahayd dalxiiska, fanka iyo jacaylka, waxaa xilliyadan ka muuqday xaalad kala guur iyo xiisado siyaasiya oo ah kuwii gogolxaadhka u noqday dagaalladii sokeeye ee dhiigga badani ku daatay. Suuqyada, jidadka iyo xaafadaha kala duwan ee magaalada waxaa ku soo kordhayey kooxo hubaysan oo aan ka amar qaadan dawladda. Cid kasta oo ku nool Beyruut waxa ay ku jirtay xaalad cabsi ah oo ay saacad kasta filan karto geeri. Shiicadu waxa ay go'aansatay in ay Lubnaan ka dhigto jamhuuriyad Shiico ah, halka ay masiixiyiintu ku doodayeen in Lubnaan ay noqoto dawlad ay leeyihiin, maadaama oo la dareesan yahay in sababta bilowga horeba dalkan uu Faransiisku u sameeyey ay ahayd in uu noqdo dal ay gaar u leeyihiin, halka dadka sunnaha ahna ay ka go'anayd in ay u halgamaan xaqa ay u leeyihiin lahaanshiyaha dalka. Waxaa iyaguna jiray mad-habo kale oo diini ah oo qudhooduna hubaysnaa.

Kooxaha hubaysan oo mid waliba ay leedahay nidaamkeeda maamul ee u gaarka ah, waxa ay tiradoodu gaadhaysay 39 urur oo mid waliba inta kale u yahay cadaw aan bixinayn.

Falastiiniyiintu waxa ay ku jireen xaalad is dhawris ah, waxa aanay qaateen istiraatijiyad ah in aanay ku dhex milmin fitnada Lubnaaniyiinta dhexdooda ka jirta. Sidaa awgeed waxa ay ka fogaadeen ficil kasta oo loogu malayn karo in ay si uun lug ugu leeyihiin hurinta dagaalada sokeeye. Waxa ay fikirkooda iyo dadaalkooda oo dhan isugu geeyeen iska dhicinta iyo halganka ay kula jireen Yuhuudda iyo in ay nidaamkooda hagaajistaan. Waxaa uu soo raacay in ay mar kasta u feejignaayeen raadinta khaayimiinta u tafaxaydan in ay sirahooda ka iibiyaan Yuhuudda.

Markii dhooligii ugu horreeyey gaadhay gurigii Khadiija Sahraan, shantii askari oo guriga xoog ku galay waxa ay la kulmeen arrin yaab leh.

Furaashka Khadiija waxa ay ugu yimaaddeen Casaaf oo qolkii hurdada jiifa. Hurdo dheer oo uu ku jiray ayaa waxaa ka kala jartay sanqadha askarta oo uu ku baraarugay iyaga oo dul tuban. Khadiija iyadu waxa ay ku jirtay xamaamka oo ku dhex yaallay isla qolka.

Sanqadha biyaha ayaa u qarisay jabaqda askarta oo ay ku warheshay iyaga oo gudaha qolka kula jira. Labadooduba waxa ay ku noqotay kedis oo waa ay ka gaadhsiin kari waayeen in ay dharkooda si habsami ah u qaataan.

Maanowel naxdin ayaa uu kici kari waayey. Waxa uu markiiba fahmay waxa ay askartani doonayso iyo ujeedada rasmiga ah ee ay u socdaan. Markiiba askartii waxa ay garbaha qabteen Maanowel oo naxdin awgeed furaashka ku dheggenaa. Waxa ay ku amreen in uu dhaqso u labbisto, waana ay kaxeeyeen. Khadiija oo iyaduna naxdin awgeed ku tiraabaysa hadallo isdhaaf ah ayaa laba askari oo ka mid ahaa shanti qolka ku jirtay waxa ay ku tuureen go' sariirta saarnaa si ay isugu asturto, waxa aanay ku amreen in ay dhaqso u labbisato, si ay u raacdo.

Maanowel oo ka faa'iidaystay afar askari oo ku mashquulsanaa ilaalinta Khadiija iyo baadhista guriga ayaa inta uu iska dhuftay askarigii loo xilsaaray ilaaladiisa waxa uu isku qaaday daaqad, intii aannu askarigii qaban ayaa uu iska soo tuuray daaqaddii guriga ay deggenayd Khadiija oo ahaa dabaqa shanaad. Dhulka hoose oo shaaraca ah ayaana loogu yimid isaga oo mayd ah oo beerka u yaalla.

Maaruun Xaayik oo ahaa qofka saddexaad ee la raadinayey isagu markii gurigiisa ay soo galeen shanta Askari ee hubaysani waxa uu fahmay in runtii la gaadhay, isaga oo baqdin la kurbanaya ayaa uu isu dhiibay.

Isaga iyo Khadiija Sahraan waxa loo qaaday koonfurta dalka Lubnaan oo ahayd dhul ay Falastiiniyiintu ku awood badan yihiin saldhigyadana u ahayd kooxahooda wax iska caabbinta. Waxa uu ahaa dhul qarfe ah gaajo iyo harraad loogu tago. Labadan basaasba waxaa la geeyey godkii Sacraana ee ay kaga sii horreysay Amiina.

Dayaankii Godka

Amiina markii ay indhaheeda ku aragtay labadeedii saaxiib ee Khadiija iyo Maaruun oo meel aan ka fogeyn oo isla godka gudihiisa ah ku ciqaaban, waxaa is beddelay dareenkeedii oo ay cabsidii ku sii badatay. Waxa ay arkaysay ciqaabtii la soo mariyey iyo mid ka sii badan oo si aan kala go' lahayn ugu socota Xaayik iyo Khadiija. Dayaanka qaylada iyo cabaadka labadan ruux ka baxaysay ayaa uu godku u samaynayey dhawaq argagax.

Waxaa laga rabay waxa uu ahaa in ay caddeeyaan xogta dhabta ah ee ay Amiina u gudbiyeen iyo in ay sheegaan haddii ay jirtay cid kale oo qorshahan basaasnimo kula socotay ama ka caawisay, ha ahaato cid iyada oo aan ogeyn xog siisay ama cid si badheedh ah u siisay e'.

Amiina qudheeda kama uu dhammaan maraan-markii. Waxa u qorshaysnaa sirdoonka in ay mar dambe ku rogaal celiyaan si ay u tijaabiyaan bal in wax xog ah oo dheeraada ay bixiso ama ugu yaraan ay ka jawaabto haddii loo baahdo in su'aalo laga weydiiyo, hadallada laga helo Khadiija Sahraan iyo Xaayik.

Xogta hore u gaadhay MOSSAD oo ay Falastiiniyiintu helaan waxa ay keenaysaa faa'iido ah in ay ka tabaabushaystaan wixii dambe isla markaana ay beddelaan wixii qorshayaashooda ka mid ah ee ay u arkaan in lagu fahmay ama laga warqabo.

Markii ciqaabtii horudhaca ahayd u dhammaatay Khadiija Sahraan iyo Xaayik, waxa bilowday waraysigii. Hadalladii bilowgii horeba laga helay Khadiija waxa ay ahaayeen kuwo yaab badan. Arrin aan meeshaba la soo dhigan, isla markaana aanay marnaba ku xisaabtamin sirdoonka Falastiiniyiintu, ayaa ay noqotay markii ay ka sheekaysay sirta ka dambaysay in ay u adeegto MOSSAD kuna dhacdo shabakadda basaasiinta ee Amiina.

9
Waraysigii Khadiija Sahraan

Waraysigii ay sirdoonku la yeesheen Khadiija Sahraan oo laga soo xigtay qoraal uu arrintan ka sameeyey kornaylkii isku xidhka iyo masuuliyadda baadhitaanka shabakaddan Amiina u xilsaarnaa, oo ahaa Abu Hawl, waxa uu u dhacay sidan:

Magacaaga oo dhammaystiran, da'daada iyo jinsiyaddaada?

Khadiija: "Khadiija Cabdilaahi Sahraan, da'daydu waa 38 sano jir, waxa aan asal ahaan ka soo jeedaa dalka Urdun, laakiin waxa aan haystaa dhalashada Lubnaan. Waxa aan ahay ganacsato, waxa aan magaalada Beyruut ku leeyahay meheradda Loire ee dharka."

Sidee aad isku barateen Amiina?

Khadiija: "Waxa ay ka mid ahayd dadka macaamiisha u ah dukaankayga, afcarabiga ay ku hadlaysay oo ahayd lahjadda Urdun ayaa aan ka gartay in ay sidayda oo kale ka soo jeeddo dalkaas, sidaas ayaa aan ku xiiseeyey oo aanu isku barannay."

Maxaa sabab u ahaa in saaxiibtinimadiinu sidaa u adkaato?

Khadiija: "Si joogto ah ayaa ay igu soo booqan jirtay meheradda, aadna ay wax iga iibsan jirtay. Halkaas ayaa uu xidhiidhkayagu ka bilowday, waxa aanu si tartiib-tartiib ah isugu beddelay saaxiibtinimo dhow."

Ma adiga ayaa is baray Amiina iyo ninka lagu magacaabo Maaruun?

Khadiija: "Maya… anigu waxa aan is baray Amiina iyo Casaaf. Maanowel ayaa isbaray Amiina iyo Maaruun."

Maxay ahayd sababta aad isu bartay?

Khadiija: "Waxa ay u baahnayd taleefan loogu xidho gurigeeda, sidaa awgeed Maanowel ayaa aan ka dalbaday in uu caawiyo, waayo isaga ayaa ka shaqaynayey shirkadda taleefannada oo aannu annaguna aad saaxiib u ahayn."

Adiga iyo Maanowel xidhiidhkiinu ma jacayl buu ahaa?

Khadiija "Maya. Xaaskiisa ayaa macmiil ii ahayd oo meheraddayda wax ka iibsan jirtay, isaguna waa uu soo raaci jiray marmarka qaarkood, markaa halkaas ayaa aannu isagana isku barannay."

Haddaa goorma ayaa durba isla gaadheen illaa heer aad xidhiidh jinsiya yeelataan?

Khadiija "Amiina ayaa iga codsatay in aan ninkan xidhiidh la sameeyo si aan iyada uga mashquuliyo, ma'ay doonayn in uu kooxda ka hadho, waqtina uma ay helayn."

Faahfaahi halkaas?

Khadiija: "Maanowel waxa uu mar walba ka hinaasi jiray Xaayik oo ah masuulkiisa shirkadda. Inta uu isagu is baray Amiina iyo Xaayik, ayaa ay haddana isagii uu baray ka raacday, xidhiidh adagna la samaysatay. Waxa uu isu arkayey in Amiina ay uga daldoorsatay ninkii uu isagu baray si uu u caawiyo, sidaa awgeed hinaase aad ah ayaa ku dhacay. Amiina ma' ay doonayn in uu ka cadhoodo oo uu ka go'o, sidaa awgeed aniga ayaa ay ii xil saartay in aan Casaaf sii hayo."

Markaa illaa bilowgiiba waa aad ogeyd hawlaha basaasnimo ee ay Amiina ka shaqayso?

Khadiija: "Maya... Ma' aan ogeyn... Maanowel ayaa aniga iiga warramay, mar uu sakhraamay ayaa uu ii sheegay in Amiina ay basaasad u tahay MOSSAD."

Markaa maxaad masuuliyiinta ammaanka ugu sheegi weyday?

Waxa aan doonay in aan dhaqaale ahaan uga faa'iideysto Amiina. Bangiga ayaa deyn badan igu lahaa, iyaduna lacag badan ayaa ay haysatay, deeqsiyadan waa ay ii ahayd.

Sidee ay Amiina ku ogaatay in aad ka warhayso basaasnimadeeda?

Aniga oo gurigeeda la jooga maalin maalmaha ka mid ah, ayaa aan u sheegay hadalladii uu ii sheegay Maanowel oo sakhraansani. Markaa maadaama oo ay ogeyd in aan baahi adag oo dhaqaale qabo... inta ay dafirtay in ay tahay basaasad, ayaa ay markii dambe i siisay jeeg lacageed oo ay ku qoran tahay saddex kun oo Liire, waxa aanay ii sheegtay in lacagtaasi ay deyn igu tahay.

Imisa ayaa ay ahayd deynta uu Bangigu kugu leeyahay?

Qiyaastii 16 kun oo Liire.

Markaa ma saddex kun oo keliya ayaa kugu filnaaday oo ku aamusiiyey?

Waxa ay ii ballanqaadday in ay i siin doonto shan kun oo kale. Waxa kale oo ay ii soo bandhigtay in aannu shuraako ganacsi noqonno oo weliba aan anigu maamulo ganacsiga.

Amiina waxa ay sheegtay in aad xidhiidh jinsi ah yeelateen?

Maya... Maya... Haa, iyada ayaa igu qasabtay in aan sida la sameeyo, waayo waxa ay doonaysay in ay aamuskayga dammaanad qaad uga dhigato.

Sidee iyo sababtee?

Intii aanaan kala tegin ninkayga oo ahaa kii labaad ee aannu is guursanno, maadaama oo ay saaxiibadday ahayd iyada ayaa aan mar kasta uga caban jiray dhib badan oo aan ku qabay iyo in aannan marnaba ku raalli ahayn habdhaqankiisa iyo dabeecadihiisa.

Maalin maalmaha ka mid ah ayaa ay iga codsatay in aan ku soo booqdo gurigeeda, aad ayaa aannu u sheekaysannay. Waxa aannu ka sheekaysannay jinsiga, illaa aan gaadhay heer aannan is kala ogaanin, taas ayaana ay uga faa'iidaysatay in aannu dhaqan xumadan ku kacno, iyada oo markii dambana ii sheegtay in ay sidani tahay sida ay yeelaan dumarka reer Yurub.

Markii dhowr kulan oo aanu isugu nimid, falkan foosha xumi na dhex maray, waxa ay markii dambe i tustay filimo ay qarsoodi uga duubi jirtay dhaqan xumadayada, iyada oo iigu hanjabaysa in haddii aannan siinin labaatan kun oo Liire, ay faafin doonto oo ay tusi doonto ninkayga oo aanu markaas weli is qabnay iyo qoyskayga oo dhan.

Kaddib maxaa dhacay?

Labada lugood inta aan ka dhunkaday ayaa aan ka baryey in aanay i fadeexadayn, markii ay ku adkaysatayna waxa aan aniguna ugu hanjabay in aan u sheegi doono masuuliyiinta ammaanka in ay basaasad tahay, sida uu Maanowel ii sheegay. Si quudhsi ah inta ay igu jeesjeestay ayaana ay igu jawaabtay, "Haddii aanad lacagtaas ii keenin isla galabta waan ku fadeexadayn doonaa..'' Qoyskayaga si fiican ayaa ay u garanaysay, waxa ay ogeyd in aabbahay iyo walaalkay ay diinta aad ugu fiican yihiin, oo ay hubaal tahay in ay i dili doonaan haddii uu warkani gaadho. Markii aan wax kasta oo kale kala daalay, lacagtiina bixin kari waayey waxa ay aakhirkii igu qasabtay in aan basaasnimada kala shaqeeyo oo ay mushahar igu siiso, sidaasina ay tahay sida keliya ee ay ku qarin karto fadeexaddan. Waxa ay ii sheegtay in shaqadaydu tahay in aan la saaxiibo dumarka ay qabaan masuuliyiinta sare ee Falastiiniyintu, oo aan ka soo qaado xogta iyo wararka ku saabsan millateriga iyo siyaasadda Falastiiniyiinta.

Ma sidaa fudud ayaa aad ku aqbashay?

Maya. Maalmo ayaa aan ka fogaaday Amiina si aan arrintan uga soo fikiro. Markii aan go'aansaday in aan idiin sheegana inta ay iga shakiday ayaa ay si kedis ah ii qabatay iyada oo wadata rag aannan garanayn ayaana ay si adag iigu hanjabtay ilaa ay igu qasabtay in aan afkayga haysto.

Markii aan is barbardhigay waxa dhici kara haddii aan dawladda u sheego basaasnimadeeda aniga oo og in ay dembiga anigana i soo gelin doonto iyo haddii ay aniga qoyskayga igu fadeexadayso midka daran, waxaa ii soo baxday aniga ay igu dhib badan tahay, naftayduna halis gelayso, sidaa awgeed waxa aan u hoggaansamay wixii ay iga dalbanaysay, waxa aan bilaabay inaan si qarsoodi ah ula shaqeeyo oo aan xogta ugu keeno.

Bal nooga warran sida aad ula shaqaysay iyo halka aad

Amiina Almufti

hawshaada ka bilowday?

Waxa ay i bartay habka ugu fudud ee aan dumarka Falastiiniyiinta ku baran karo kulana saaxiibi karo. Waxa ay i bartay xeeladaha ugu fiican ee qofka looga soo saari karo xog. Dhowr maalmood ayaa ay meheraddayda timi si ay u eegto bal in aan ka soo baxay amarradeedii isuna diyaariyey la saaxiibista dumarka ay qabaan madaxda Falastiiniyiinta ee meheraddayda u macmiilka ahaa.

Immisa dumara oo Falastiiniyiin ah ayaa aad sababtan ula saaxiibteen?

Ma garanayo tiradooda... haddii aan qiyaaso waxa aan malayn karaa in ay yihiin 14 dumar ah. Magacyadooda iyo xogahoodaba inta aan qoro, ayaa aan u gudbin jiray Amiina. Haddii loo baahdana imikaba waa aan soo heli karaa qoraalladaas, oo qaarkood weli gurigayga yaallaan.

Markii aad aqbashay inaad caawiso, immisa lacag ah ayaa ay Amiina mushahar ahaan kuugu qortay?

Lacagta ay i siisay muddadii aan la shaqeeyey marka la isku daro waxa ay noqonaysaa toddoba kun Illaa siddeed kun oo doollar.

Cid ka mid ah dadka ajaanibka ah ee ay wada shaqeeyaan Amiina marna ma la kulantay?

Hal mar ayaa ay dhacday. Nin aannan garanayn ayaa guriga igu yimi si uu iga qaado bushqad weyn oo Amiina kaga tagtay gurigayga. Mar kale waxa ay ahayd markaas ay la socdeen ragga aannan garanayn ee ay ii hanjabtay.

Maxaa ku jiray bushqaddaas?

Ma garanayo… waxa ay ahayd bushqad weyn oo dusha sare ay kaga duuban tahay xabagi. Amiina iima ay sheegin wax ku jiray.

Ma Carab ayaa uu ahaa ninkaas alaabta kaa qaaday?

Maya. Waxa uu ahaa shisheeye. Inkasta oo aannan garanayn jinsiyaddiisa, laakiin waxa uu ku hadlayey Faransiis.

Maxaa uu kugu yidhi?

Waxa uu igu yidhi, kelmad afgarasho ahayd oo aannu isku ogeyn Amiina in ay u soo sheegayso qofka alaabta soo doonaya, kelmaddaas oo ahayd Jambon.[19]

Ninkan muuqaalkiisa maxaad noogu tilmaami kartaa?

Waxa uu afka ku hayey beebka (Pipe) sigaarka lagu nuugo. Waxa uu ahaa nin dheer oo leh shaarubo waaweyn.

Abu Naasir ma garanaysaa?

Waxa aan aqaannaa xaaskiisa Sundus, laakiin isaga wejigiisa weli ma' aan arag.

---

[19] Jambon, waa magac loo yaqaanno bawdyada doofaarka

Sidee uu ku dhashay xidhiidhka ka dhexeeyey isaga iyo Amiina?

Ma garanayo sida ay ku xidhiidheen iyo illaa heerka ay isla gaadheen. Laakiin bilowgii hore aniga ayaa siiyey lambarka talefankiisa gaarka ah oo aan si sir ah uga soo qoray xaaskiisa.

Ma garanaysaa sababta ay Amiina u xiisaynaysay barashada Abu Naasir?

Xaaskiisa oo aan muddo is naqaannay ayaa ii sheegtay geesinnimadiisa iyo kaalinta muhiimka ah ee uu kaga jiro hawlaha halganka Falastiiniyiinta. Gaar ahaan hawlgallada nafhuridda ah. Markaas ayaa aan uga sheekeeyey Amiina oo iyaduna aad u xiisaysay in ay barato, waana aan u soo helay lambarkiisa gaarka ah.

Goorma ayaa ay Amiina kuu sheegtay in Abu Naasir kula jiro hawlaha basaasnimada ee ay waddo?

Iima ay sheegin in uu basaas u yahay. Waxa aan arkay iyada oo marar badan aflagaadaynaysa. Waxa aan ka maqlay iyada oo ku tilmaamaysa Abu Naasir in uu yahay waddani xag jir ah. Taas ayaana igu riday dareen ah in aannu xidhiidh basaasnimno ka dhexeyn. Aniga ayaabay iga dalban jirtay in aan xaaskiisa aad ula sheekaysto si aan uga helo xog dheeraad ah oo isaga ku saabsan.

Intaas ayaa uu ku ekaa waraysigii Khadiija Sahraan la' la yeeshay. Waxa ay bixisay xogo badan oo run ah. Waxa ay si qotodheer u iftiimisay nooca xidhiidh ee ay la wadaagto

Amiina Almufti. Waxa ay ka sheekaysay illaa xadka uu gaadhsiisnaa xidhiidhka ay la lahayd xaasaska masuuliyiinta kala duwan ee Falastiiniyiinta.

Maaruun ayaa isagana ay baadhayaasha Falastiiniyiintu waraysi dheer la yeesheen. Waxyaabaha uu sheegay waxaa ka mid ahaa; xogo ku saabsan xidhiidhka uu la' lahaa Amiina Almufti.

Sirdoonka Falastiiniyiinta oo guriga Maaruun galay wax ay heleen dhukumantiyo fara badan oo ay ka mid yihiin liisas dhaadheer oo ay ku qoran yihiin lambarrada taleefannada gaarka ah ee madaxda sare ee ururrada Falastiiniyiinta.

Waxa kale oo ay soo heleen qoraal aad u dheer iyo cajalado cod ahaa. Muddadii ay xidhnayd Amiina oo aannu isagu ogeyn balse uu u haystay inay shaqo ku maqan tahay ayaa uu qoraalkan iyo cajaladahan ku ururin jiray xogaha uu ku helo dhegeysiga taleefannada masuuliyiinta Falastiin. Waxa uu isu diyaarinayey in uu ku wareejiyo marka ay soo noqoto beddelkeedana uu ka qaato waxoogaa lacag ah.

Sirta ugu xiisaha badan ee soo gashay gacanta sirdoonka Falastiiniyiintu waxa uu ahaa cajalad rikoodh oo uu Maaruun ku qariyey mid ka mid ah shandadaha gurigiisa yaallay. Waxa ku duubnaa sheeko taleefanka ku dhexmartay Cali Salaama iyo Abu Daa'uud oo dhammaystiran. Waxa ku jiray hadallada labadan masuul dhexmarayey iyo sheekooyin ay kaga sheekaysanayeen

Amiina Almufti lafteeda.

Cajaladdan waxa uu Maaruun duubay markii uu maqlay in cidda wada hadlaysaa ay tahay Cali Salaama iyo Abu Daa'uud, laakiin ma' uu dhegeysan ereyada ay is leeyihiin ee keliya waa uu duubay, maadaama oo uu ogaa in wax kasta oo ay is yidhaahdaanba muhiim u yahay Amiina. Isaga oo aan weli dhegeysan ayaana uu ku riday shandaddan. Markii ay saraakiisha sirdoonka Falastiiniyiintu cajaladdan dhegeysteen waxa ay weydiiyeen sababta aanay Amiina u baxsan markii ay hadalkan maqashay, waxa se' ay waraysiga ku ogaadeen in Maaruun aannu dhegeysan, isla markaana illaaway in uu Amiina u geeyo oo sidaas ay shandaddiisa ugu baaqatay. Hadallada labadan masuul ee Falastiiniyiinta ah waxaa ku jira kuwo si cad u muujinaya in uu dabagal ku socdo Amiina iyo saaxiibbadeed. Waxa uu Xaayik qirtay in cajaladdan uu isagu duubay cajalado kale oo badan oo uu duubayna ay jiraan laakiin mid walba marka ay Amiina ka dhammaysato danteeda uu dib uu u masixi jiray si uu mar kale uga faa'iideeyo iyo si aanay cidi u helin, cajaladdan hadda la helay oo u dhuumatay marka laga reebo. Muddadii uu wasiirka arrimaha gudaha ee Lubnaan u qabtay Falastiiniyiintu in ay ka soo faraxashaan hawsha Amiina ayaa gebogebo gaadhay.

Masuuliyiinta sirdoonka ee Falastiiniyiintu, waxa ay Maaruun iyo Khadiija Sahraan ku wareejiyeen gacanta masuuliyiinta ammaanka ee Lubnaan si maxkamad Lubnaan ah loo soo taago, iyaguna ay noqdaan cidda dacwadda soo oogeysa ee caddaymaha haysa, waana sida uu dhigayey xeerka ciqaabta dalka Lubnaan ee wax ka beddelka lagu sameeyey 28^{ka} bishii koowaad ee 1975 kii. Laakiin Falastiiniyiintu waxa ay ka baxeen ballantii ahayd in Amiina ay ku soo celiyaan gacanta Lubnaan.

Waxa ay qaateen go'aan ah in ay iyagu go'aamiyaan waxa laga yeelayo gabadhan, sidaa awgeed dheg jalaq uma' ay siinin cadaadiska iyo cadhada wasiirka arrimaha gudaha ee Lubnaan kaga doonayey in ay Amiina gacantiisa ku soo celiyaan. Inkasta oo uu wasiirku u ballanqaaday in aannu si hawl yar u sii deyn doonin ee uu maxkamad soo taagi doono haddana kama ay yeelin in ay oofiyaan ballantii ahayd in Amiina lagu celiyo Lubnaaniyiinta. Sidaa daraadeed waxa ay ku sii jirtay godkii Sacraanah iyada oo cabsi ku seexata kuna soo toosta, aaminsanna in goor ay noqotaba Falastiiniyiintu si arxan darro ah u khaarajin doonaan. Diidmadii caddayd ee ay Falastiiniyiintu ugu jawaabeen dalabkii wasiirka ayaa uu ku niyadjabay isaga oo dareensan in ay masiir xun ku dambayn doonto ayaa uu faraha uga qaaday, arrinteeda isna illowsiiyey.

Xogihii ay Amiina qirsay

Amiina waxa ay mar labaad keli ku noqotay godkii argagaxa badnaa ee Sacraanah. Waxa ay ku dhoweyd quus iyada oo isu aragta in waxa ay sugtaaba yahay geeri silic ah oo ilbidhiqsi kasta ay filan karto. Maaruun iyo Khadiija waa ay ka baxsadeen gacantii birta ahayd ee sirdoonka Falastiiniyiinta. Masuuliyiinta Lubnaan ee lagu wareejiyey mar walba waa ay u dhaamayaan ugana gacan qaboobaanayaan Falastiiniyiinta. Si caadi ah ayaa maxkamad ku taalla dalka Lubnaan u bilowday dhegeysiga dacwaddooda.

Khadiija iyo Maaruun intii aan laga saarin godka waxa si ula kac ah loo sii tusay Amiina. Taasi waxa ay Amiina ku sii kordhisay quustii ay ka taagnayd arrinteeda, gaar ahaan markii ay ogaatay in Khadiija iyo Maaruun laga saaray godka. Waxa ay u aragtay, inta ay labadooduba iyada ku markhaati fureen, in la iska sii daayey.

Inkasta oo sida aynu la soconno Amiina wax badan u qiratay sirdoonka Falastiiniyiinta, haddana waxaa hubaal ah in xog badan ay weli qarsanaysay. Fahamka laga yaabo in maskaxda qaar ka mid ah masuuliyiinta Falastiin uu soo galay oo ah in ay ahayd qof la khiyaameeyey oo dhibbane u noqotay jacayl ay u qaaday Yuhuudigii Mooshe, waxa uu aad isu beddeli lahaa haddii xogaha ay weli qarinayso ay qaarkood sheegi lahayd. Markaas ayaa ay garawsan lahaayeen in cadaawadda ku qarsoon laabteedu ay sabab u tahay in ay diinteedii beddesho, dalkeeda iyo dadkeedana ku wacad furto oo ay cadaw ku soo hagto. Amiina waxaa qalbigeeda ka buuxay cadaawad guun ah oo ay u hayso dadka Falastiiniyiinta ah. Ma' aha oo keliya caloolxumada uu ku reebay jacaylkii uu kaga baxay wiilka reer Falastiin oo curuuqdeeda carruurnimo la soo koray. Balse waxaa jirtay colaad kale oo ay kala siman tahay guud ahaan qawmiyadda ay ka soo jeedday ee Sharkiska.

Amiina qoyskeedu waxa uu u adeegi jiray qoyska boqortooyada Urdun ee boqor Xuseen Binu Dalaal, sida oo kale rag aad u tiro badan oo ka soo jeeda qawmiyaddan ayaa ka mid ahaa ciidamadii ilaalada boqortooyada. Dagaalkii la magac baxay Xarbul Duruus ee boqortooyada Urdun la gashay Falastiiniyiinta sanadkii 1970 kii ciidamadii ugu badnaa ee Urdun adeegsanaysay waxa ay ahaayeen qawmiyadda Sharakes oo Caraboobay. Tani waxa ay colaad badan ku abuurtay Falastiiniyiinta oo intii dagaalkaas ka dambaysay, weerarro ba'an ku qaadday xaafadaha iyo tuulooyinka ay sida gaarka ah u deggenaayeen dadka Sharkisku, waxyeello badan ayaanay gaadhsiiyeen. Arrintani waxa ay Sharkiska ku beertay cadaawad xad dhaaf ah oo ay u qabaan Falastiiniyiinta. Amiina colaaddani kama madhnayn, iyada oo ay xoojinayso colaaddii jacaylka Falastiinigu ayaanay noqotay qofka ugu neceb Falastiiniyiinta mar walbana jecel inay ka aarsato. Waxa labadanba sii xoojiyey jacaylkii ay u qaadday Mooshe oo mar labaad fashilmay sababtana ay Carabtu lahayd, maadaama oo ay soo rideen diyaaraddii uu waday.

Xogaha ay qarisay sida ay ku sheegtay waraaqaheeda xusuusqorka qaybihii aanay markaas Falastiiniyiintu helin, waxaa ka mid ahaa siro badan oo ay Yuhuudda uga gudbisay bakhaarro waaweyn oo ay lahayd hay'adda bisha Cas ee Falastiiniyiinta, oo uu maamule ka ahaa Yaasir Carafaat walaalkii, ayaa ay Falastiiniyiintu si sir ah ugu qarsan jireen rasaasta iyo hubka si ay uga badbaadaan duqaynta diyaaradaha Israa'iil. Xogtani waxa ay keentay in Israa'iil si joogto ah u garaacdo xarumaha ay hay'addani wax ku kaydsato. Waxa ay sida oo kale Amiina qarisay xogta ah in ay ka soo shaqaysay farsamadii ay Israa'iil 10[kii] Agoosto 1973 kii ku afduubtay diyaarad ay lahayd shirkadda duulimaadyada Lubnaan ee loo yaqaanno Sharqul Aawsat. Diyaaraddan oo la fadhiisiyey magaalada Talaabiib. MOSSAD waxa ay filaysay in diyaaraddaas uu saaran yahay Joorje Xabash oo sida aynu sheegnay halbawle u ahaa maskaxda iyo maamulka wax iska caabbinta Falastiiniyiinta.

Xogaha ay MOSSAD siisay waxaa ka mid ahaa in uu Xabash diyaaraddaas raacayo. Nasiibwanaag Xabash diyaaraddan waa uu ka hadhay. Isaga oo jooga garoonka diyaaradaha ee Beyruut ayaa uu wadne xanuun kedis ahi ku dhuftay, markaasaa cisbitaal loo la cararary. Laakiin MOSSAD oo aan ogeyn in uu ka hadhay diyaaradda ayaa hawshii afduubka fulisay.

Maalmahaas Falastiiniyiintu aad ayaa ay u dareemeen in ay jirto cid u adeegaysa Yuhuudda oo ku dhex jirta masuuliyiintooda, dad badan ayaanay tallaabo ka qaadeen, laakiin wax shaki ah kama ay qabin. Kalsoonida ay ku beeratay masuuliyiinta Falastiiniyiinta ayaa aad u xoog badnayd. Waxa ay martay siyaasad aan lagu aqoonin basaasiinta Yuhuudda, oo ah in ay mar kasta muujiso in aanay colaad illaa xad sii adag u haynin Yuhuudda, munaasabado ay ka hadashay qaarkoodna waxa aabay si cad ugu dooday in Yuhuuddu ay xaq u leedahay in ay hesho dhul ay ku noolaato. Arrintaasi waxa ay ka sii fogeysay shakigii, maadaama oo basaasiinta Yuhuudda lagu yaqaannay in ay ka dheeraadaan hadal qaadka Yuhuudda iyo wax kasta oo u muuqda dantooda, mar kastana ay muujisan jireen cadaawad xad dhaaf ah oo ay u qabaan Yuhuudda iyaga oo u arkaya in taas ka durkinayso shakiga.

Amiina waxa ay isu dhigtay qof ilbax ah, diiddan boobka dhulka Carbeed ay Yuhuuddu ku qaadatay iyo gumaadka maatada reer Falastiin ay ku hayso, aaminsan in dhulkaas ay Yuhuuddu celiso, dawlad Falastiinna oggolaato, laakiin dhanka kalana ku doodda in aanay Carabtu xagjir noqon oo ay ka fikiraan qorshe suurtogelinaya in shacabka Yuhuuddu ay nabad ku noolaadaan dhulkan ay la' lahaayeen Carabta.

Waxa ay ku dardaarmi jirtay in aan dadka Yuhuudda ah cuqdad loo gelin Carabta si aannu u adkaan xalka wada noolaanshiyuhu, dooddaas oo ay qabeen dad badan oo Carab iyo jinsiyado kalaba leh, ayaa sababtay in loo arko gabadh maskax furan, oo aragti reer galbeed aaminsan, isla markaana kalsoonidaas ay uga hadlayso arrimaha Yuhuudda awgeed aan marnaba lagu tuhmin in ay xidhiidh la' leedahay.

Waxa kale oo ay qarisay in ay MOSSAD u dirtay sawirro badan oo ay leeyihiin masuuliyiin Falastiiniyiin ah iyo weliba sawirrada goobo xasaasi ah oo ay ka mid yihiin sawirro ay ka qaadday dekedda Al-Sayd oo ah doonyo iyo laashash ay lahaayeen Falastiiniyiintu oo dusha looga ekaysiiyey kuwa kalluumaysiga balse ahaa kuwo ay Falastiiniyiintu u adeegsadaan weerarrada dhinaca badda ee ay ku qaadaan Yuhuudda. Xogahan ayaa sabab u ahaa in Israa'iil ay u suurtogasho inay burburiso soddon ka mid ah doonyahaa iyo laashashkaas.

Dhammaan xogahan iyo xogo kale oo ay Amiina qarisay oo haddii ay sheegi lahayd hubaal ay tahay in daqiiqado gudahood lagu khaarajin lahaa waxa ay ku caddaysay waraaqaheeda xusuusqorka ee ay qortay markii dambe.

***

Bilowgii maxkamadda Maaruun iyo Khadiija Sahraan waxa ay sabab u noqotay in ay sheekadii soo shaacbaxdo dad badanina xiiseeyaan qisadan iyo halka uu ku dambeeyey masiirka Amiina Almufti. Warbaahinta Lubnaan ayaa iyaduna bilowday in ay ka warranto qabashada gabadhan iyo xubnaha shabakaddeeda. Soo shaac bixistaa ayaa werwer badan iyo walbahaar ku ridday saraakiishii sare ee MOSSAD. Shir degdeg ah oo ay arrintan ka yeesheenna waxaa ka soo baxay qorshayaal ay ku dejinayaan habka ugu habboon ee ay suurtagal ku noqon karto in la soo furto basaasaddan fashilantay.

Marka laga warramayo taariikhda MOSSAD waxa inta badan ka buuxa sheekooyinka tobannaan basaasiin ah oo markii ay fashilmeen ay MOSSAD fulisay hawlgallo ay ku soo furanayso iyaga oo nool. Waa tijaabooyin ay hore MOSSAD ugu guulaystay waayo waxa ay masuuliyiinta sirdoonka Yuhuuddu aaminsan yihiin in basaas la qabtay oo la soo furtaa ay keenayso sir badan oo badbaadda iyo weliba in basaasiinta kale ee ka shaqaynaya dhulka khatarta ahi niyad samaadaan naftana ku maaweeliyaan in cidda ay u shaqaynayaan tahay cid awood badan oo dabin kasta oo ay ku dhacaan si fudud uga soo badbaadin karta. Hawlgallada noocan ahi waxa ay sidoo kale ku dhiirrinayaan dumar iyo rag kale oo badani in ay si fudud u aqbalaan hawlo basaasnimo oo looga diro meelo aad u khatar badan. Falastiiniyiintu ma' ay feejignaan la'ayn, taariikhda ayaana bartay halista MOSSAD iyo sida dalal waaweyn oo dhisan ay marar badan si qarsoodi ah, hawlgallo yaab badan uga dhex fuliyeen.

Sidaa awgeed shir degdeg ah oo ay isugu yimaaddeen masuuliyiinta ammaanka oo uu guddoominayo Yaasir Carafaat waxa ay go'aamiyeen inta masiirkeeda laga arriminayo ay iskaga sii jirto godka Sacraanah, waxa si gaar ah aragtidan u soo jeediyey Yaasir Carafaat. Waxa se' shirka lagu diiday fikir uu si weyn u aaminsanaa Cali Salaama oo ahaa, inta aan la iskuba soo gaadhin ay khaarajiyaan.

Aragtidan uu Cali Salaama ku dheggenaa waxaa dirqi kaga fujiyey Carafaat oo isagu ku dooday in ay muhiim tahay in gabadhan ay muddo xabsi ku hayaan, kana warsugaan sirdoonka iyo dawladda Israa'iil oo marka ay qiraan in la waayey, ay iyaguna si cad u sheegaan in ay hayaan Amiina, kuna gorgortamaan in sii deynteedu ay ku xidhan tahay in loogu beddelo maxaabiista ay Israa'iil ka hayso. Cali Salaama in badan ayaa uu dooday. Xujooyinkiisa ugu waaweynnaa waxa ka mid ahaa in haddii ay si badheedh ah u dilaan Amiina ay taasi cabsi iyo baqdin xoog badan ku beeri doonto basaasiinta kale ee Yuhuudda u jooga Lubnaan. Muddo ayaa ay Amiina ku sii jirtay godkan, nafsad ahaan ayaa ay u dhimatay, oo waxa ay ka rejo dhigtay nolol dambe oo adduun.

Maxkamaddii Lubnaan waxa ay Maaruun ku xukuntay 3 sano oo xadhig ah, halka ay Khadiija Sahraan kaga xukuntay Hal sano oo keliya, arrintaas oo aad uga cadhaysiisay masuuliyiinta Falastiiniyiinta oo iyagu ogaa culayska khatarta ay leeyihiin basaasiintani iyo dhibta ay u geysteen halgankooda, isla markaana maxkamadda hordhigay caddaymo badan.

Marka laga tago aqoonta dheer ee ay u lahayd sirdoonka oo baraysa in ay samayso si kasta oo ay xog ku heli karto kuna badbaadi karto, waxaa u dheeraa in ay xariifad ku ahayd ka faa'iidaysiga fursadaha soo mara iyo in ay sida ugu habboon uga midho dhaliso. Markii ay muddo godkan ku xidhnayd waxa ay ka fikirtay tab iyo xeelad ay ku baxsato si ay u badbaaddo. Mid ka mid ah raggii godka ku ilaalinayey ee Falastiiniyiinta ahaa, ayaa ay ku beer laxawsatay in ay tahay qof aan waxba galabsan oo qalad iyo gardarro lagu hayo, waxa ay ninkan u sheegtay in dembiga qudha ee ay leedahay uu yahay inay ka soo jeeddo dalka Urdun maadaama oo Falastiiniyiinta uu dagaal adag la galay boqor Xuseen ka Urdun. Askarigan oo isagu dabcan aan waxba ka ogeyn waxa ay Amiina tahay iyo xogta laga helay ee keliya lagu amray in uu ilaaliyo ayaa ay Amiina muddo is baranayeen hadbana sheekadoodu meel gaadhaysay. Waxa ay u sheegtay in adeerkeed mansab sare oo xasaasi ah ka hayo ciidamada ilaalada dalka Urdun, Falastiiniyiinta oo ciidankan u cuqdadaysanina ay iska aamineen uun in uu ku jiray saraakiishii lahayd qorshaha iyo hoggaanka hawlgalkii la baxay Sabtembarta madaw ee ay ciidamada Urdun ku xasuuqeen Falastiiniyiinta badan. Sababtaas awgeedna ay hadda iyada u haystaan una ciqaabayaan.

Bishii Shanaad 1976 kii, ayaa askarigii Falastiiniga ahaa ee qaabbilsanaa ilaalinteeda gaarka ahi uu aad ugu calool dabcay. Askarigan oo magaciisu ahaa Qasaan Alqawaawi waxa uu gaadhay heer uu marar badan ku fikiro sidii uu Amiina uga furdaamin lahaa xabsigan, xitaa haddii ay keensanayso in uu u baxsadsiiyo Israa'iil.

Amiina oo ka faa'daysanaysa raadka ay aragto in ay ku yeelatay maskaxda askarigan waardiyeeya ayaa la soo kala baxday xeeladihii iyo tabihii ay ku sixri jirtay maanka ragga. Waxa dhacday in marar badan uu ka baydhay anshaxii askarinimo iyo waajibaadkii shaqo ee loo igmaday oo ahayd in uu ku koobnaado ilaalinta maxbuuskan, isaga oo si furfuran oo laba qof oo siman u eeg ula macaamili jiray, marar badanna ay dhacaysay in uu sidii saaxiib caadi ah ula fadhiisto haasaawe iyo sheekana la wadaago.

Waxa ay ku guulaysatay in ay naftiisa ku abuurta xiisaha nolol raaxo oo ka maqnaa, khayaali ah iyo adduunyo aan jirin.

Qasaan waxa galay dareen aad uga duwan kii colaadeed ee uu u qabay Yuhuudda, markii uu maskaxdiisa dib u celiyey waxa u soo baxday taariikhdiisii hore ee dhibta badnayd. Waxa uu ahaan jiray Nijaar aan farsamada ku fiicnayn, sidaa awgeed waxa uu ka dhigan kari waayey xirfad uu nolosha qoyskiisa ku maareeyo. Soddon sano oo uu jiray waxa ay u ahayd faqiirnimo iyo kifaax aannu mar keliya guulaysan oo uu kula jiray waayihiisa adduun. Waxa ay noloshu ku kalliftay in uu faraha ka qaado shaqadii gaarka ahayd ee uu ku maararoobi jiray, waxa aannu si toos ah ugu biiray kooxaha hubaysan ee Falastiiniyiinta. Intii hore xaaladdiisu ma' ay xumayn oo ugu yaraan waxa uu ka agdhowaa qoyskiisa oo yaalla Beyruut, laakiin tan iyo markii loo soo wareejiyey xeryaha xoogagga wax iska caabbinta ee ku yaalla deegaanka godka Sacraanah iyo weliba in uu si gaar ah uga masuul noqdo ilaalinta godkan, waxaa soo foodsaaray niyadjab iyo rejaxumo.

Baahi nololeed oo askari furin joogaa soo maro teeda ugu xun ayaa la soo deristay. Marka aynu xaaladda askarigan sidan u fahanno waxa inoo soo baxaysa in uu leeyahay goljilic uu si fiican uu uga faa'iidaysan karo qof dhaldhalaalka adduun u dhammaystiran yahay si fiicanna ugu tababaran xirfadda hanashada quluubta dadka aan feejignayn; dabcan qofka noocan ahi waxa uu noqday Amiina. Waxa ay baratay cilminafsiga, malaha waana sababta keentay in ay si fudud u dhalan rogto maskaxda Qasaan. Waxa ay maskaxdiisa si cilmiyeysan ugu sawirtay hummaagga nololsha ay u rejaynayso in uu ku naalloon doono haddii uu u baxsado Israa'iil.

Waxa ay ku riyoonaysay in ay noqoto basaasad Yuhuudiyad ah tii ugu horreysay taariikhda ee ku guulaysatay in ay maskaxbeddesho askarigii ilaalinayey kuna qanciso inuu qaato aragtidii ay iyadu wadatay. Sida ay ku caddaysay waraaqaheedii xusuusqorka ahaa, marnaba uma ay jeedin in ay Qasaan u kaxaysato Israa'iil kalana shaqayso inuu ku noolaado nolosha ay u sawirtay, balse ujeeddadeedu ay ahayd khiyaamo ay kaga fakanayso gacanta Falastiiniyiinta. Waxa ay qorshaynaysay in marka ay taagantahay xadka Israa'iil ay askarigan kaga tagto halkaa, oo isaga iyo Falastiiniyiintu wax ay kala yeelaanba ay iyadu u sheegto in aanay suurtagal ahayn inuu galo gudaha Israa'iil.

Dareenka ay askarigan kala kulantay waxa uu dib u soo nooleeyey ruuxdeedii, waxa ay sawirranaysay iyada oo tagtay Israa'iil oo la garan la' yahay si ay ku soo baxsatay madaxdeeduna u arkaan halyeey qaran. Waxa ay bilowdayba riyo maalmeed ay kula xisaabtamayso ninkeedii Mooshe oo ay iyadu weli u haysato in uu nool yahay.

Ayaandarradeeda waa ay ku hungowday qorshaheedii.

Qasaan markii uu Amiina la galay heshiiskii baxsashada ahaa, ee ay isla meeldhigeen waqtiga ay fulinayaan qorshaha baxsiga, ayaa uu damcay in uu gaadhsiiyo saaxiibkii oo ay isku duruufo ahaayeen aadna uu ugu kalsoonaa. Hadal inta uu afkaaga ku jiro ayuu ammaanadaa yahay waa dhab! Qasaan saaxiibkiisii uu sirta baxsiga u sheegay waxa uu markiiba warkii u tebiyey saraakiishii ka sarraysay.

Damiirkiisa ayaa ka diiday in uu qariyo fal laga yaabo in uu dhabarjebiyo saaxiibbadiisa ay halganka ku wada jiraan. Masuuliyiintii sirdoonka Falastiin, askarigii warka keenay waxa ay fareen in uu shaqadiisa si caadiya iskaga wato, iskana jiro in Qasaan iyo Amiina ay ka shakiyaan, dhinaca kalana waxa ay ilaalo gaar ah iyo dabagal ku sameeyeen Amiina iyo askarigan la heshiiyey. Sidii uu sheegay askarigani ayaa ay noqotay oo Qasaan waxa la qabtay isaga oo maalintii u cayinnayd in uu la baxsado Amiina goor arooryo hore ah godkii la sii gelaya dirays ah nooca ay xidhaan kooxaha wax iska caabbinta reer Falastiin. Waxa uu doonayey in uu Amiina u geliyo dirayskan si marka isaga iyo iyadu ay sii baxsanayaan ciddii dusha ka aragtaa u qaadato laba askari oo si caadi ah u wada socda.

Bishii tobnaad 1976 kii ayaa Qasaan rassaas laabta lagaga dhuftay isaga oo markaas isku dayaya in uu la baxsado Amiina oo uu silsiladdii ka jebiyey. Iyada lama dilin ee mar kale ayaa godkii lagu soo celiyey iyada oo lagu sii adkeeyey silsiladihii, lana soo xoojiyey ilaaladii. Waxa kale oo ay Amiina arrintan ku kasbatay ciqaab adag oo intii ka dambaysay waqtigii waraysiga ay ka raysatay.

***

Amiina waxa ay xabsigan godka ah ku jirtay muddo shan sano ah, waxaana marba marka ka dambeeya sii xoogaysanayey wararka soo shaac baxaya ee ka warramaya qabashadeeda, waxa noqotay arrin hadal haynteedu aad ugu badatay bulshada dhexdeeda. Gaar ahaan markii la gaadhay bishii kow iyo tobnaad ee sanadkii 1979 kii oo ay aad u soo kordheen dadaallada iyo dhaqdhaqaaqyada uu ururka laanqayrta cas ee caalamiga ahi ku doonayey in uu madaxda Falastiiniyiinta kala hadlo sii deynta gabadhan iyaga oo ku beddelanaya maxaabiista ay Israa'iil ka hayso Falastiiniyiinta, soo jeedintaas oo ay markii dambe Falastiiniyiintu u soo dabceen inkasta oo dadaalkaasi wiiqmay markii ay Israa'iil diidday soo jeedintaas maxaabiis is dhaafsiga.

Israa'iiliyiintu kulamadii Laanqayrta cas ee lagu gorfeynayey arrinta Amiina waxa ay uga soo qaybgalayeen si aad u habacsan oo ay ka muuqato xamaasad yaraan iyo in aanay aad isugu lurayn qaddiyadda Amiina. Waa arrin aad u yaab badan waayo Israa'iil waxa ay caado u lahayd in ay aad u danayso badbaadada basaasiinteeda iyo weliba in ay wax kasta u hurto soo samatabixinta basaaska meel kaga xannibma ama laga qabto. Masuuliyiinta Israa'iil waxa ay si dabacsan ugu sheegeen madaxdii Laanqayrta Cas in haddii ay Falastiiniyiintu u diyaaryihiin ay Amiina ku beddelan doonaan hal maxbuus oo ka mid ah maxaabiista reer Falastiin ee ay hayaan. Weliba shardiga maxbuuskaas ku xidheenna uu ahaa in uu yahay qof aan ku eedaysnayn in uu dilay Israa'iiliyiin Askar iyo rayid ka uu doono ha noqdeen. Falastiiniyiinta oo uu arrintan gorfaynteeda si toos ah uga qayb qaadanayey Yaasir Carafaat si adag ayaa ay u diideen soo jeedinta Yuhuudda ee ah Amiina in lagu beddesho Falastiini aan dil Israa'iili u xidhnayn.

Waxa ay Laanqayrta Cas u sheegeen in waxa ugu yar ee ay ku beddelan karaan Amiina uu yahay Yuhuudda oo soo deysa laba ka mid ah halyeeyadii caanka ahaa ee Falastiiniyina oo ay Yuhuuddu qabatay mar ay isku dayayeen hawlgal nafhurid ah.

Labada maxbuus ee ay Falastiiniyiintu dalbadeen in Amiina loogu beddelaa waxa ay ahaayeen Maxamed Mahdi Basiisow oo magaalada Qasa ku dhashay 1941 kii. Basiisow oo markaas 30 sano jiray ayaa hawlgal nafhurid ah oo uu adeegsanayey laash sanadkii 1971 kii waxa uu dhaawac iyo dhimasho ugu geystay tiro fara badan oo Yuhuud ah. Ninka labaad ee Falastiiniyiintu dalbadeen waxa uu ahaa Waliim Nasaar oo magaalada barakaysan ee Quddus ku dhashay sanadkii 1942 kii. Waliim isaga oo 26 sano jir ah ayaa uu sanadkii 1968 dii si dhiirran magaalada Quddus ugu dhex dilay saddex Israa'iiliyiin ah.

Labadan nin ee Falastiiniyiinta ahiba waxa ay ku xukunnaayeen xabsi madaxaa ha ku furto ah. Soo jeedinta Falastiiniyinta markii Laanqayrta cas ay gaadhsiisay masuuliyiinta Yuhuuddu waxa ay muujiyeen sida aanay danba uga lahayn gabadhan iyo warkeeda. Wakiilkii hay'adda Laanqayrta cas u qaabbilsanaa wada xaajoodkani waxa uu si sir ah ugu caddeeyey Yaasir Carafaat in Amiina aanay Israa'iil waxa qiimo ah ugu fadhiyin, waxa uu ku yidhi, "Gabadhan waxa ay ku tilmaamayaan Israa'iiliyiintu inay tahay keliya khaayimad waddankeedii soo khiyaamaysay, diinteedii iyo ehelkeediina caqli xumo u colaadisay.

Waxa ay madaxdooda sare si sir ah igu sheegeen in aanay Amiina marnaba aaminsanayn oo ay dareemi karaan in ay iyagana (Israa'iil) berri khiyaamayn karto sida ay dalkeedii iyo dadkeediiba u khiyaamaysay" Masuulkan Laanqayrta cas waxa uu Carafaat si saaxiibtinimo ah ugu sheegay in maadaama oo ay Amiina tahay qof Carbeed aanay dan ka lahayn haddii la dilo iyo haddii la soo daayo, "Waxa kale oo ay ogyihiin in faa'iido dambe aanay ku hadhin wixii ugu wanaagsanaa ee ay u qaban karaysay Israa'iil-na ay qabatay" ayaa ka mid ahaa hadallada uu ku yidhi Carafaat, sida xafiiska sirdoonka ee Falastiiniyiintu caddeeyey mar dambe.

Masuulkan ka socday hay'adda Laanqayrta Cas waxa uu Carafaat u sheegay in Israa'iil caan ku tahay in ay basaasiinteeda ajaanibka ah ku qaabisho dhaqannada noocan ah. Isaga oo taas u sii caddaynayana waxa uu xasuusiyey qisadan oo hore u dhacday Carafaat qudhiisuna ka warhayey, "Alfared Farankist, oo ahaa injineer u dhashay dalka Switzerland ayaa sanadkii 1971 kii lagu xidhay Faransiiska, markii lagu helay dembiga ah in uu sir ku saabsan samayska diyaaradaha dagaalka Faransiiska ee Mirage-3 u gudbiyey Israa'iil. Ninkan waxa la sheegay in MOSSAD ay shaqaalaysay. Xeeldheereyaal MOSSAD ka tirsanaa ayaa inta ay duufsadeen, u fududeeyey in uu si qarsoodi ah u galo dembi foolxun iyo dhaqan xumo badan. Markii uu galayna waxa ay ugu hanjabeen in haddii uu la shaqayn waayo, ay sirtiisaa bannaanka soo dhigi doonaan. Alfared Farankist 4 sano iyo badh ayaa uu xabsigii ku jiray.

Israa'iil oo ka faa'iiday aqoontii iyo xogtii muhiimka ahayd ee ninkan ayaa ay u suurtagashay inay samayso diyaarad dagaal oo qaabkeeda iyo shaqadeedaba laga xaday Mirage-3.

Danjirihii Israa'iil u joogay dalka Faransiisku waxa uu Israa'iil u yimi in uu ka qaybgalo daahfurka diyaaraddan dagaal oo ay Israa'iil u bixisay Kafiir, laakiin MOSSAD si cad ayaa ay u diiday in Alfared Farankist ay ka soo bixiso tigidhka diyaaradda si uu xafladdan uga qaybgalo. Markii uu isagu isa soo debberay uu yimid Israa'iilna, dawladdu wax dareen soo dhoweyneed ah ama xitaa in uu yimi

Alfared Farankist Israa'iil ah kama' uu helin, si badheedha ayaa ay Israa'iil ninkan isu illowsiisay, waayo danteedii ayaa ay ka dhammaysatay. Amiina waa sidaas oo kale."

Carafaat warkan saaxiibkii siiyey waa uu xaqiiqsaday, hase ahaato ee waxba kama uu beddelin go'aankiisii ahaa in Amiina loogu beddelo labadaas nin. Arrinta xiisaha lihi waa jawaabta uu Carafaat ninkan siiyey, isaga oo iska dhigaya nin sir u sheegaya laakiin ujeedadiisu ahayd in ay noqoto farriin gaadha Israa'iil, oo masuulkani marka uu Israa'iil tago uu uga sheekeeyo masuuliyiinta Yuhuudda ah ee uu la kulmo. "Cadaadis badan ayaa ay igu hayaan saraakiisha Falastiiniyiintu. Waxa ay iigu cadhaysanyihiin sababta aan u oggolaan waayey in la dilo Amiina Almufti. Haddii Israa'iil ay soo debci weydo waxa aan ku qasbanaan doonaa in aan oggolaado talada saaxiibbaday ee ah in lagu dilo meel fagaare ah oo talefishannada oo dhammi joogaan si ay cibro iyo dersi ugu noqoto basaasiinta kale ee MOSSAD" Sidii uu Carafaat ugu talo galay ayaa ay u dhacday, oo masuulkii Laanqayrta Cas u qaabbilsanaa wada xaajoodka maxaabiis is dhaafsigu markii uu la kulmay masuuliyiintii sarsare ee MOSSAD waxa uu u sheegay in Falastiiniyiintu arrinta meel adag ka taaganyihiin, una arkaan qof muhiim ah maadaama oo haddii ay u dilaan si dadka oo dhammi ay arkayaan, isla markaana ay shaaciyaan in Israa'iil danayn weyday ay taasi niyadjab ku noqon doonto dhammaan basaasiinta aan asalkoodu ahayn Yuhuudda ee Israa'iil u shaqeeya. Hadalkan uu sarkaalka Laanqayrta Cas ka soo sheegay Yaasir Carafaat waxa uu aragagax iyo baqdin aannu nooceedu hore u soo marin ku noqday masuuliyiinta sarsare ee MOSSAD.

Taliyihii MOSSAD ee intii u dhexeysay 1974 kii Illaa 1982 kii oo ahaa Isxaaq Xowfi iyo saraakiishii sare ee xafiiska sirdoonku waxa ay ogaayeen in Amiina oo lagu dilo meel dadka oo dhammi arkayaan, isla markaana si toos ah ay talefishannada u soo gudbiyaan ay khatar ku tahay shaqada MOSSAD, gaar ahaa in ay niyadjab iyo baqdin ku ridi doonto basaasiinta MOSSAD ay ku dhex beertay dalalka Carbeed. Waxa ay garawsadeen in ay fashilmi doonto shabakadahooda basaasnimo oo dhismahooda iyo hawlgelintooda ay MOSSAD ku bixiso malaayiin doollar. Dood waqti qaadatay iyo gorfayn ay si gaar ah madaxda sare ee siyaasadda iyo sirdoonka Israa'iil u yeesheen, waxa ay isku qanciyeen in haddii ay tani dhacdo la waayi doono xogaha wax-ku-oolka ah ee Yuhuudda uga yimaadda dalalka Carbeed, xogahaas oo ah ta ay ku dhisan tahay siyaasadda, qorshayaasha millateri iyo weliba dhaqaalaha Israa'iil.

Maxaabiis isdhaafsi

Go'aanka ka soo baxay kulamada masuuliyiinta Israa'iil waxa uu noqday in Isxaaq Xawfi uu ku dhawaaqo in ay aqbaleen dalabka Falastiiniyiinta, iyada oo hay'adda Laanqayrta Cas ay u daayeen in ay iyadu soo xusho dalka Falastiiniyiinta iyo Yuhuuddu isku dhaafsan doonaan maxaabiista. Marka ay sidan sheegayaan Yuhuuddu, waxa ay ka cabsi qabeen in haddii aan dal saddexaad oo hawsha fududeeya ammaankana suga lagu soo darin ay dhici karto in Falastiiniyiintu khiyaamo ku kacaan, Israa'iil na ay ula soo baxaan hawl kale oo aanay ka sii baaraan degin.

Markii ay ku guulaysatay in ay Falastiiniyiinta iyo Yuhuuddu aqbalaan in la isku beddesho Amiina Almufti iyo labadii halyey ee reer Falastiin, Maxamed Mahdi Basiisow iyo Waliim Nassaar, hay'adda Laanqayrta cas waxa ay bilowday dadaal kale oo ay ku raadinayso dalkii saddexaad ee ay hawshani ka dhici lahayd dushana ka sugi lahaa ammaanka. Waxaa diiday Talyaaniga, Giriigga, Bulgaariya iyo Faransiiska, laakiin waxaa markii dambe ogolaaday dalalka Turkey, Qubrus iyo Romania. Falastiiniyiintu dhankooda waxa ay soo dhoweeyeen in hawshani ay ka dhacdo dalka Qubrus, sidoo kale Israa'iil ayaa Qubrus oggolaatay laakiin waxa ay ku xidheen shardiga ah in uu socodka hawshan farogelin ku lahaado ergey ka socda Qaramada midoobey si loo sugo ammaanka. Shardigan ay Israa'iil soo jeedisay waxa uu ka cadhaysiiyey Qubrus oo u aragtay kalsooni darro Israa'iil ka qabto awoodda dalkoodu u leeyahay sugidda ammaanka.

Safiirkii Israa'iil u joogay Qubrus ayaa sanadkii 1980 kii raalli gelin rasmi ah ka bixiyey hadalka Israa'iil, waxa aannu sheegay in dalkiisu la leeyahay Qubrus xidhiidh dhow dano badanna ay wadaagaan. Wasiirkii arrimaha gudaha ee Qubrus ayaa 13[kii] Febarweri 1980 kii u calaamadiyey inay noqoto maalinta hawsha maxaabiis is dhaafsiga Falastiiniyinta iyo Yuhuuddu dhacayso. Waxa uu sheegay in hawshu ka dhici doonto gegida diyaaradaha ee magaalada Larnaaka, isaga oo sheegay in dhammaan duulimaadyada laga joojin doono madaarka inta ay hawshu socoto. Heerka sugidda ammaanka Qubrusna waxa la gaadhsiiyey halkii ugu sarraysay abid.

Maxaabiis isdhaafsigaas Falastiiniyiinta iyo Israa'iil waxa uu noqonayey kii abid ugu horreeyey ee Falastiiniyiinta iyo Yuhuudda dhexmara. Taas ayaa sabab u ahayd in werwer badan iyo baqdini hadhayso dhammaan masuuliyiinta Israa'iil. Waxa ay cabsi ka weyn ka qabeen in Falastiiniyiintu masraxiyad jilayaan oo ay damacsan yihiin in madaarka Larnaaka dhexdiisa ay dhib ka geystaan ama diyaarado ka afduubaan. Falastiiniyiinta qudhoodu ma' ay shaki la'ayn, waayo waxa ay niyadda ku hayeen taariikhda hawlgallada arxandarrada ah ee ay MOSSAD meelo badan oo dunida ah ka fulisay. Waxa ay mar walba niyadda ku hayeen suurtagalnimada in Israa'iil ay madaarkan ka fuliso khiyaamo uu ku bilowdo dagaal ay ku dilaan Falastiiniyiinta si nabad ahna u kaxaystaan Amiina iyaga oo aan sii deyn maxaabiista Falastiiniyiinta.

***

Sarkaal ka socda xarunta maamulka PLO ee magaalada Beyruut ayaa wafti ahaan loogu soo diray xafiis hoosaadka Ururka PLO ee magaalada Sayda oo ah koonfurta Lubnaan. Xafiiskan waxaa maamul ahaan hoos imanayey deegaanka uu ku yaallo godka Sacraanah iyo xeryaha millateri ee ku dhow. Ujeedada sarkaalkan loo soo diray waxa uu ahaa in uu isagu ka masuul noqdo soo kaxaynta Amiina iyo sugidda amnigeeda inta gacanta loo gelinayo Israa'iil.

Gaadhi noociisu Jiib ahaa oo sida sarkaalkii laga soo diray Beyruut iyo masuuliyiintii deegaanka uu yimi ayaa u kicitimay dhinacii godka Sacraanah. Jidka oo ahaa raf si kadeedan uga gudba buuraha midiba mid kuu dhiibayso ee deegaanka ayaa keenay in safarkoodii noqdo rafaad ay goor ay daal bes yihiin ay gaadhaan godkan oo markiiba sarkaalkii ergeyga ahaa iyo masuuliyiintii la socotay ay galeen. Ilays aad u xoog badan oo waftigan loo sii qorsheeyey ayaa ka baxayey godka gudihiisa. Waa Amiina oo jidhkeedii dhisnaa iyo quruxdii meel iska dhigtay, waa hubaal in qof yaqaannay aannu garasho ha joogto ee malayn karayn. Waa qalfoof ay silsiladi si bilaa naxariis ah ugu jabsan tahay. Muddo Shan sano ah ayaa ay ku jirtay godkan iyo noloshiisa darxumada ah. Marka aynu eegno nolosha ay shan sano ku jirtay, layaab noqon mayso in ay lafo isa sudhan oo ruuxi ku jirto noqotay. Sarkaalkii laga soo diray Beyruut ayaa ku soo dhowaaday Amiina. Inkasta oo ay bilowgii argagaxday, haddana markii ay wejigiisa aragtay, naxdintii waa ay ka yaraatay. Aqoonteedii cilminafsiga ayaa markiiba ka caawisay in ay wejiga ninkan ka akhrisato in uu nabad u socdo.

Cod aad u liita oo la dareemi karo in uu si dirqi ah uga soo baxayo ayaa ay ku tidhi, "Ma waqtigii la i dili lahaa ayaa la gaadhay?" Sarkaalkii oo aad mooddo in uu ka shaki qabo in qolfoofkani uu maqli karo codkiisa, ayaa inta uu ku soo dhowaaday si uu hadalka u maqashiiyo waxa uu cod dheer ku yidhi, "Waa lagu sii deyn doonaa, waxa aanad mar labaad ku noqon doontaa Israa'iil" Xubnaheeda oo dhan ayaa gariiray, jidhkeedii ayaa ay hanan kari weyday, labadii indhoodna waa ay weynaysay iyada oo is kala garan la', naxdin iyo faraxd midka ay dareemayso.

Sarkaalkii Falastiiniga ahaa oo dareemay sida ay ula yaabtay ayaa mar labaad la hadlay, "Toban maalmood gudahood adiga oo xor ah ayaa aad dhex joogi doontaa Israa'iil, waxba ha ka biqin ciqaabtii waa ay kaa dhammaatay" Sarkaalkii si uu ugu muujiyo in aannu uga dhoweyn raggii hore ee ciqaabta mariyey una xasuusiyo in aanay naxariis ku lahayn qalbigiisa ayaa uu isaga oo weli hadalka ku jira dareensiiyey in ciqaab kasta oo loo geystay ay ahayd mid ay mutaysatay waxa aannu yidhi, "Wixii kugu dhacay, marka loo eego waxa aad annaga noo geysatay waxba ma' aha, waxa aannu nahay gob agtooda lagu badbaadi karo, waxa aannu ku faraxnay imaanshiyahaagii. Sababta aannu kalsoonida xad dhaafka ah saarnay waxa ay ahayd Carabnimadaada. Daacadnimo iyo kalgacal ayaa aannu laabtayada kuugu furnay, iyada oo aannu naxariis darro iyo weji xidhan ku qaabbilayno dad kale oo badan oo laga yaabo in qaarkood kaa wanaagsanaan lahaayeen, laakiin waxa aad abaalkii noogu gudday in aad sabab u noqoto dilka tobanaan dad beri ah oo dhallinyaradayadii ka mid ah. Waxa aad noqotay nacab ku raaxaysatay baroorta hooyooyinka goblankooda ama carmalnimadooda aad sababta u ahayd"

Inta ay si qotodheer u dhegeysatay hadalka sarkaalkan ayaa ay ilmo waaweyni labadeeda indhood ka soo butaacday, laakiin sarkaalkani ma' uu kala garan in ay tahay ilmo murugo iyo ciilka wixii ay samaysay ka keenay iyo inay tahay ilmo farxadda badbaadadu ka keentay. Isaga oo hadalkiisii sii wada balse aad markan mooddo in uu farriin u farayo madaxdeedii MOSSAD ayaa uu ku yidhi, "Marwooy, dhulka aad joogtaa waa dhul Carbeed, waa dhulkii aad ku dhalatay, waa dhulkii ciiddiisa iyo dadkiisuba ku daryeeleen ee xuduntaadu taallay, balse aad adigu khiyaamaysay. Dadka aad khiyaamaysay waa dadkaagii laakiin waxa aad ku bushaaraysataa in maalin ay noqotaba iyo cid soo gaadhaba Maaruun dadkani ay xaqooda iyo ciiddooda heli doonaan. Halganka waanu wadaynaa dhiiggayaga iyo ka ubadkayagaba waa aannu huraynaa. Waxa aad ogaataa halka aad ku socoto (Israa'iil) in aanad lahayn. Asal iyo isirtoona la wadaagin haddii laguugu soo dhoweeyana ay maalmo noqon doonto."

Hadalladan miisaanka leh uma ay adkaysan karayn, cagahana kumaba ay taagnaan karayn. Dhanka kale waxa ay ogeyd in dhammaan ay xaqiiqo iyo run yihiin. Sarkaalka waxan oo hadal ah jeediyey kama ay ahayn calaacal iyo in uu khaayimadda u cawdo. Waxa ay ahayd farriin la isku ogaa, waxa uu eryadan ugu dhigayey Amiina taariikh. Waxa uu garawsanaa in goor ay noqotaba ay iman doonto maalin eryadani dib ugu soo dhacaan maskaxdeeda, maalin ay qoomamayn doonto waxa ay fashay. Sidaa awgeed waxa uu doonayey in uu u dhigo eryo maalintaas ku noqdo ciqaab iyo cadaab dheeraad ah. Waxa ay ahayd markii ugu horreysay muddo dheer, laga wada furay silsiladihii waxaana muddo shan sano ka badan markii ugu horreysay loo keenay cunto ay iyadu dalbatay oo dookheeda ah oo ay iyadu dalbatay.

Amiina Almufti

Muuqaalka jid ka mid ah magaalada Rishon lezion (Israa'iil) ee Amiina Guriga laga siiyey, markii ay dib u noqotay

10
Jidkii Israa'iil

"Lagaa fur silsiladdii, waa lagu qaadayaa. Ma' farxad aad badhaadhe ku sii jiraysaa mise waa farxad bilow u ah hoog kuu soo socda?" Amiina ayaa nafteeda su'aashan weydiisay, iyada oo qabta dareen aanay cabbiri karin. Waxa ay fahmi la' dahay waxa dhacay iyo sida ay wax u jiraan.

Sida ay ku caddaysay waraaqaha xusuusqorkeeda ay ku ururin jirtay ee la helay, maalintaas wixii ka dambeeyeyna maalin kasta oo dhaaftaa waxa ay xasuusinaysay ereyadii sarkaalkii reer Falastiin ee u ballanqaaday in la sii daayo.

Mar ay waraaqaheeda xusuusqorka kaga sheekaysay arrintanna waxyaabaha ay qortay waxaa ka mid ahaa, "Kelmadaha uu sarkaalkani igu lahaa waxa ay sida leebka u dhex jibaaxayeen maskaxdayda iyo jiidhkaygaba .. Waxa ay dhaawac gaadhsiiyeen isu dheelitirnaantaydii waxa aanay tirtirteen rejadaydii iyo wixii hammi igu jiray .. Waxa ay igu rideen badweyn kacsan oo mawjadaheedu gudcur iyo cabsi yihiin.

Waxa aan ku dhowaaday in aan qayliyo kana baryo in uu ii naxariisto oo uu hadalkan iga kala daayo, in aan ka baryo in uu iga daayo hadalladaas sida waranka u mudaya qalbigayga dhaawacan.

Laakiin ma' uu kala joojin, ereyo sida xabadda madfaca ka dhacda ah ayaa uu hal mar igu afrogay .. Hoos ayaa aan naftayda ugu idhi, 'Talow, kanina muxuu kaa soo doonay? Miyaa aannu arkayn sida aan u ekaaday iyo dullinimada i saaran..? Ma waxa uu iigu yimi in uu i xasuusiyo liidnimadayda iyo dacdarrada aan ku noolahay, mise in uu dib iigu kiciyo xusuuso hore oo aan aasay, si uu iigu ciqaabo xasuus soo kicisa damiirkayga dhintay…?

Waxa keliya ee aan maalintaa idinka sheegi karaa waa in aan garawsaday in aan ka baydhay gebi ahaanba wixii uu Alle ii abuuray… Waxa aan guddoonsaday in aannan haba yaraato ee ku habboonayn inaan noqdo hooyo. Haweenay sidayda oo kale ah, oo uurkeeda ay khiyaamo dhaammisay, sidee ay ilme beri ah u qaadi kartaa oo ay naaskeeda u nuujin kartaa.

Gabadh dilaysa ubad iyo da' yar, hooyooyinkoodna ku silcinaysa murugada geeridoodu hooyonimo ma u qalantaa?!

Talow haddaa qaladka aan hadda qirsanay markii aan ku kacayey miyaan waalnaa mise wax kale ayaa aan is tusay…?

Waxa aan isweydiinayey, hooyadayeey kumee! .. aan labadaada gacmood dhexdooda soo galo oo aan madaxayga saaro laabtaadii naxariista badnayd, aniga oo xoog isugu dhejinaya!!

Aabbahayoow kumee! .. Aad maanta in uun iga fududaysid musiibada igu habsatay. Waxa aan u boholyoobay talooyinkaagii ii noqon jiray faynuuska aan ku ilaysto jidka aan u marayo mustaqbalkayga. Sidee aan u dayacay talooyinkii iyo barbaarintii aad carruurnimo iyo dhallinyaronimaba igula garab taagnayd?!!.

Wiilashii aan la dhashay ee aan ka weheshan jiray waayaha adduun iyo duruufaha dhallinyaronimo iyo hablahayagii mayee? Eeddooyinkay, habaryarahay iyo asxaabtaydii maxaa aan ku beddeshay?! Daahyadii xariirta ahaa iyo agabkii quruxda badnaa ee gurigayaga ku sharraxnaa, ma godkan ayaa aan ku beddeshay?!

Talow maanta hooyaday ma inta ay xamaamtaydii guriga dibaddiisa u soo saartay ayaa ay gubtay iyada oo i nacdalaysa, mise waxa ay nafteeda ku samirsiisaa in ay dharkaygii laabta ku qabsato si urta dhididkaygu qalbigeeda kaarjebin ugu noqdo?!!

Maanta adduun waxa keliya ee igaga hadhay, waa aamus oo ilmadaada wehesho, inta aad sugayso geerida" Waa ereyo muujinaya in ugu dambayntii Amiina ay ugu dambayntii ku noolaatay nolol quus iyo rejabeel ah.

Daqiiqadihii murugada

9[kii] Bishii labaad 1980 kii goor arooryo hore ah, ayaa Amiina si aad u sir ah loogu qaaday saldhig ay ciidanka Falastiiniyiintu lahaayeen oo ku yaalla koonfurta Lubnaan magaalada ku taalla ee Zayda. Galabnimadii isla maalintan goor fiid cawl ah ayaa mar kale loo qaaday dhinaca magaalada Beyruut. Waxa ay saarnayd gaadhi yar oo ay hareero socdeen baabuur yaryar oo ay saaran yihiin ciidamo si weyn u hubaysani. Habeenkaas waxa la keenay guri ka mid ahaa xarumaha maamulka Falastiiniyiinta iyada oo la dejiyey qol aad u qurux badan oo maskaxdeeduba illowday in noociisu jiro. Waxa guriga dhan walba ka taagnaa ilaalo si xooggan u hubaysan.

Mar ay habeenkan kaga warrantay waraaqaha xusuusqorkeeda ayaa tidhi, "Maalintii igu horreysay waxa aan galay godka Sacraanah isaga oo madaw, waxa aan maalinta ka soo baxay isaga oo madaw .. Labada indhood ayaa aan labadan jeerba ka xidhnaa taas oo keentay in wax waliba madaw ii noqdaan.

Marka la i soo saarayey in indhaha la iga xidhaa waxa ay ahayd dantayda, waxaa laga cabsi qabay in haddii si kedis ah aan ugu soo baxo qorraxda iyo iftiinka oo aannan arag muddo 1'651 (Kun lix boqol iyo konton iyo kow) maalmood ah, ay suurtagal ahayd in ilayskaa aan illaabay ee kediska ahi la tago nuurka indhahayga oo aan caamiye noqdo. Waa dad aad u wanaagsan oo qalbi fiican Falastiiniyiintu, waxa ay ila doonayeen in aannan indho beeline oo marka aan dibadda u soo baxo aan kala garan karo wejiyada dadka.

Markii aan Beyruut imi laba hablood oo aad u nadiif ah ayaa si gaar ah ii daryeelay xamaamkana i geeyey. Muddo ka badan shan sano, ayaa aan markii ugu horreysay jidhka oo dhan maydhay. Waxa aan galay hurdo aad suuxis mooddo. Waxa igu xidhxidhnaa xadhko jilicsan oo maas ah. Waxa aan cunay cunto aad u macaan oo aan sanado ka maqnaa. Aniga ayaa dalbanayey sida aan u doono ayaana la iigu keenayey. Markii aan ladnidan arkay ayaa uu i galay damac intaa ka sii badani.

Sarkaalkii qaabbilsanaa ilaalintayda ayaa aan ka codsaday in uu ii fuliyo hammi qaali igu ahaa oo aan muddadii sanadaha ahaydba niyaddayda ku hayey. Waxa aan ka baryey in uu ii oggolaado in aan hooyaday oo joogta Cammaan kula hadlo taleefan. Laakiin markii uu sarkaalkii ii sheegay in codsigaygaasi yahay mid aan haba yaraato ee la aqbali karin ayaa aan mar labaad candhuuftayda dib u liqay .. Waxa i galay dareen ii sheegaya in aannan dib codkeeda u maqli doonin .. Marka aan Israa'iil tagana ay u eegtahay in aannan dib u arki doonin"

Waa run in aanay qoyskooda dib u arki doonin, taleefankana aanay kala xidhiidhi doonin. Waxa ay ogeyd in MOSSAD aanay u oggolaan doonin in ay ka baxdo Israa'iil. Munaasabaddii maxaabiis isdhaafsiga, ayaa warka Amiina dadka oo dhami si fiican ugu ogaadeen. Warbaahin badan ayaa dhacdadan goobjoogga u ahayd, oo ka faallootay waxa dhacay iyo cidda ay Amiina tahay. Mar haddii ay sidaas tahayna MOSSAD waxa ay ku qasbantahay in ay amniga Amiina ku ilaaliso Israa'iil gudaheeda.

Amiina waxaa u caddaa in godka Sacraana ahaa xabsi ku meel gaadh ah, balse xabsiga runta ah ee ay abid ku jiri doontaa uu yahay joogitaankeeda Talaabiib. Waxa ay habeenkan seexatay iyada oo nafteedu la baaxaa degeyso werwerka iyo ka fikirka waayaha ay filayso in ay ku sugayaan Israa'iil. Goor habeen badh ah inta ay qaylo laga wada maqlay guriga iyo hareerihiisa ku dhufatay ayaa ay kor u boodday, iyada oo ku dhawaaqaysa, "Ma Doonayo in aan Israa'iil ku noqdo .. Ma doonayo Israa'iil" markiiba labadii hablood ee arrinteeda sida gaarka ah loogu xil saaray ayaa isku duubay askartii kadinka qolka taagnaydna gudaha ayaa ay soo wada galeen. Inta la qabtay ayaa si sidii hore ka adag loogu sii giijiyo xadhkihii maaska ahaa ee ku tigtignaa. Waxa ay ka cabsi qabeen in ay fakato ama sababto dhib kale. Mid ka mid ah saraakiishii ilaalinaysay ayaa ku yidhi, "Is deji, fadlan. Waa la dhammaystiray dhammaan tallaabooyinkii looga baahnaa safarkaaga Israa'iil ee"

Mar kale ayaa ay Amiina sii laba jibbaartay cabaadkii waxa aanay ku qaylisay, "Waar, halkan igu dila ama igu celiya godkii Sacraanah .. Waan necebahay Israa'iil .. Waan nacay .." Sarkaalkii ayaa mar kale si deggen ugu jawaabay, "Marwooy, dalkaagu hadda waa Israa'iil"

Ma' ay aamusin ee si cabsi badani ka muuqato ayaa iyada oo ilmaynaysa waxa ay ku tidhi, "In la i dilo ayaa iiga fudud in la igu celiyo Israa'iil, ee ma aad i dishaan..? Ma Israa'iil ayaa aad ka baqanaysaan..?" Sarkaalkii ayaa mar kale hadalkii ku soo noqday isaga oo leh, "In aannu Israa'iil ka awood badannay waxa kuu caddaynaya basaasnimada ay kuu soo dirteen"

Amiina: "Haa, waan idin basaasay.. Maxaa aad igu celinaysaan cadawgiinii aan idiin basaasayey..?"

Sarkaalkii: "Waxa aannu kugu beddelanaynaa laba geesi oo ay naga hayaan Yuhuuddu oo kaa qiimo badan."

Sarkaalkani waxa uu dooddan iyo sheekadan dheer u galay si uu Amiina u dejiyo oo ay rabshadda u joojiso, inta uu imanayo dhakhtar loogu talo galay in uu ku mudo irbad dejisa. waqti yar kaddibna waaba uu soo galay oo markii uu irbaddii ku hubsaday, durbadiiba uu hoos ugu daciifay codkeedii iyo dhawaqii dheeraa ee ay samaynaysay, illaa ay ugu dambayntiina hurdo dheer muquuratay.

Gegidii Diyaaradaha Ee Larnaaka

13[kii] Bishii labaad 1980 kii waqti galabnimo ah oo ay saacaddu tahay saddexdii iyo toban daqiiqo (03:10pm) ayaa Amiina oo madaxa loo geliyey kiish madaw oo dheer. Iyada oo aannu weli jidhkeeda ka dhammaan raadkii dawadii suuxisay ee lagu muday, inta si aad ah loo xidh xidhay waxa lagu riday baabuur ciidan oo qafilan. Waxa la geeyey madaarka, oo ay hore u sii joogeen ciidan ilaalinaya ammaanka oo ku gaashaaman gaadiidka millateriga.

Waxaa gegida diyaaradaha fadhiyey diyaarad nooceedu yahay Boeing 737 oo ay leedahay shirkadda diyaaradaha ee

Sharqal Aawsat oo laga leeyahay dalka Lubnaan. Amiina ayaa si deggen looga soo dejiyey gaadhigii iyada oo dhan walba ay ka tuban yihiin ciidan aad u hubaysani.

Waxa labada garab hayey laba askari oo la fuulay gudaha hore ee diyaaradda. Waxa la xidhay albaabkii diyaaradda oo gudaheeda ay ku jireen 11 sarkaal oo Falastiiniyiin ah iyo sarkaal ka socda hay'adda Laanqayrta cas ee caalamiga ah.

Waxaa aad looga cabsi qabay in diyaaradaha dagaalka ee Israa'iil ay diyaaraddan ka hortagaan oo ay xoog khadkeeda kaga leexiyaan oo ay fadhiisiyaan Israa'iil. Si taas looga taxaddaro waxa ay diyaaraddu martay jiho aan la sii sheegin iyada oo ku degtay garkoonka magaalada Ankara ee caasimadda Turkey. Haddana si qarsoodi ah ayaa ay uga kacday Ankara waxa aanay ku degtay dalka Qubrus.

Aynu yara galno gudaha diyaaradda, Amiina oo u muuqata qof aan caadi ahayn, isla markaana aan wax talo ah ku lahayn masiirkeeda ayaa la fadhiisiyey kursi. Waxaa weli madaxa ugu jiray kiishkii, labada dhanna waxaa ka fadhiyey labadii askari ee marka horeba diyaaradda soo saaray. Muddo diyaaraddu markii ay hawada ku jirtay waxa ay bilowday cod u eeg oohin oo aad u gaaban, laakiin si tartiib-tartiib ah ayaa uu codkaasi hadba kor ugu sii qaadmayey illaa u noqday baroor dadkii diyaaradda la saarnaa oo dhammi u adkaysan kari waayeen. Sarkaalkii hareer fadhiyey ayaa inta uu xabbad sigaar ah shitay aad u jiiday, markaasaa inta uu qiiqii ku afuufay Amiina, waxa uu weydiiyey, "Ma kuu shidaa xabbad?"

Amiina inta ay ilbidhiqsiyo aamustay, ayaa ay tidhi, "Waa noocma sigaarku?"

"Waa sigaar lagu sameeyo dalka Tunisia oo lagu magacaabo Sapphire" ayuu ugu jawaabay.

Amiina: "Waar wax cabba Marlboro miyaa aannu idinku jirin?"

Sarkaalkii: "Waa aannu necebnahay Maraykanka iyo waxa uu sameeyaba."

Amiina: "Ma taqaannaa macnaha kelmadda Marlboro?"

Sarkaalkii: Isaga oo aad u yaabban ayaa uu ugu jawaabay, "Haa, waa kelmad la soo gaabiyey oo laga soo ururiyey xuruufta ugu horreysa hal ku dheg Ingiriisi ah oo macnihiisu yahay, "Raggu waxa ay dumarka ku xasuustaan keliya…" Markii uu halkaa marinayey ayaa ay hadalkii ka dhex gaashay iyada oo ku leh "Fadlan ii shid sigaarka .."

Inkasta oo aannu sarkaalkii Falastiiniga ahaa ka hadhin, su'aashii uu ku doonayey in uu ogaado sababta ay u weydiisay waxa ereyadan loo soo gaabiyey, haddana wax jawaab ah kama uu helin[20] Si kastaba ha ahaato ee, inta uu kiishkii madaxa kaga xidhnaa gacantiisa hoosta ka soo geliyey ayaa uu xabbad sigaar ah oo u shidnayd la

---

[20] Kaftan ahaan ayaa ay dadka qaar u yidhaahdaan, magaca sigaarka Marlboro waxa laga keenay xarfaha u horreeya ereyada Ingiriisida ah ee "Man Always Remember Ladies Because Of Romance Only"

deydayey afkeeda, isaga oo kor uga haya kiishkii, si aannu u guban. Markii sigaarkii uu afka u soo geliyey ayaa ay inta awooddeeda ah nuugtay, illaa ay ku sigatay in ay xabbadda sigaar ahba hal mar jiiddo, laakiin waa ay ku saxatay.

***

Diyaaradda gudaheedii ayaa ay saraakiishii Falastiiniyiintu bilaabeen in ay ku falanqeeyaan, qorshe cadna ka yeeshaan, qaabka maxaabiis is dhaafsigu u noqon karo mid si guul iyo nabada ku dhammaada. iyaga oo ka duulaya xogta ay ka heleen sarkaalka Laanqayrta Cas ee diyaaradda ku wehelinayey, goor shantii galabnimo ah ayaa ay diyaaraddii soo gaadhay gegida diyaaradaha ah ee Larnaaka ee dalka Qubrus.

Maalintan 13^{ka} Bishii labaad waxa ay run ahaantii ahayd maalin adag, gaar ahaan marka laga hadlayo dadka dalka Qubrus. Noloshii caadiga ahayd waxa ay qarka u saarantay in ay istaagto, tallaabooyinka ammaanka la xidhiidha ee ay dawladdu qaadday awgood. Waxaa la dareemayey werwer ammaan iyo culayska shaqo ee ay qabaan hay'adaha ammaanka dalka Qubrus, waayo culays badan ayaa ay keenaysay in dalkoodu noqdo ka ay ka dhacayso arrintan taariikhiga ahi. Waxa hubaal ahayd haddii qalad yar dhaco in uu keeni karo masiibo lagu hoobto oo sumcadda Qubrus iyo amnigeedaba saamayn xun ku yeelata.

Wasiirka arrimaha gudaha ee Qubrus isaga oo arrintan ka hor tagaya ayaa uu qaaday tallaabooyin ammaanka la xidhiidha oo aad u heer sarreeya isaga ayaa qof ahaantiisa ahaa xidhiidhiyaha arrintan. Garoonka ay hawshu ka dhacayso waxa dhan walba laga dhigay dabbaabado iyo noocyada hub iyo ciidan ee kala duwan. Waxa waddo kasta oo gegida diyaaradaha tagta la dhigay ciidamada ammaanka oo laga dareemayo feejignaan dheeraad ah, waxaa la joojiyey dhammaan shaqooyinkii caadiga ahaa, cidda keliya ee maalintan madaarka gudihiisa loo oggolaana waxa ay ahayd ciidamada ammaanka iyo masuuliyiinta arrintani khusayso.

In ka badan 1500 oo askari ayaa taagnaa goobta loogu talo galay in ay soo caga dhigato diyaaradda Israa'iil ee sidday maxaabiista Falastiiniyiinta ah.

Waxaa intaas dheeraa in daaqadaha iyo dusha sare ee guryaha ku xeeran garoonka diyaaradaha ay saarnaayeen shiishyahanno aad u tababaran oo ka tirsan ciidamada gaarka ah ee Qubrus. Waxaa loogu talagalay in ay difaacaan khatar kasta oo iman karta.

Markii diyaaraddii sidday Amiina ay sidii la isku ogaa laba jeer dul haadday garoonka Larnaaka, ayaa loo fasaxay in ay soo fadhiisato. Markii ay soo istaagtay goobtii lagu soo hoggaamiyey, waxa xaggeeda u yaacay dhowr baabuur oo kuwa millaterigga ah iyo hal gaadhi oo kuwa gaashaaman ah. Waxa diyaaraddii dhan walba ka istaagay ciidamo Kamandoos ah. Duuliyihii oo Lubnaani ahaa ayaa amar lagu siiyey in uu furo albaabka diyaaradda ee ku yaallay dhanka bidix oo xagga hore raacsan. Waxaa fuulay wakiil ka socda hay'adda Laanqayrta cas iyo saddex sarkaal oo ahaa dharcad u dhashay dalka Qubrus.

Waxa ay ku lebbisnayd surwaal Jiinis (Shingay) ah oo midabkiisu buluug yahay iyo funaanad suuf cas ah oo raqabad dheer leh, weli xadhigii ayaa ku xidhxidhnaa. Madaxa waxa ugu jiray kiish markii uu u soo dhowaaday wakiilkii Laanqayrta Cas oo gacanta ku sita sawirka Amiina oo aad loo weyneeyey, inta uu madaxa ka saaray kiishkii ayaa uu cabbaar isu eegay sawirka uu siday iyo wejiga gabadha hor taagan si uu u hubiyo in ay iyadii tahay. Markii uu hubiyey in ay iyadii tahay, ayaa uu saddexdii askari ee la socday ku amray, inta ay si fiican u xidhxidhaan in ay ka dejiyaan diyaaradda.

Waxaa la arkayey Amiina oo dirqi ku tallaabsanaysa, iyada oo weli wadda cabashadii iyo calaacalkii ay ku dalbanaysay in aan loo gacangelin Israa'iil.

Askartii oo arkay in aanay Amiina sii taagnaan karin ayaa uu mid ka mid ahi kor u qaaday oo uu tunka u ritay. Markii uu kala soo degey sallaanka diyaaraddana waxa uu ula dhaqaaqay dhinaca uu ka xigay baabuurkii gaashaamnaa oo sallaanka diyaaradda hoos taagan. Gaadhigii isla markii Amiina la saarayba xawaare aad hillaac mooddo ayaa uu ku dhaqaaqay. Waxa uu gudaha u galay geerash kuwa diyaaradaha ah oo ay ku jireen 12 gaawadhida gaashaaman ee millateriga Qubrus ahaa. Dhowr dabbaabadood ayaa dhinacyada ka taagnaa, waxa aana dusha ka ilaalinayey 170 askari oo ah Kamaandoosta dallaayadaha ku boodda ee Qubrus.

Amiina Almufti

***

Sidii qorshuhu ahaa saraakiishii Falastiiniyiinta ee diyaaradda la socday waxa ay hubkoodii ku wareejiyeen ciidamada ammaanka sugayey ee dalka Qubrus, iyaga iyo duuliyeyaashii diyaaraddana waxaa la geeyey qayb ka mid ah gudaha hore ee madaarka oo si aad u adag loo ilaalinayey. Markii la joogay hal saac iyo rubuc uu qof kasta oo garoonka Larnaaka joogay neefta isku xejinayey, isaga oo ka werwer qaba sida ay wax u dhici doonaan, ayaa waxaa soo fadhiisatay diyaaraddii sidday maxaabiista Falastiiniyiinta.

In labada diyaaradood ee kala siday Falastiiniyiinta iyo Israa'iiliyiintu intaas kala dambeeyaan waxa uu ahaa qorshe hore loo sii dejiyey oo lagaga taxaddarayey in ay hawada isugu yimaaddaan ama saacado isku dhow soo fadhiistaan si aannu u dhicin qalad aan la isku ogeyn ama looga taxaddaro haddiiba labada dhinac midkood qorshe aan la isku ogeyn u qarsoonyahay.

Amiina waxa ay ku jirtay xaalad cabsi iyo farxad isku milantay, dhibtii dheerayd ee ay soo martay oo daal iyo adkaysi la'aan badan ku keentay waxaa u raacay madowga mustaqbalkeeda kaga jira oo xanuun kale ku hayey. Mar ay waraaqaheeda xusuusqorka ku caddaysay xaaladdu sida ay daqiiqadahaas ahayd ayaa tidhi, "Intii aan ku dhex jiray gaadhiga gaashaaman ee ciidamada Qubrus, annaga oo sugayna imaatinka Israa'iiliyiinta, waxaa qalbigayga lulayey shaki iyo aragtiyo isburinaya … Marka aan ka fikirayey Mooshe, waxa aan is weydiinayey, 'Tol'oow ma

307

noolyahay? Haddii uu noolyahay oo uu ogyahay, in aan saacado kaddib xor ahaan doono, tol'oow shucuurtiisu sidee ay hadda tahay? Haddii uu noolyahay oo warkii baadhayaasha Falastiiniyiintu rumoobo, marka aad aragto maxaad ka yeeli? Ma dishaa ... mise jacayl inta aad iskala garan weydo ayaa aad laabtiisa hab ku odhan?! Khiyaamadii uu kugu sameeyey maxaad ka yeeli?! Miyaa ay dhici kartaa Mooshe oo aad kalgacal iyo naxariis ku baratay in uu weligiiba shirqool iyo khiyaamo kuu dhigayey? .. Ma aniga oo dartii u iibiyey diintaydii, sharaftaydii, waddankaygii iyo dadkaygiiba ayaa uu isaguna iga iibinayey Israa'iil si aan basaasad ugu noqdo? .. Malaha taasi suurtagal ma' aha? .. Cudurdaar kasta oo uu la yimaaddo kama aqbali doono .. Sidee ay ku dhici kartaa aniga oo xaaladdaa soo maray in aan saamaxo nin jacaylkiisa iyo guurkiisuba ahaayeen khiyaamo iyo in uu ii gacangeliyo MOSSAD?!

Qoyskaygii qabka iyo isla weynida ku dhexmari jiray jidadka Cammaan maanta iyaga oo ceeb madaxa foorarinaya ayaa ay luuqyada ka wareegaan. Sidee ay ku dhici kartaa in ninka dhibaatadaa i geeysiiyey aan mar labaad isu dhuldhigo? Waa go'aan in aan dilaa, tol'oow ma sun baan waraabiyaa, mise baastoolad ayaa aan madaxa kaga dhuftaa? Kun siyaabood oo aan ku dili karo ayaa aan aqaannaa, laakiin ka warran haddiiba ay run tahay in uu dhintay .. ma qabrigiisa ayaa aan ubax ku beeri doonaa, waa haddii uu xabaalba leeyahay e'?

Iyada oo hirarkaas ku dhex jirta ayaa ay diyaaraddii Israa'iil gegida Larnaaka soo cagadhigatay 6:55 (Toddobadii oo shan daqiiqo dhimman) fiidnimo. Waxa lagu hagay halkii loo qorsheeyey in ay istaagto oo hal kiiloomitir u jirtay gaadhiga gaashaaman ee Amiina siday. Toban daqiiqo kaddib ayaa duuliyihii diyaaradda loo fasaxay in uu albaabka diyaaradda furo. Waa daqiiqado, laakiin maalintan sida loo raagsanayey darteed bilo iyo xitaa sanad ayaa ay u dhigmi karaysay. Neeftuur iyo wadnaha oo garaaca kordhiyey ayaa qof kasta oo arrintani khusaysay laga dareemayey. Waxaa diyaaradda ka soo degey wakiilkii hay'adda Laanqayrta Cas ula socday dhinaca Israa'iil iyo sarkaal sirdoonka Israa'iil ka tirsan oo dhar rayid ah ku labbisan.

Bar sii qorshaysnayd oo u dhexeysay diyaaradda Israa'iil iyo gaadhiga qafilan ee ay saarantahay, waxaa taagnaa wakiilkii Laanqayrta Cas ee dhinaca Falastiiniyiinta qaabbilsanaa. Labadii wakiil ee Laanqayrta Cas ayaa is gacan qaaday.

Labadoodii iyo sarkaalkii Israa'iiliga ahaa ayaa isu raacay dhinacii uu taagnaa gaadhiga ay Amiina ku jirto. Dhinaca kalana diyaaraddii Israa'iil waxaa afarta jiho laga dhigay baabuurta gaashaaman ee ciidamada ammaanka Qubrus iyo in ka badan boqol askari oo feejignaan aad u sarraysa ku jira.

Waa laga feejigan yahay in si uun ay diyaaradda Israa'iil isugu daydo in ay iska kacdo ama ciidamo aan lagu sii xisaabtamin ka soo degaan oo isku dayaan in ay xoog ku kaxaystaan Amiina.

Sarkaalkii Israa'iil markii uu gudaha u galay gaadhiga Amiina ku jirtay, waxaa la tusay wejigeeda oo laga furay kiishkii madaxa ugu jiray. Inkasta oo isbeddel aad u weyni ka muuqday, haddana waxa uu arkay in sawirka uu sito iyo qofka uu arkayaa ay isku mid yihiin. Inta uu si deggen ugu dhoolla caddeeyey ayaa uu yidhi, "Dhibi ma jirto marwo .. Israa'iil ayaa aad ku noqon doontaa, quruxdaadii iyo dhalaalkaagina waa ay soo noqon doonaan"

Oohin ayaa ay is xejin kari weyday, iyada oo leh, "Mooshe miyaa uu idinla socdaa?"

Sarkaalkii Israa'iiliga ahaa oo ay ka muuqato in aannu aqoon u lahayn waxa ay ka waraysanayso ayaa yidhi, "Mooshe waa kuma?"

Inta ay labada indhood waaweynaysay naxdin, oo ay dhafoorrada is qabatay ayaa ay tidhi, "Ma garanaysid saygaygii Mooshe miyaa?"

Sarkaalkii Yuhuudiga ahaa oo aan weli fahmin waxa ay weydiinayso, ayaa si deggen mar kale ugu jawaabay, "Marwo, halkan aynu joogno sheekada lama oggola. Goor dhow ayaa aad jawaabo waafi ah u heli doontaa wax kasta oo maskaxdaada ku jira ee in yar sabir"

Iyada oo aqbali kari la' jawaab la'aan ayaa ku celisay, "Waan ku baryayaa ee ii sheeg uun halka uu Mooshe joogo ..." Sarkaalkii oo u fahmay in ninka ay gabadhu raadinayso ee aannu garanaynin, uu kolayba yahay qoyskeedii oo uu Israa'iil ku sii sugayo, ayaa si uu warkeeda u xidho, waxa uu ugu jawaabay, "Si diirran ayaa uu Israa'iil kuugu soo dhoweyn doona." Kaddib gaadhigii ayaa uu ka degey isaga oo aan dheg u sii dhigin hadalladeedii kale.

Markii uu dhowr tallaabo ka durkay halkii uu gaadhiga Amiina saarantahay taagnaa ee uu dhinaca diyaaraddiisii u socdo, ayaa uu gacmaha kor u taagay si uu saaxiibbadiisii diyaaradda ku hadhay ugu ishaaro in wax kastaa sidii saxda ahayd u socdaan. Wakiilkii kale ee Laanqayrta Cas uga wakiilka ahaa dhinaca Falastiiniyiinta ayaa isaguna fuulay diyaaradda Israa'iil, si uu u hubiyo in labadii maxbuus ee Falastiiniyiinta ahaa saaran yihiin. Waxa aannu kadinkeeda kula kulmay labadii sarkaal ee Falastiiniyiinta ahaa oo kadinka loogu diyaariyey. Markii uu xaqiiqsaday ayaa uu gacanta u taagay saaxiibkiisii dhinaca kale ka socday, si uu ugu xaqiijiyo in ragga uu arkay yihiin kuwii la sugayey. Hubintaasi markii ay dhammaatayna, laba daqiiqadood gudahood ayaa uu dhacay maxaabiis isdhaafsigii.

Daruurtii Rejada

Markii ay dhacday hubintii maxaabiista labada dhinac isdhaafsanayaan in ay kuwii loo baahnaa yihiin, ayaa labadii maxbuus ee reer Falastiin ay diyaaradda ka soo degeen iyaga oo uu la socdo wakiilkii Laanqayrta Cas, isla ilbidhiqsigaasna waxaa gaadhigii gaashaanna laga soo rogay Amiina oo uu iyadana weheliyo wakiilkii kale ee Laanqayrta Cas. Sarkaalkii Israa'iiliga ahaana waxa uu taagnaaday bartii u dhexeysay labada dhinac. Labadii sarkaal ee Falastiiniyiinta ahaa oo ay farxad badani ka muuqato, gacmahana guul ku ishaaraya ayaa u dhaqaaqay dhinaca gudaha hore ee gegida diyaaradaha oo u uu gadhwaday sarkaalka Laanqayrta Cas. Amiina Almufti ama Aani Mooshe sida Israa'iil looga yaqaanno, magaceeda rasmiga ahina noqon doono inta nolosheeda ka hadhay ayaa iyaduna, iyada oo xadhigii ku xidhnaa laga furay, madaxana looga saaray kiishkii, waxa ay u dhaqaaqday dhinacii diyaaradda Israa'iil.

Gaashaanle Fedaakus Kostridiis oo ka tirsanaa ciidamada ammaanka Qubrus ee maalintan goobjoogga u ahaa, ayaa isaga oo ka sheekaynaya sida xaalku ahaa waxa uu yidhi, "Waxa ay ahayd maalin dareen leh, oo aan si sahlan sawir looga bixin karin. Waxa aan indhahayga maalintan ku arkayey waxa uu ahaa muuqaal dareenka lulaya oo aannan noloshayda hore u soo arag, wax la mid ah .. Aniga iska daa oo dalka Qubrus oo dhan ayaanay tan oo kale soo marin abid .. Waxa ay ahayd gabadh halaag badani ka muuqdo – Aani Mooshe – argagax ayaa uu jidhkeeda oo dhammi la kurbanayey markii ay ku sii socotay diyaaradda Israa'iil.

Labada lugood oo gariirka cabsida ay u raacday taagdarrada ka dhalatay waayihii adkaa ee soo maray iyo fadhigii badnaa, ayaa ay jiidaysay iyada oo aan hareeraha in ay eegto xiise u qabin .. Xabbad sigaar ah oo ay afka ku sidatay ayaa ay si canaan u eeg u nuugaysay. Ruuxa arkaa waxa uu moodi lahaa in xadhigii daldalaadda lagu sii jiidayo"

Maalintani maalin ay Aamina ka aamusi karto waxa dhacay ma' ay ahayn, waxa ay kaga sheekaysay waraaqaheeda xusuusqorka ah oo markii dambe buug laga dhigay, "Xitaa markii aan khamriga sida hunguri weynaanta ah u cabbi jiray, hore iiguma ay dhicin in aan isu-dheellitirnaanta iyo awoodda u waayo sida maalintan oo kale .. Weli ma' ay dhicin in aan sakhrad dhulka ula dhaco .. Laakiin maalintan waxa aan dareemayey in aan ahay sida ruux cabbay foosto buuxda oo khamriga 'Cinabka' ee Iskotlaan (Scotland) lagu sameeyo ah. Xiskaygu ma' uu joogin, oo waxa hareerahayga ka socda lama aan socon, awoodna uma' aan lahayn in aan dhowr tallaabo oo keliya qaado, haddii aannan garabka haysan sarkaalka Israa'iiliga ahaa, labadayda cagood dhaqaaqa iyo tallaabada ayaa ku adkaan .. Jidhkayga oo dhan ayaa kurbanayey .. Allow ma' ahaayeen ilbidhiqsiyo qadhaadh oo sannad igaga dheeraa oo iagaga cabsi iyo xanuun badnaa. Waxa keliya ee aan ka xasuustaa waxa uu ahaa in aan ilbidhiqsigaas xasuustay hooyaday oo aan ogahay in ay niyadjabsanayd iyo murugada aan ogahay in uu aabbahay qabay. Labadayda waalid hummaaggooda ayaa maskaxdaydu sawirranaysay. Allaah! Maxaa igu kallifay in aan hawsha intaas le'eg galo, hoogayga ee maan iska fadhiyo?

Waxa aan soo maray waa uu ka foolxumaa wax kasta oo ay maskaxda aadamuhu sawirran karto. Mar keliya ayaa aniga oo aan iskala garanayn, aan qayliyey, laakiin sarkaalkii garabka i hayey ayaa inta uu xoog ii soo qabsaday igu yidhi, "Is adkee Marwo." Tallaabooyin ayaa innaga xiga diyaaraddii. Mar keliya ayaa aan oohintii iyo dhawaqii joojiyey, aniga oo aan ka werwer la'ayn timaaddada qarsoon ee i sugaysa.

Waxa aan is weydiiyey taloow ma Mooshe baa gudaha igu sugaya? .. Mise wejiyo dareen naxariis leh ka dheer ayaa aan la kulmi doonaa? Markii aan sallaankii fuulay ayaa aan xaqiiqsaday xaqiiqada in aan ahay gabadh Carbeed oo maanta weyday garaadkeedii, waddankeedii, ehelkeedii iyo diinteedii, naxariis iyo amni run ah maanta ayaa igu dambaysa. Dib ayaa aan eegay sida ruux sugaya in uu meel uun ka soo baxo naftii hure Falastiini ah oo u yimid in uu i badbaadiyo oo uu ila baxsado meel uun aan Israa'iil ahayn .. Waxaa gebi ahaanba maskaxdayda ka baxay xiisihii aan u qabay u aarista Mooshegii khaayinka ahaa .. Xitaa nacaybkii aan u qabay Falastiiniyiinta iyo Carabta ayaa mar keliya iga baxay. Waxa aan Alle ka baryey in uu mar labaad dib iigu celiyo waddankaygii .. Urdun ama uu dib igu celiyo godkii aan ku dhex silsiladaysnaa. Inta aan naftayda xakamayn kari waayey ayaa aan mar keliya aniga oo aan is ogeyn cod dheer ku dhawaaqay 'Ilaahoow i badbaadi … Carafaadoow ii soo gurmo maanta .. Hooyaday iigu yeedha.. Oohintii aan markaas bilaabay waxa aan waday xitaa markii ay diyaaraddu ila soo gaadhay Israa'iil ee aan ka soo degeyey"

Timaaddadii Daahnayd

Markii ay saacaddu ahayd 8:15 habeennimo oo ay hawsha maxaabiis isdhaafsigu soo socotay waqti dhan 43 daqiiqo ayaa diyaaraddii ay saarnayd basaasaddii Carbeed ee ugu wacadfurka badnayd. Waxa ay ka kacday gegida diyaaradaha ee Larnaaka iyada oo ku sii jeedda magaalada Talaabiib. Markii uu waagu beryey, oo arooryadii dambe ahayd, waxaa kacday diyaaraddii qaadaysay Lubnaaniyiinta oo ahayd diyaarad ay leedahay shirkadda Sharqal Aawsat ee dalka Lubnaan.

Yaasir Carafaat iyo masuuliyiintii ugu sarraysay Falastiiniyiinta, hoggaamiyeyaal ciidan iyo haldoor kale oo badan ayaa gegida diyaaradaha ee Beyruut u taagnaa soo dhoweynta laba sarkaal ee ay Israa'iil soo deysay. Dhammaantood farxad ayaa ay isla oogsadeen markii ay diyaaraddu soo caga dhigatay gegida diyaaradaha.

Taliyaha ciidamada cirka Israa'iil ayaa amray in saddex diyaaradaha dagaalka ee Miraaj-3 ka mid ahi ay kacaan, oo ay soo gelbiyaan diyaaradda Amiina siddaa marka ay soo gasho hawada Israa'iil. Waxa ay la mid ahayd soodhoweyn hore ay Israa'iil u samaysay, markii dalka Masar laga soo celiyey basaasaddii Hiba Cabdiraxmaan Caamir. Hibo iyada oo dareenkeedii maalintaas cabbiraysay ayaa ay buuggeedii xusuusqorka ku tidhi, "Maalintaas la i soo dhoweynayey waxa aan farxaddii gaadhay heer aan is moodo boqorad dalkeedii lagu soo dhoweynayo."

Amiina ayaa iyaduna maalintan kaga hadashay waraaqaheeda xusuusqorka ahaa, waxa se ay iyadu qabtay dareen liddi ku ah kaas Hiba ay qabtay, "Muraayadda daaqadda diyaaradda ayaa aan ka eegay diyaaradaha dagaalka ee hareerahayaga duulaya. Aragtidii koowaad waxa aan mooday diyaarado Carbeed oo u socda in ay diyaaradda afduubaan. Waxa aan fishay in ay Lubnaan fadhiisiyaan. Markiiba waxaa niyaddayda ku soo dhacay 'Malaha Beyruut ayaa ay kugu celinayaan' waxa se aan quustay markii aan arkay xiddigta lix geesoodka ah ee astaanta u ah Israa'iil." Ayaa ka mid ahaa ereyada ay ka tidhi soo dhoweyntaas.

Amiina oo badweyntaas werwerka iyo walbahaarka badan dhex mushaaxaysa ayaa mar keliya ku warheshay diyaaradda ay saarnayd oo cagadhigatay gegida diyaaradaha magaalada Talaabiib. Markii albaabka la furayba waxaa gudaha u soo galay Erbiil Ashtiyoof oo ah sarkaalkii MOSSAD ee muddadii dheerayd ee ay Lubnaan ka shaqaynaysay ay warbixinaha u soo gudbin jirtay isaguna soo gaadhsiin jiray amarrada iyo talooyinka shaqo ee hadba taagan. Iyada oo aan weli kursigii diyaaradda ka kicin ayaa uu soo dul istaagay oo inta uu si kalgacal leh u habsiiyey, isaga oo garabka si dabacsan uga dhirbaaxay ku yidhi, "Aani, marwadii sharafta iyo garaadka badnaydeey .. Ku soo dhowoow waddankaaga Israa'iil"

Aani Mooshe oo codka jarjaraysa tamardarrada haysa awgeed ayaa ku tidhi, "Waa ay i dili gaadheen..." laakiin intii aanay hadalkii dhammaystirin ayaa uu ka soo dhex galay Ashtiyoof, "Ma'ay dhici karayn taasi .. Habayaraato ee kuma ay dhacayn in ay ku dilaan. Miyaa aannan hore kuugu xaqiijin in aannaan marnaba kaa tegi doonin, in aannu ku ilaalin doonno si kasta oo ay duruuftu u adagtahay."

Aani Mooshe oo dareensan in shanti sano ee ay gacanta ugu jirtay Falastiiniyiinta aanay wax dhaqdhaqaaq ah oo u gargaaraya ka helin Israa'iil, ayaa tidhi, "Sanado badan ayaa ay ahayd, wax aad samayseenna ma' uu jirin"

Ashtiyoof ayaa mar kale isaga oo naxariis iyo dabacsanaan iska keen ah ku hoos dhuumanaya waxa uu yidhi, "Sidee aannaan kuugu dhaqdhaqaaqin? Muddaas aad xidhnayd wadahadal joogto ah ayaa aannu kula jirnay. Saaxiibbo badan badan oo aannu leenahay ayaa soo farageliyey arrintan si laguu sii daayo .. Haddii halka aad ku xidhan tahay aannu heli lahaynna goor hore ayaa aannu xoog kugu soo furan lahayn .. Laakiin raadintii aannu ku raadinaynay waa aannu ku fashilannay, oo meel ay ku geeyeen waa aannu weynay .. Si kastaba ha ahaato ee nasiibwanaag maanta waa aynu wada joognaa" Inta uu cabbaar yara aamusay ayaa uu haddana hadalkii sii watay, "Waa aannu ku kalsoonnahay daacadnimadaada .. Adeegga iyo hawsha ballaadhan ee aad qabatayna waa aannu xushmaynaynaa .. Hadda kaddib, halkan ayaa aad nabad iyo xasilooni ku noolaan doontaa"

Aani Mooshe ayaa weydiisay, "Mooshe mee ..?"

Sarkaalkii MOSSAD oo hadalkani u lamafilaan ku noqday ayaa inta uu naxay hadal aan si qurux badan u habaysnayn waxa uu ku yidhi, "Marwo, kuma aan fahmin waxa aad u jeeddo?"

Cod kii hore ka dheer oo ka xumaanshiyo badani ka muuqdo ayaa ay mar iyada oo ay labadeeda indhood eegayaan dibnihiisa waxa ay tidhi, "Mee ninkaygii Mooshe?"

Si sidii hore ka sii amakaag badan ayaa uu ugu jawaabay, "Saygaagii .." Intaa markii uu yidhi ayaa ay maskaxdiisa ku soo dhacday in xaaladda Amiina aanay caadi ahayn. Waxa uu markiiba dareemay in war qaldan ay siiyeen saraakiishii Falastiiniyiintu, waayo intii aanay iyaga gacanta u gelin, waa ay ku qanacsanayd in Mooshe dhintay, isaga oo ka xun xaaladdaas ayaa uu yidhi, "Miskiina... Maxay kugu sameeyeen qudhunkii aad u gacangashay?"

Labadiisa dibnood ayaa ay ka akhrisatay jawaabta uu u hayo, sidaa awgeed ereyo afkiisa ka soo baxaba ma' ay sugin ee qaylo ayaa ay af muggii dhawaaqday, "Been ha ii sheegin Ashtiyoofoow .. Waa ay ii xaqiijiyeen in Mooshe maxbuus ahaan Suuriya u qabatay, markii dambana ay ku sii daayeen maxaabiis isdhaafsi dhexmaray Israa'iil. Xitaa indhahayga ayaa aan ku arkay sawirkiisa oo ku yaalla wargeys ka sheekaynayey sii deyntiisa oo aan akhriyey .. Maxaa aad beenta iigu sheegaysaa … ? Ma dhagartii aad hore iigu dhigteen ayaa aad weli igu sii waddaan .. Waa aan ogahay in Mooshe halkan joogo .. Oo uu noolyahay .. Ma' uu dhiman ee ii keen si uu indhihiisa ugu arko raadka foosha xun ee wacadfurkiisii igaga tegey .. Ha arko dhaawaca naftayda iyo jiidhkaygaba u soo gaadhay dartii .. I tusa qudhunyahow, ha iga qarin e', Intaas ka badan ha igu sii wadina khiyaamadiina wacad-laaweyaalyahaw" Waxa ay Ashtiyoof ku bilowday dagaal; xagtin, candhuuf iyo qaniinyo isugu jirta.

Amiina iyada oo xaaladdaas ku jirta ayaa qasab lagaga dejiyey diyaaraddii waxa aana toos loo geeyey rug caafimaad oo ku dhextaalay xarunta guud ee wakaaladda sirdoonka Israa'iil ee MOSSAD.

Halkaas oo loogu bilaabay daryeel caafimaad oo si aad u heersarraysa loo eegayey xaaladdeeda jidh ahaan iyo nafsad ahaan labadaba.

Maalmo markii ay joogtay, xaaladdeedu waa ay ka soo raysay, waxa aanay mar kale ku soo baraarugtay xaqiiqada ah in saygeedii Mooshe sidii loo la' yahay. Saraakiisha MOSSAD oo adeegsanaya xeeldheereyaashooda caafimaadka nafsiga ahi, waxa ay Amiina fahamsiiyeen in warkii Mooshe ku saabsanaa, ee wargeyskii la tusay ku qornaa, uu ahaa been-abuur ay baadhayaasha Falastiiniyiintu dejiyeen si ay u niyadjabto, oo ay iskaga deyso is adkaynta, si fiicanna uga warranto xogta ay hayso oo dhan.

Markii ay bogsatay waxa ay MOSSAD u saartay xeeldheereyaal waraysi dhinacyo badan taabanaya oo dheer la yeeshay, si loo ogaado xaqiiqda waxa dhacay, xogta laga yaabo in ay hayso oo aanay hore u soo gudbin ama intii dambe ee la hayey soo baxday. Waxa laga rabay in ay ka warranto sida loo la macaamilay, halka ay ku xidhnayd, qaabka loo ilaalinayey iyo tobannaan su'aalood oo ay MOSSAD jawaabo u la'ayd. Marka laga tago jawaabaha ay ka siisay su'aalihii ay qabeen, waxa kale oo ay u caddaysay in ay aad uga xuntahay shaqada basaasnimo ee ay gashay iyo dhimashada ay sababeen weerarradii Israa'iil ee ku socday xogta ay soo diri jirtay.

Noloshii Israa'iil

Masuuliyaddii MOSSAD iska saaraysay Amiina waxa ay la dhammaatay imaanshiyaheedii Israa'iil iyo waraysigii u dambeeyey ee laga qaaday. Waxaa loo sheegay in ay nolosheeda iskeed si caadiya ugu sii wadato, iyada oo abaal marin ahaanna loo siiyey 60 kun oo lacagta Israa'iil ah. MOSSAD waxa ay ammaanka Amiina ku wareejisay wakaaladda ammaanka gudaha Israa'iil ee loo yaqaanno Shin Bet. Shaqada ugu badan ee ay wakaaladdani Amiina u qabanaysay waxa ay ahayd ilaalinta nabadgelyadeeda iyo in laga caawiyo la qabsiga nolosha cusub ee Israa'iil.

Tallaabada koowaad ee Shin Bet waxa ay noqatay in la beddelo gurigii bilowgii la siiyey iyada iyo Mooshe, oo ku yaallay magaalada Rishon Litsiyoon (LeZion) oo ah magaalada saddexaad ee Israa'iil ugu weyn, waxa aana guri kale laga siiyey degaanka Kuriyaat Yaam oo ah degaan woqooyiga Xayfa ku yaalla oo dad Yuhuud ah lagu deegaameeyey. Waxa la siiyey guri fiican oo badda ku jeeda, gaarna u ah oo aanay cid wada deggenayn. Halkaas ayaa inta laga ogyahay ay Amiina muddo 41 sano oo dambe ah ku sii noolayd xusuusaha waayihii kala duwanaa iyo duruufihii tirada badnaa ee meelaha kala duwan ku soo maray. Waxa ay waqti u heshay in ay maskaxdeeda dib u miirto oo ay qorto sheekada nolosheeda, khiyaamadii ay ku kacday iyo wixii dhacay oo aad u faahfaahsan. Waxaa si gaar ah sugidda amnigeeda ugu qornayd sarkaalad ka tirsan Shin Bet oo lagu magacaabi jiray Rona Isaak. Iyada ayaa u raaci jirtay meel kasta oo ay tegeyso.

Amiina Almufti

Muddo kaddib Amiina waxa ay ku dhiirratay in ay la hadasho walaasheed. Waxa ay ahayd markii ugu horreysay sanado badan ee ay ku dhac u yeelato xidhiidhka qoyska oo ay aad uga baqanaysay, laakiin ugu dambayntii waa ay iska xejin kari weyday. Waxa ay la hadashay walaasheedii keli ahayd oo ay ogeyd in ay deggen tahay magaalada Roma ee xarunta dalka Talyaaniga.

Aynu si kooban u qorno waxa ay ka qortay xidhiidhkan dhexmaray iyada iyo walaasheed, "Waxa aan u boholyoobay in aan ursado neecawda aan tebayo ee qoyskaygii iyo waddankaygii .. Rikoodhka ayaa ahaa wehelka keliya ee aan haysto .. Waxa kale oo aan sii xasuusnaa lambarka taleefanka walaashay Faadima oo deggen magaalada Roma, oo weliba markii u horreysay ee aan is idhi garaac iska kay weydaartay oo iga qaldamay. Boqollaal jeer markii aan isku dayey ee hadba dhan lambarrada iska weydaariyey, mar kastana qofka iga qabtaa ii sheegayey in lambarku iga qaldanyahay, ayaa aan ugu dambayntii codkeedii maqlay, "Farxad ayaa ay noloshii dib ugu soo noqotay qalbigayga .. 'Walaal .. Waa anigii .. Waa walaashaa Amiina ..' ayaa aan ku idhi. Laakiin Faadima erey iguma ay soo celin ee inta ay aamustay ayaa ay i dhegeysatay. Markii aan in badan hadlayey ayaa ay cod cadho ka muuqato igu tidhi, 'In aan inan walaalo nahayba ma ogi .. Haa waa ay jirtay in aannu beri inan walaalo ahayn, laakiin waa ay dhimatay ..' Cod kii hore aad uga sii dheer inta ay ku qaylisay ayaa ay tidhi, 'Walaashay waa ay dhimatay oo xusuustaydaba waa ay ka maydhantay. Intaas markii ay tidhi ayaa ay taleefanka igu dhigtay, aniga oo aan erey ku odhan.

Maba' aan garanayn hadal aan ugu jawaabo, candhuuftii ayaa carrabkayga ku engagtay ... Mar kale ayaa aan ku celiyey taleefankii, laakiin waa ay iga qaban weyday. Muddo ayaa aan si joogto ah ayaa ugu ugu celcelinayey, aniga oo rejaynaya in ay maalin uun ila hadli doonto, laakiin ilama ay hadal. Iyada oo aan sidii ila hadal ayaa ay markii dambana lambarkii talefenkaba iska beddeshay. Halkaas ayaa ay ku dantay bidhaantii yarayd ee i gelisay rejada ah in aan mar kale soo nooleeyey xidhiidhkii aan qoyskayaga la' lahaa"

Noloshaas ayaa ay ku noolayd Amiina, marar badan oo dambana xaaladdeeda nafsiga ahi inta ay aad u xumaatay ayaa lagu celiyey cisbitaalkii caafimaadka nafsiga ah.

Maalin maalmaha ka mid ah ayaa waxaa ka naxsaday marti albaabka goor aanay filayn ku soo garaacday. Waa soddogeed Biraad iyo soddohdeed oo ka yimid Fiyeena si ay u soo booqdaan. Waxa uu ahaa kulan xiise badan oo kalgacal, sheeko iyo xusuuso oohin iyo qiiro badani ay buuxiyeen. Labada waalid waxa ay u ooyayeen waayitaanka labadoodii ubad ahaa ee Mooshe iyo Saarah, iyaduna waxa ay u ooyeysay nasiibdarnaanta heshay iyo masiibada uu jacaylku u soo hooyey. Inkasta oo ay Mooshe labadiisa waalid Amiina ka codsadeen in si ay isu weheshadaan ay u raacdo Usteri, waxaa diiday masuuliyiinta Israa'iil oo sheegay in nolosheedu ay khatar gelayso.

Bishii Lixaad ee sanadkii 1982 kii, markii ay Israa'iil duullaanka ku qabsatay Lubnaan, waxa ay rug caafimaad

Amiina Almufti

oo u gaar ah ku haysatay magaalada ay deggen tahay oo ka mid ah dhulka Carabta ee Yuhuudda lagu deegaameeyey. Waa tuule yar oo dadka ku nooli aanay waqtigaas ka badnayn 22 kun oo Yuhuud sooca ah.

Inkasta oo ay ka soo kabatay in badan oo ka mid ah dhibaatadii dheerayd iyo rafaadkii soo maray jidh ahaan iyo maskax ahaanba, murugada badankeediina illowday, haddana taas kuma ay waarin.

Lix bilood markii ay joogtay ayaa maalin maalmaha ka mid ah, iyada oo dhegeysanaysay idaacadda dalka Lubnaan, waxa dhegeheeda si kedis ah ugu soo dhacay magaceeda oo warka ku jira. Haddii ay sii dhegeysatayna, waa barnaamij lagaga sheekaynayo Amiina lafteeda. Googoos ah taariikh nololeedkeeda inta laga ogyahay iyo khiyaanadii ay dalkeeda kula kacday ayaa la qaadaa dhigayey. Ladhka ay warbixintani ku soo kicisay, waxaa kaga sii xanuun badnaa, warka ku cusub ee ay maqashay oo ahaa, in aabbaheed uu u dhintay sababta, murugadii uu ka qaaday falka ay ku kacday inantiisa uu aadka u jeclaa, hooyadeedna uu hadalku ku xidhmay naxdintii warka inanteeda awgeed.

Amiina warkaasi waxa uu ku abuuray dareen cusub oo ku dhiirrigelinaya in ay hooyadeed aragto inta aanay iyaduna dhiman iyaga oo aan is arkin. Iyada oo xaaladdan ka warramaysa waxa ay xusuusqorkeeda ku tidhi, "Murugo ayaa aan isa madaxmaray. Masuuliyiintii MOSSAD ayaa aan ku qayliyey si ay iigu oggolaadaan in aan u safro Urdun, laakiin cidi ima ay dhegeysan .. Markii aan maqlay geerida aabbahay ayaa iigu dambaysay xiise dambe oo aan nolosha u qabo .. Waxa aan tegey xarunta MOSSAD oo aan kula kulmay agaasimaha guud ee wakaaladda (MOSSAD) Naaxuum Adawni oo xilka ku cusbaa .. Waxa aan ka codsaday in uu ii rumeeyo riyadayda ah in aan mar uun ku noqdo Cammaan .. Waxa aan ka codsaday in uu igala shaqeeyo sidii uu boqorka dalka Urdun, boqor Xuseen Bin Dalaal iiga ergeyn lahaa qoyskayga .. Waxa aan qoray warqad boqorka ku socota oo aan ugu sheegayo in aan anigu ahaa qofkii fashiliyey isku daygii dil ee lagu khaarajinayey Ribaat, si ay igu noqoto abaal aan ka rabo in uu abaalcelintiisa ka dhigo ergo uu nagu dhexgalo aniga iyo qoyskayga oo aan doonayey in ay i cafiyaan"

Ballantii aan la oofin

Taliyaha MOSSAD waxa uu Amiina u ballanqaaday in uu la xidhiidhi doono masuuliyiin ay saaxiibbo yihiin oo Urduniyiin ah, si ay farriinteeda u gaadhsiiyaan boqorka.

Iyada oo ka rejo qabta in dhambaalkeedu uu gaadhi doono boqor Xuseen, una soo jawaabi doono, ayaa ay muddo dheer naawilaysay farriin farxadgelisa oo uu boqorku u soo mariyo MOSSAD. Toddobaad kasta waa ay ka wardooni jirtay laakiin jawaabta ay helaysay waxa ay ahayd war la'aan.

Saddex bilood markii ay jawaab ka la'ayd farriintii ay u dirtay Urdun, ayaa waxaa maalin dambe guriga ku soo booqday sarkaal ka tirsan MOSSAD oo u sida gantaalkii u dambeeyey ee quusta. Waxa uu u siday farriin cad oo ah in qoyskeedu uu diiday in ay ku noqoto Urdun. Bilowgii warka sarkaalkan waa ay rumaysan kari weyday, waxa se' hadalkiiba soo gaabisay cajalad cod ah oo uu gacanta ka saaray. Waxaa ku duubnayd farriin aanay marnaba filayn. Qoyskii oo dhan ayaa qof qof codkiisa ugu soo duubay cajaladdan.

Waa hooyadeed, haddana waa walaalaheed oo wiilal iyo gabdhaba leh, adeerradeed ayaa iyaguna hadlaya, abti, eddo iyo habaryar looma kala hadhin cajaladdan yar. Dhammaantood waxa ay isku waafaqsanyihiin farriin keliya. Ereyadu si ay u kala duwanaadaan ee, waxa uu hadalkoodu ku soo ururayey in ay deyriyeen, oo aanay aragtideeda dambe doonayn. In ay xaaraan ka tahay cago ay nolol ku dhigo ciidda Urdun.

Amiina Meeday?

Horraantii sanadkii 1984 kii majallad lagu magacaabo 'Bamxaaniyah' oo ka faalloota arrimaha millateriga ee Israa'iil ayaa baahisay war koobnaa oo shegayey in wasiirka difaaca ee Israa'iil uu soo saaray go'aan sharci oo dhigaya in Gaashaanle dhexe Aani Mooshe Biraad la siiyo bisil[21] inta ay nooshahay u socda. Waxa kale oo magaceeda xagga hore lagaga daray liiska magacyada halyeeyada MOSSAD oo ku xardhan taallo ku taalla afaafka laga galo xarunta dhexe ee wakaaladda.

Taalladan oo lagu magacaabo 'Saaxiibbada' waxaa lagu qoray dadka MOSSAD u aqoonsatay in ay yihiin halyeeyo soo helay xogo iyo siro badbaadiyey ammaanka qaranka ee Israa'iil, ama sababay in Israa'iil ay guul ka gaadho ujeedooyin ammaanka la xidhiidha oo ay lahayd.

Intaas wixii ka dambeeyey raadka iyo warka Amiina waa uu go'ay oo war sugan lagama maqal, sidaa awgeed jawaab mid keliya ah uma aynu helin halka ay ku dambaysay, waxa se jira warar marar kala duwan soo baxay oo sheegaya meelo kala duwan. Waxaa ka mid ahaa war sheegay in ugu dambayntii loo soo saaray baasaboor Maraykan ah oo magac aan keeda ahayn lagu qoray, sidaasna ay ugu guurtay Maraykanka oo ay kaga nooshahay gobalka Taxes. Warkani waxa uu intaas ku

---

[21] Aani waa magaca Israa'iil ee Amiina, darajada ciidan ee halkan la raaciyey lama sheegin goor la siiyey, waxa se' ay u muuqataa in markan dambe lagu sharfay si ay darejo la karaameeyo iyo xuquuq u hesho.
Ereyga Bisil waa lacagta gunnada ah ee la siiyo qofku marka uu hawlgab ka noqdo shaqada.

daray in ay halkaas nolol fiican ka bilowday oo ay guri fiican iyo beer weyn ay ku leedahay, isla markaana ay ku guursatay badmaax u dhashay Isbayn oo aanay ubad isu dhalin.

War kale ayaa isna sheegay in MOSSAD ay ka caawisay in lagu sameeyo qalniin muuqaalka wejigeeda wax ka beddelay, kaddibna iyada oo aannu garan karin qofka hore u yaqaannay, isla markaana sidata basaaboor magac aan keeda ahayn loogu qoray, ay u guurtay dalka Koonfur Afrika oo ay ku nooshahay tan iyo sanadkii 1985 kii. Waxa uu warkani sheegay in Amiina ay noqotay ganacsato dhoofka iyo soo dejinta badeecadaha ka shaqaysata. Waxa ay Amiina ay is guursadeen sarkaal ciidan oo u dhashay dalka Roomaaniya, kaas oo ay u dhashay wiil ay u bixisay Mooshe, iyada oo ugu magacdaraysay saygeedii Israa'iiliga ahaa ee la waayey.

War saddexaad ayaa isna sheegay in ay u sii adkaysan kari weyday noloshii murugada badnayd, ugu dambayntiina ay irbad sun ah isku mudday iyada oo dabiib ugu jirtay cisbitaalka Tel Hashumer oo ka mid ah cisbitaallada ugu waaweyn Israa'iil, halkaasna ay ku dhimatay.

Dhammaantood waa xogo aan la hubin, oo marar kala duwan laga sheegay halka ay ku dambaysay Amiina. Qoraaga Saalax Mursi oo isagu sheekadan aad u baadhay ayaa aaminsan in ay ku nooshahay Israa'iil oo ay ku noolyihiin tobannaan Carab ah oo basaasiin u noqday MOSSAD. Sababta ay tuulaha Yuhuudda lagu deegaameeyey u tagtay ayaa uu qoraagu sheegay in ay caddayn u tahay in Amiina aanay diyaar u ahayn in ay dhimato, halkaasna ay u doorbidday nolosheeda maadaama oo Israa'iil ay si aad ah u ilaaliso dhulka ay ku noolyihiin Yuhuudda la deegaameeyey.

Si kastaba ha ahaato e' haddii ay weli nooshahay, meel kasta oo ay joogtaba, haatan waa 78 sano jir[22] taariikhda Israa'iil ku gashay halyeeyad badbaadisay dadka iyo dalka Yuhuudda, Carabta iyo guud ahaan Muslimiintuna u diiwaangeliyeen in ay tahay dhagarqabto ku wacadfurtay, diinteedii, dadkeedii iyo dalkeedii, iyo inkaar qabto nolosha ku silcisay labadii waalid. Waxa se' dhammaan la isku waafaqsanyahay in ay tahay basaasaddii Carbeed ee ugu caansanayd uguna khatarsanayd abid ee MOSSAD u adeegta.

Dhammaad

---

[22] Waa marka la eego waqtii ay dhalatay oo ah 1939 kii illaa markii daabacadda koowaad ee buuggu soo baxday.

Tixraacyo

Fariid Alfalluuji (2014). Amiina Almufti: Ashahar Jaasuusah Carabiya lil Muusaad: Fariid Alfalluuji. Qaahira

Cagaptay, S. (2014). The Rise of Turkey: The Twenty-First Century's First Muslim Power. Nebraska: Potomac Books, Inc.

http://www.eapress.eu/eap/?p=2853

http://www.ahlmisrnews.com/news/article/210309

http://www.alaqsavoice.ps/news/details/168345

http://www.diwanalarab.com/spip.php?article7600

https://www.alhadath.ps/article/51920/-أمينة-المفتي-اشهر-جاسوسة-عربية-للموساد-الجزء-الاخير

http://www.eapress.eu/eap/?p=2853

http://www.alnilin.com/12738837.htm

https://www.sasapost.com/opinion/israeli-spy-almofty/

أمينة المفتي... الأرستقراطيّة التي أدمنت الخيانة (صلاح الإمام)
https://www.paldf.net/forum/showthread.php?t=579547)